W0235654

ANDREA BÖHM

Das Ende der westlichen Weltordnung

Eine Erkundung auf vier Kontinenten

Pantheon

Verlagsgruppe Random House FSC® N001967

Der Pantheon Verlag ist ein Unternehmen der Verlagsgruppe
Random House GmbH.

Erste Auflage
September 2017

Copyright © 2017 by Pantheon Verlag, München,
in der Verlagsgruppe Random GmbH,
Neumarkter Str. 28, 81673 München

Umschlaggestaltung: Büro Jorge Schmidt, München,
unter Verwendung eines Fotos von Wissam Nassar
© Wissam Nassar/The New York Times/Redux/laif
Vorsatz und Nachsatz: Fra Mauro, *Mappa Mundi*, ca. 1449–1460,
Biblioteca Marciano, Museo Correr, Venedig, © akg-images/IAM
Satz: Ditta Ahmadi, Berlin
Druck und Bindung: CPI books GmbH, Leck
Printed in Germany
ISBN 978-3-570-55236-0

www.pantheon-verlag.de

Dieses Buch ist auch als E-Book erhältlich.

Inhalt

Vorwort

Dieses Buch ist das Ergebnis eines kapitalen Schwindelanfalls. Nach über 20 Jahren als Journalistin mit Stationen in den USA und dem Nahen Osten, mit ausgedehnten Reisen durch Nordamerika, Russland und Zentralafrika habe ich nicht den großen oder größeren Überblick gewonnen, sondern Zweifel an der eigenen Perspektive bekommen. Ich habe die Orientierung verloren. Nicht dass ich allein stünde mit dieser Erfahrung. Inzwischen ist sie ein westliches Lebensgefühl. Was meine Generation für die globale Hausordnung gehalten hat, löst sich mit erstaunlicher Geschwindigkeit auf.

Mein Berufsleben begann im Frühling 1989, also in einem Schicksalsjahr, in der Lokalredaktion der *taz* in West-Berlin. Die Redaktion stellte mich ein, weil ihr eine Reportage von mir über den »Polenmarkt« gefallen hatte. Das war damals eine Brachfläche auf dem Potsdamer Platz. Polnische Bürger, seit 1988 mit größerer Reisefreiheit ausgestattet, verkauften dort billige Produkte aus Osteuropa. Geschmuggelte Zigaretten, Plastikteller, Zwei-Mark-T-Shirts, Schnaps, eingelegte Gurken, Kristallgläser, Schraubenzieher. Der Markt war völlig frei von multikultureller Romantik. Die Berliner fanden die preiswerten Angebote unwiderstehlich und die damit verbundene Anwesenheit der Polen unerhört. Die Polen schätzten die Kauflust der Einheimischen, hassten ihre Arroganz und fuhren mit wertvoller D-Mark und gefestigten anti-deutschen Vorurteilen wieder nach Hause.

Diese neue Durchlässigkeit des »Eisernen Vorhangs« hätte man für ein Zeichen bevorstehender großer Umbrüche halten können. Doch mir erschien der »Polenmarkt« damals wie eine exotische

Story, fest eingebettet in das Korsett des Ost-West-Konflikts. Ich ahnte nicht im Geringsten, dass diese berechenbare Welt noch genau ein halbes Jahr Bestand haben würde – bis zum Mauerfall am 9. November 1989.

Nicht dass es vorher langweilig gewesen wäre. Zum Selbstverständnis der *taz*-Redaktion gehörte es, fast alles aufregend zu finden und sich über fast alles aufzuregen. Wir sahen uns als Kollektiv kritischer Journalisten, die herrschende Meinungen hinterfragten, Machtstrukturen grundsätzlich suspekt fanden und die Welt immer aus der Perspektive der Schwächeren betrachteten.

Was wir auch taten. Aber trotz allen linken Bewusstseins natürlich mit einem westlichen Blick. Denn so leidenschaftlich wir Zustände als reaktionär, unmoralisch und ausbeuterisch geißelten, so gern wir immer wieder den ökologischen oder politischen Untergang beschworen, wähnten wir uns insgeheim doch auf einem festen Fundament. Das bestand aus einer westlichen Wohlstandsgesellschaft; einem stabilen Frieden in Europa, befestigt durch den Eisernen Vorhang; und der Überzeugung, dass der Westen, also wir, im guten wie im schlechten Sinne Tempo und Richtung globaler Entwicklungen vorgibt. All das bildete das Gerüst für meinen Beruf, für mein Berichten über die Welt. Auf meinen realen und imaginären Landkarten blinkten jahrelang die klassischen Schaltstellen der Macht auf: Washington, Paris, Moskau, die Wall Street und die Börsen in Tokio, Frankfurt und London. Die Linien der Landesgrenzen bewiesen in meinen Augen die Unantastbarkeit von Nationalstaaten. Die Ortsmarken der rituellen Gipfeltreffen der UN, der EU, von G8 oder G20 vermittelten den Eindruck der Beherrschbarkeit von Wandel und Krisen – auch wenn ich darüber aus der Warte der Gegendemonstranten berichtete.

Ein gutes Vierteljahrhundert nach dem Fall der Mauer und über anderthalb Jahrzehnte nach dem 11. September 2001 ist von diesen Gewissheiten nicht mehr viel übrig geblieben. Der Westen existiert weiterhin als Himmelsrichtung. Als geopolitische Macht und normstiftende Einheit schrumpft er rapide, löst sich womöglich auf, erfindet sich vielleicht neu. Frieden und Wohlstand sind in Europa nicht mehr selbstverständlich – und waren es ja auch nie gewesen. Der Glaube, dass wir den Lauf der Welt bestimmen, hat sich als Hybris erwiesen. Meine *mental maps*, an denen ich mich orientiert hatte, taugen nicht mehr. Sie haben vielleicht nie getaugt.

Bücher haben viel zu dieser heilsamen Erschütterung beigetragen. Die europäisch-amerikanische Monokultur in der Debatte über Weltordnungen, Werte und Globalisierung ist glücklicherweise zu Ende. Längst mischen sich afrikanische, asiatische und arabische Stimmen ein. Meist drei- oder viersprachig aufgewachsen, ebenso vertraut mit den Klassikern westlicher Philosophie und Geschichtsschreibung wie mit der Geistesgeschichte Asiens, Afrikas und des Nahen Ostens, demontieren Autoren und Autorinnen wie Achille Mbembe, Cemil Aydin, Teju Cole, Pankaj Mishra, Kamila Shamsie, Arundathi Roy oder Nadeem Aslam die Geographie der herrschenden Weltsicht.

Den endgültigen Anstoß zu diesem Buch gab trotzdem ein Europäer. »Abendländer haben in einmaliger Weise die Weltgeschichte verengt, indem sie das wenige, was sie über die Entwicklung der Menschheit wussten, von den Völkern Israels, Griechenlands und Roms herleiteten«, schrieb der Franzose Henri Cordier, einer der führenden Linguisten und Ethnologen um die Wende vom 19. zum 20. Jahrhundert. »Folglich ignorierten sie all jene Reisende und Entdecker, die in ihren Schiffen das Chinesische Meer und den Indischen Ozean durchquerten oder durch die immensen Weiten Zentralasiens bis zum Persischen Golf ritten. Tatsächlich ist also der größere Teil des Globus mit all den anderen Kulturen, die sich von den Griechen und Römern unterschieden, aber nicht weniger zivilisiert waren, jenen unbekannt geblieben, die die Geschichte ihrer kleinen Welt aufgeschrieben haben in dem Glauben, sie schrieben Weltgeschichte.« Die Lektüre dieser Zeilen fühlte sich an wie ein aufmunternder Schlag auf den Hinterkopf von einem, der schon vor über hundert Jahren erkannt hatte, dass die ausschließlich westliche Perspektive die Sehfähigkeit stark beeinträchtigt.

Dieses Buch ist kein Abgesang auf vergangene, vermeintlich bessere Zeiten. Es ist auch keine Abrechnung mit *dem* Westen. Es sind Reisen und Recherchen durch Länder und Epochen. In meiner Ratlosigkeit bin ich einfach noch einmal aufgebrochen auf der Suche nach Wegen, Schnittpunkten, Weichenstellungen, die ich vorher nicht gesehen hatte. Und nach Geschichten, die ebenso von der Wahrnehmung des Westens in Asien, Afrika und dem Nahen Osten erzählen wie von unserem Selbstverständnis des Westens als ewigem Hauptdarsteller.

Meine Stationen scheinen willkürlich gewählt. Venedig, Mogadischu, Guangzhou, Bagdad, Alexandria, Słubice – um nur einige zu nennen. Ich hatte in der Tat keinen festen Plan. Ich hatte nur eine faszinierende Weltkarte, die für mein Vorhaben zunächst völlig ungeeignet erschien. Sie stammt aus der Mitte des 15. Jahrhunderts, der amerikanische Kontinent fehlt, weil Europa von dessen Existenz damals noch nichts wusste. Aber sie ist ein herrliches Kunstwerk. Und sie ist ein Bekenntnis zum Zweifel. Der Kartograph, ein venezianischer Mönch namens Frater Mauro, hat sie mit Hunderten von Kommentaren und kurzen Geschichten beschriftet, manche erklärend, manche fragend. Er war vielleicht der erste Kartenzeichner, der zugab, dass die Welt sich permanent verändert, sosehr man sie auch mit Längen- und Breitengraden, mit Ortsangaben und topographischen Details festzuhalten versucht. Diese Karte schien mir ideal, die neue Geographie des Ungewissen zu erkunden und zu entdecken, was mir alte Sicherheiten nimmt. Mauro ist der Grund, warum diese Reise durch Raum und Zeit in Venedig beginnt.

Als ich dieses Buch zu schreiben begann, war ich längst nicht mehr Redakteurin bei der *taz*, sondern Nahost-Korrespondentin der *ZEIT* mit Sitz in Beirut. Ich bin Ende 2013 in den Libanon gezogen, mitten hinein in eine Region, die noch nie eine Oase des Friedens war. Jetzt ist sie zu einem expandierenden Katastrophengebiet geworden und wird es für einige Zeit bleiben. Dort treten gleichzeitig und mit geballter Wucht all die globalen Umbrüche auf, die schon jetzt dieses 21. Jahrhundert prägen: Die Krise des Nationalstaates; die eklatante ökonomische Ungleichheit, verschärft durch den Klimawandel; der Machterhalt von Diktatoren um den Preis der Zerstörung des Landes; die Verlockung des militanten religiösen Fanatismus; und ein irrwitziger und irregeleiteter »Krieg gegen den Terror«, ausgelöst durch das zweite epochale Ereignis in meinem Berufsleben nach dem Fall der Mauer: die Terroranschläge auf New York und Washington am 11. September 2001. Die habe ich in den USA erlebt. Beim vorläufig dritten epochalen Ereignis war ich bereits im Nahen Osten: der Wahl des Donald Trump zum 45. Präsidenten der USA – einer amerikanischen Tragödie mit ungewissem Ausgang für die Welt.

Journalisten sollen solche Ereignisse beschreiben und erklären. Aber mir ist in den vergangenen Jahren immer wieder der Boden unter den Füßen weggerutscht. Manchmal buchstäblich. Aus Nationen sind Fragmente geworden, aus Völkern Flüchtlinge, aus Städten Trümmerlandschaften. Manche Menschen, denen ich auf meinen Reisen begegnet bin, kennen seit ihrer Kindheit nichts als Krieg oder Ausnahmezustand. Fast alle, die ich in Asien und in Afrika getroffen habe, wissen, was wir in Westeuropa und den USA vergessen haben: dass die eigene Existenz innerhalb weniger Monate, manchmal innerhalb eines Tages oder eines Sekundenbruchteils von der Normalität ins Chaos kippen kann. Am allerbesten wissen das die Menschen im Nahen Osten. Irgendwann hatte ich mich in meinem neuen Berichtsgebiet an dieses Lebensgefühl einigermaßen gewöhnt. Trotzdem stieß ich immer wieder an die Grenzen meines Berufs. Mir fehlten oft die Worte, um zu beschreiben, was ich sah.

Dieses Buch wurde meine Rettung. Eine Erkundung nach meinen Vorgaben, nach meinem Tempo durch Länder, Städte, Straßenviertel und ihre Epochen. Orte, die in meiner alltäglichen journalistischen Arbeit unter der Rubrik »hoffnungsloser Fall« geendet waren, bekamen so ihre Vergangenheit zurück und damit auch die Perspektive auf eine Zukunft. Menschen, die in den täglichen Nachrichten nur als hilflose Opfer auftauchten, wurden in ihrem Alltag wieder handlungsmächtig. Ich musste nur lernen, anders zu sehen.

Mauro, der Mönch und Kartograph, erwies sich dabei als idealer Führer. Denn anhand seiner Weltkarte ergaben sich die Stationen wie von selbst. Von Venedig nach Mogadischu, im 15. Jahrhundert eine ähnlich prächtige Handelsstadt und ein halbes Jahrtausend später der Ort, in dem eine neue westliche Weltordnung scheitert. Von dort nach Kanton, im Chinesischen Guangzhou genannt, im Mittelalter Ausgangspunkt von Schiffsrouten nach Ostafrika, später Schicksalsort für Chinas Verhältnis zum Westen. Weiter nach Bagdad, dem geographischen Zentrum auf Mauros Karte und Anfang des 21. Jahrhunderts der Ort, der wie kein anderer das Ende des amerikanischen Imperiums markiert. Dann ans östliche Mittelmeer und schließlich in die Utopie der Neuen Welt, die so nahe an meiner alten liegt, dass ich sie fast übersehen hätte.

So habe ich wieder Tritt gefasst. Im Nachhinein erscheint es mir wie ein beschämend einfacher Trick: Man macht sich die Welt unbekannt, indem man die alten Karten im Kopf löscht und sich selbst neue zeichnet. Nur dieses Mal ohne Gewissheiten und mit unbegrenztem Platz für zukünftige Erkundungen.

Genau deswegen endet die Reise in einem Land, das Terra Incognita heißt.

Beirut, im Juni 2017

KAPITEL I

Bruder Mauro zeichnet die Welt

Die letzten Meter auf dem Weg zum Weltenzeichner führen über das Wasser. Eine halbe Stunde dauert die Fahrt mit dem Vaporetto vom Arsenale bis zur Insel San Michele. Hier gehen die Trauernden von Bord, und die Touristen, die ihnen folgen, senken ihre Stimmen. Auf San Michele befindet sich Venedigs städtischer Friedhof. Über Kies und eingelassene Grabplatten führt der Weg nach links in einen Innenhof. Die Morgensonne wärmt den steinigen Boden. Vermutlich stand er an Wintertagen hier, um die Kälte der Nacht aus den Knochen zu vertreiben. Nur ein Kreuzgang, eine Kapelle und eine Renaissancekirche sind übrig geblieben vom Kloster der Kamaldulenser-Mönche, die hier 600 Jahre lang beteten, arbeiteten, studierten. Ein gleichförmiges, asketisches Leben, wie es sich für einen Eremiten-Orden gehört. Und doch hinterließ dieser Mönch die Welt in einer Pracht und Fülle, wie man sie zuvor noch nicht gesehen hatte.

Es gibt auf San Michele keinen Grabstein mit dem Namen des Frater Mauro. Der Friedhof wurde Mitte des 19. Jahrhunderts angelegt. Da hatten sich seine Gebeine längst aufgelöst in der Erde, die nun die Särge der Toten jüngerer Zeiten umgibt. Viele hat man aus Platzmangel in mehrstöckige Columbarien umgebettet. Den mächtigen Familien lässt man ihre pompösen Mausoleen, für die Prominenten hat die Friedhofsverwaltung eigens Wegweiser angebracht. Der Komponist Igor Strawinsky und seine Frau Vera sind hier begraben, der Ballettgründer und Impresario Sergej Djagilew, der Dichter Joseph Brodsky – Nomaden, die der Stadt irgendwann verfallen waren. Der Mönch hätte ihre Gesellschaft genossen. Er schätzte die Ruhelosen, die Reisenden, die Entdecker und Getriebenen, jeden eben, der etwas beitragen konnte zu seinem monumentalen Versuch, die Welt mit einem Blick zu erfassen.

Eine hübsche Vorstellung: Da sitzen im Klosterhof Bruder Mauro in seinem weißen Habit, der Rücken krumm vom Beten, Lesen und Schreiben, und Joseph Brodsky im dicken Rollkragenpullover und in Wollsocken gegen den kalten venezianischen Steinboden, die Zigarette zwischen den Fingern. Sie fachsimpeln über die Vermessung der Erde, die Position der Gestirne, den Verlauf der Küsten, die Wissenschaft und die Poesie. Schließlich zeigt der Venezianer dem Russen sein Werk, eine riesige *mappa mundi*, eine Weltkarte, mannshoch. Brodsky muss sich den Hals verrenken, um etwas zu erkennen. Nichts scheint da zu sein, wo es hingehört. Die Welt steht kopf, der italienische Stiefel ragt hilflos aus einer Landmasse nach oben, die westliche Hemisphäre fehlt ganz. Er kann mit Mühe das Wort »Rossia« erkennen, dann den Lauf der Wolga und des Don. Viel mehr nicht. »Berichten Sie mir von den Flüssen und Gebirgen dort«, bittet der Mönch, und der Dichter beginnt zu erzählen: Von der Newa und Leningrad, wo er geboren wurde. Von Sibirien, das er aus seinen jungen Jahren von geologischen Expeditionen kennt, von der Arktis rund um Archangelsk, wo er Zwangsarbeit leisten musste.

Auf San Michele haben sie den Juden Brodsky im Abschnitt für die Protestanten beigesetzt. Was soll's, sein Grab ist dort als einziges immer mit frischen Blumen bedeckt. Am Fußende hat jemand eine kleine Säule platziert, auf der nach jüdischem Brauch Steine liegen. Bewunderer haben Briefe danebengelegt, als nehme der Dichter im Jenseits Grüße und Fragen entgegen. Brodsky, wussten Sie, dass hier einst ein Weltenzeichner lebte? Der beste seiner Zeit?

Die Toten vergangener Epochen können sich nicht wehren gegen die Phantasie der Lebenden, also kommt man leicht mit ihnen ins Gespräch. Joseph Brodsky verschwand bald wieder aus meinem

Kopf, aber Bruder Mauro blieb mein Begleiter bei den Streifzügen durch Venedig, leistete mir Gesellschaft bei meinen Versuchen, mir die Welt neu zu zeichnen. Ein kleiner alter Mann mit leicht gebogener Nase, eingefallenen Wangen, dem einige Zähne fehlten. So malte ich ihn mir aus mithilfe der einzigen Abbildung, die ich von ihm gefunden hatte: eine bronzene Münze mit seinem Profil, geprägt kurz nach seinem Tod im Jahr 1459. »Frater Maurus S Michaelis Moranensis De Venetiis Ordinis Camaldulensis Chosmographus Incomparabilis«, lautet die Inschrift, eingraviert rund um seinen Kopf. »Bruder Maurus von San Michele auf der Insel Murano bei Venedig vom Orden der Kamaldulenser, Kosmograph ohnegleichen.«[1]

Ich bin nie ein *maphead* gewesen, jemand, der Landkarten sammelt und stundenlang mit dem Finger über Gebirgszüge und Meerestiefen streicht. Die Welt im Atlas meiner Schulzeit war flach und übersät mit Hauptstädten, Nutzpflanzen und Niederschlagsmengen. Faltpläne fand ich später auf Reisen praktisch, aber sie nahmen den kartographierten Objekten jeden Reiz des Unbekannten. Es dauerte, bis ich begriff, dass Landkarten Erzählungen sind. Man muss nur lernen, sie zu entziffern. Manche verkünden Heilsgeschichten, andere dokumentieren Heldentaten, viele kaschieren Massengräber. Denn was sind die Linien von Landesgrenzen anderes als eine Geschichte von Kriegen und Gewalt.

Karten können Fakten schaffen, Wahrheit abbilden, sie können phantastisch lügen und täuschen. Wahrscheinlich war immer schon all das vonnöten, um die Welt erfassbar zu machen.

Sich zu verorten heißt, sich des eigenen Daseins zu vergewissern. Die Abscheu vor der Leere ist eine Urangst, schreibt der Historiker Karl Schlögel, einer der wenigen seiner Zunft, die sich auf die Erforschung des Raumes ebenso verstehen wie auf die Erforschung der Zeit. »Karten sind wahrscheinlich die wichtigste Form, die der Mensch sich geschaffen hat, dem *horror vacui* zu entgehen, ein Netz von Linien und Punkten, das über den Globus geworfen wird, um sich Orientierung zu verschaffen.«[2] Oder ein paar Umrisse, eingeritzt in Felsen. Abbildungen von Flüssen, Bergen, Jagdgebieten, Zehntausende von Jahren alt, sind der vielleicht erste Versuch, die unendliche Weite um sich herum einzugrenzen.

Im 6. Jahrhundert vor Christus gravierten die Babylonier Stadt und Fluss, Land und Meer aus der Vogelperspektive auf eine Tontafel. Es ist die älteste erhaltene Weltkarte. Babylon und der Euphrat sind eingezeichnet, ebenso Assyrien und das heutige Armenien, alles umringt von einem Salzmeer und fernen Inseln, das Ganze versehen mit einer Beschreibung, wie der babylonische Gott Marduk Himmel, Erde und die Menschheit erschaffen hat. Eine kartographierte Schöpfungsgeschichte, die dem Betrachter erlaubte, selbst wie ein kleiner Gott auf die ganze Welt zu blicken. Auch auf das Unbekannte und Bedrohliche – Reiche, in denen »die Sonne nicht zu sehen ist« und sich seltsame Wesen herumtreiben.

Monster eignen sich hervorragend zur Orientierung. Sie markieren die Grenze vom Vertrauten zum Unheimlichen. Sie geben einem Odysseus Gelegenheit, als See- und Irrfahrer zu beweisen, dass der Mensch stärker sein kann als der Zyklop, die Sirenen und der Zorn der Götter. Homers »Odyssee« war nicht nur eine Geschichte von Abenteuern, sondern auch eine Landkarte in Versen, vermischt mit Berichten über das Mittelmeer, das Schwarze Meer und vermutlich auch den Atlantik. Karten konnte man damals auch mit den Mitteln der Poesie zeichnen, die Grenze zwischen dem Realen und dem Märchenhaften war fließend.[3]

Bis einer widersprach: Im dritten Jahrhundert vor Christus benutzte der Vorsteher der Bibliothek von Alexandria, ein griechischer Gelehrter namens Eratosthenes, erstmals das Wort »Geographie«, worunter er »das Zeichnen der Erde« verstand. Und zwar ausschließlich auf Grundlage wissenschaftlicher Methoden. Dass die

Welt eine Kugel ist, wusste Eratosthenes bereits, aber ihre Dimension kannte er nicht. Also entwickelte er eine Methode, den Erdumfang zu messen – und wich nur unwesentlich von den heute errechneten rund 40 075 Kilometern ab.

Es empfahl sich in jener Epoche, in Alexandria zu wohnen, wollte man sich als Erforscher der Erde einen Namen machen. Keine andere Stadt hatte eine so reichhaltige Bücherei. Im zweiten Jahrhundert nach Christus erstellte hier Claudius Ptolemäus in seiner *Geographia* ein Verzeichnis von über 8000 Orten in Afrika, Europa und Asien, also der damals bekannten und bewohnten Welt, der *oikumene*. Er verwendete wie schon Eratosthenes Längen- und Breitengrade.[4]

Und die Mitte? Wo ist der Mittelpunkt allen Seins, der Nabel der Welt? Ptolemäus beantwortete diese Frage ebenso falsch wie grandios, indem er die Erde zum Zentrum des Universums erklärte, um das sich alles drehte – Sterne, Mond und Sonne. Seine Nachfolger wurden etwas spezifischer.

Das Universum den Göttern, die Welt den Römern, dachte sich im vierten Jahrhundert nach Christus ein bis heute unbekannter Kartograph und malte das Straßennetz des Römischen Reiches auf eine mehrere Meter lange Pergamentrolle – das Imperium sieht darauf aus wie eine Riesenschlange mit offenem Maul.

Rom dagegen interessierte den zentralasiatischen Kartographen Mahmud al-Kashgari nicht im Geringsten. Auf seiner Weltkarte aus dem 11. Jahrhundert liegt das heutige Kirgistan im Zentrum. Der arabische Gelehrte Muhammed al-Idrisi stellte wenig später die Quellen des Nils in den Mittelpunkt der Erde.

Al-Idrisi. Bei ihm muss man verweilen, schon allein um seinen vollen Namen auszusprechen: Abu Abdallah Muhammad Ibn Muhammad Ibn Abdallah Ibn Idris al-Sharif al-Idrisi. Ein Nachfahre des Propheten Mohammed, geboren im Jahr 1100 in Ceuta, dort, wo Europa heute Zäune gegen afrikanische Migranten errichtet hat.

Ein Weltreisender, den es unter anderem nach England und Anatolien verschlug, bis er als Kartograph und Philosoph am sizilianischen Hof des Normannenkönigs Roger II. landete. Der Nachwelt hinterließ er ein gewaltiges geographisches Werk mit dem wunderbaren Titel: *Unterhaltung für den, der sich danach sehnt, die Welt zu bereisen.* Darin enthalten ist eine Karte, die eine schier trunkene Freude an diesem Planeten verrät. Die Meere leuchten wie das Blau eines Scherenschnitts von Henri Matisse. Gebirge glänzen wie Bernsteinketten oder schweben, geknüpft an fadendünne Flüsse, wie Papierschirme über den Landmassen. Al-Idrisi teilte die Welt, ganz in der ptolemäischen Tradition, in Klimazonen. Manche hielt er für zu heiß oder zu kalt und damit für unbewohnbar. Seine Karte – auch das üblich in dieser Zeit – ist gesüdet. Afrika füllt die obere Hälfte der Welt und wölbt sich wie ein runder Baldachin schützend über das kleine Europa und über Asien.[5]

Europäische Gelehrte hätten seinerzeit viel von ihren arabischen Kollegen lernen können. Nur interessierte man sich damals eher für die Mathematik der Araber als für deren Kartographie. Zudem schrumpfte der abendländische Geisteshorizont im frühen Mittelalter rapide. Das Wissen der Antike ging verloren, gezeichnet wurde nunmehr nach den Koordinaten der christlichen Heilsgeschichte. Ein neuer Kartentypus entstand, die *mappa mundi*, das »Abbild der Welt«, das in Wahrheit eine Abbildung der religiösen Ordnung war. Die drei bekannten Kontinente Afrika, Europa und Asien wurden zu den Erbregionen der drei Söhne Noahs erklärt. Osten lag nun oben, weil dort das Paradies vermutet wurde. Das Heilige Land rückte in immer größeren Dimensionen ins Zentrum, mit Jerusalem als Hauptstadt des Christentums und himmlischer Verheißung für alle Kreuzfahrer. Die Fremde hingegen wurde unheimlich und feindselig. Vor allem im unbekannten Afrika vermuteten die Kartenzeichner nun Wesen ohne Köpfe, Menschen ohne Ohren oder mit gigantischen Lippen.[6]

So geriet die Kunst der europäischen Weltenzeichner ins Stocken, während sie anderswo weiter blühte. In Persien entstanden großartige Globen, in Asien detaillierte, auf Seide gemalte Karten.

Doch kein noch so rigider Dogmatismus hat auf Dauer Bestand, wenn Neuland zu entdecken ist und Einflüsse von außen hereindringen. Ende des 14. Jahrhunderts waren in Europa die Schriften des Ptolemäus wieder aufgetaucht. Ins Lateinische übersetzt, fanden sie schnell ein größeres Publikum und wurden zum neuen alten Maß der Dinge. Gleichzeitig wagten sich europäische Seefahrer entlang der Küsten des Mittelmeeres, des Schwarzen Meeres und Westafrikas in immer fernere Gewässer. Auf Ziegenhäuten markierten sie Flussmündungen, Buchten, Klippen, Untiefen, Strömungen, Hafenanlagen. Erstmals entstanden Karten mit einem Nutzwert. Es zählte nicht mehr, was heilig war, sondern was man wissen musste, um in fremden Gefilden nicht auf Grund zu laufen. Um sich immer weiter vorwagen zu können. »Sich vom Ufer abstoßen zu neuen Ufern« – so umschreibt Karl Schlögel diesen neuen Typus von Karten, Portolan genannt.[7] Das Vertraute verlassen, um Unbekanntes zu entdecken.

Jetzt gerieten alte Wahrheiten ins Wanken. Gab es wirklich ein Paradies auf Erden und Monster in Afrika? Hatten die alten Griechen recht, die Afrika für nicht umschiffbar hielten? Wie ließ sich erklären, dass die Erde nicht unterging, obwohl sie doch schwerer als Wasser ist? Und waren die Reiseberichte einer venezianischen Ikone wie Marco Polo wörtlich zu nehmen, oder hatte der Mann in einigen Passagen geflunkert? Religiöse Orthodoxie kollidierte mit antikem Wissen und den Zeugnissen der Seefahrer.

Mitten hinein in diese Phase des Aufbruchs kommen Sie, Bruder Mauro, und erschaffen in den 1450er Jahren eine neue Welt ohne Gewissheiten und voller Fragen. Ausgerechnet Sie, ein Mönch, teilen der gelehrten Öffentlichkeit mit, dass jede Weltsicht, auch die kirchliche, einer empirischen Prüfung standhalten muss. Und dass selbst eine monumentale *mappa mundi* nur eine Momentaufnahme sein kann. 196 mal 193 Zentimeter groß ist Ihre Weltkarte und übersät mit rund 3000 sehr irdischen Anmerkungen, Quellenangaben und Ortsnamen. Eine Enzyklopädie der damaligen Zeit. Eigentlich ein Projekt des Größenwahns, stünde da nicht ganz unten eine ebenso fromme wie entwaffnende Absage an menschliche Anmaßung:

»Dieses Werk (…) besitzt nicht jene Vollendung, die es haben müsste, denn es ist dem menschlichen Intellekt sicher nicht möglich, ohne irgendeine himmlische Demonstration diese Kosmographie oder Weltkarte im Ganzen zu bestätigen, von der man einige Kenntnis mehr als Kostprobe erhält denn zur Erfüllung des Verlangens.«[8]

Die Karte, lieber Mauro, wurde 1459 vollendet, dem Jahr Ihres Todes. Also erlebten Sie nicht mehr, dass Ihr Lebenswerk wenige Jahrzehnte später durch den irrlichternden Kolumbus obsolet wurde. Zur alten war plötzlich eine neue Welt hinzugekommen. Ihre *mappa mundi* war mit einem Mal nur der halbe Planet. Es blieb also kaum Zeit, Ihre Leistung ausreichend zu würdigen. Ich bin überzeugt, Sie hätten das mit Fassung getragen. Sie wussten immer schon, dass die Welt nie so bleibt, wie sie ist.

Dass sich heute nur noch wenige an die Karte von San Michele erinnern, hat einen Vorteil: Man kann sie fast ungestört in Venedig im Bestand der *Biblioteca Nazionale Marciana* betrachten. Wenige Meter weiter auf dem Markusplatz quetschen sich die Besuchermassen zwischen Basilika und Campanile hindurch, hier oben hat man die Welt ganz für sich.

Viel Sonne dringt nicht in den Raum. Scheinwerfer erleuchten die Karte, was ihr etwas Sakrales verleiht. Bei meinem dritten Besuch innerhalb von drei Tagen mustert mich die Museumswärterin prüfend und bietet mir dann einen Stuhl an, damit ich mich in Ruhe sattsehen kann. So sitzen wir schweigend nebeneinander, sie in einen Roman vertieft, ich zunehmend indigniert über das Desinteresse der wenigen anderen Besucher. Es soll sich ja keiner vor Ehrfurcht bekreuzigen, aber eine kleine Verneigung vor der *mappa mundi* fände ich angemessen. Stattdessen gehen die Leute achselzuckend und ratlos weiter. Sie finden sich nicht zurecht. Wie die Karte von al Idrisi ist auch diese *mappa mundi* gesüdet. Die Afrikaner oben, wir Europäer unten. Vielleicht ist schon dieser Gedanke eine Überforderung – nicht nur in geographischer Hinsicht.

Dabei muss man sich nur konzentrieren, und schon erkennt man den perfekt gezeichneten italienischen Stiefel, den tatzenförmigen Peloponnes, das pralle Mitteleuropa und die Iberische Halbinsel, die auf Frankreich sitzt wie auf einem kräftigen Hals. Europa liegt da wie ein buckliges einbeiniges Männlein, die Spitze Afrikas im Gesicht.

Verstehen Sie mich nicht falsch, Mauro, ich mache mich nicht lustig. Sie haben akribisch recherchiert und gearbeitet – und reichlich Hilfe anderer Kartographen hatten Sie auch. Die skandinavischen Küsten waren dank der Exkursionen südeuropäischer Seefahrer in den Norden gut erforscht, das Mittelmeer ist genau wiedergegeben, auch wenn Sie selbstkritisch mangelnde Perfektion anmerken.

Jerusalem? Die Heilige Stadt haben Sie pflichtschuldig noch mit einem Sternchen markiert. Doch sie liegt nicht mehr im Zentrum, weil sonst die Kontinente nicht einigermaßen maßstabsgetreu anzuordnen gewesen wären. Ihre neue Mitte ist eine andere Wiege der Zivilisation: »Babylonia« und das heutige Bagdad.

Das Paradies, bislang ein fester Ort auf den *mappae mundi*, ist ganz aus dem Rund der Erde verbannt und in eine Ecke links unten ausgelagert: ein kleiner Flecken blühender Natur, darauf Gott in wallendem Gewand, ihm gegenüber Adam und Eva gänzlich nackt.

Zurück in der Welt, streift man mit den Augen ostwärts, also nach links wandernd. »Tartaria«, »Rossia«, das »Mare Chaspium«, alles erstaunlich getreu erfasst auf der Grundlage von Reiseberichten. Richtung Süden, also nach oben, öffnet sich das »Mare Indicum«. Bloß ist der Indische Ozean nicht wie auf früheren Karten ein gigantisches, unheimliches Gewässer, sondern ein Netz von Handelsrouten, ein Meer der kommerziellen Verheißung.

Venedig war in der ersten Hälfte des 15. Jahrhunderts eine Informationsbörse für Kaufleute, Vagabunden, Seefahrer, Flüchtlinge. Sie, lieber Bruder, horchten, fragten, sammelten, protokollierten. Viele dieser Reisenden ließen sich zur Klosterinsel San Michele hinüberrudern, um Ihnen Bericht zu erstatten. Die Welt kam zu Ihnen, genauer gesagt ihre männliche Hälfte. Ich darf annehmen, dass sich unter Ihren Informanten keine einzige Frau befand. Das Entdecken und Erobern war eine männliche Domäne. Die Geographie der Frauen blieb unsichtbar. Vermutlich kamen Sie gar nicht auf die Idee, sich für sie zu interessieren.

Einige Irrtümer, gemessen an den damals verfügbaren Informationen, sind Ihnen auf Ihrer Weltkarte dann doch unterlaufen: Richtung Süd- und Ostasien geraten die Flussläufe des Indus, des Ganges und des Yangtse durcheinander, Indien verrutscht und damit auch ein großer Teil Asiens.

In die Konturen von Bergen und Flüssen eingepasst, sind Erläuterungen, Quellenangaben und Kurzberichte aus fernen Ländern notiert. Manche lesen sich wie Auszüge aus einem epischen Roman. »Bis zu diesem Punkt kam Tamberlan mit seiner Armee, um aus dem Hinterhalt in Cathay einzufallen, doch die grausame Wut des Windes (…) schüttelte sie so durch, dass sie, halb tot, nach Ortrar zurückkehren mussten. Dort starb er, und sein Heer zerfiel.« So erfuhren zeitgenössische Betrachter der Karte vom Ende des zentralasiatischen Eroberers Tamerlan, berühmt für seinen Hang zu Massakern und persischer Poesie, gestorben im Jahr 1405 beim Vormarsch auf China, damals Cathay genannt.

Des Weiteren gibt es Angaben zum Nahrungsreichtum Abessiniens (»So viel Honig, dass die Menschen ihn nicht einmal mehr einsammeln«); zur Anzahl der Brücken in »Fuçui«, dem heutigen Suzhou in China (»ungefähr 6000«); zu den Vor- und Nachteilen der Malediven, genannt »Mahal« (reich an Bernstein, aber auch an Piraten); und zum geringen Salzgehalts des »Mar Prusian«, der Ostsee (»weil so viele Flüsse in sie münden«).[9]

Von Ptolemäus findet sich vieles in dieser Karte, aber er ist längst nicht mehr das Maß aller Dinge. Die Behauptung des Griechen, der Indische Ozean sei ein Binnenmeer, ließ sich nicht mehr halten. Afrika ist von Wasser umgeben und damit zu umsegeln. Auf der *mappa mundi* ist der Kontinent seiner wahren Form verblüffend ähnlich. Den Norden bilden »Libia«, »Cirenaica« und »Egypto« mit dem Nil-Delta. Die Städte Fes und Marrakesch im heutigen Marokko sind ebenso vermerkt wie »Tambutu« (Timbuktu) in Mali und die berühmten Goldvorkommen an den dortigen Flüssen. Madagaskar ist zu groß geraten und unter dem Namen »Diab« auch deutlich zu weit nach Süden gerutscht. Und unter »Ethiopia« oder »Abassia« wird fast das gesamte, geographisch etwas gequetschte südliche Afrika summiert, von dessen tatsächlicher Ausdehnung damals noch kein Europäer wusste.

Aber wichtiger ist etwas anderes: Endlich wagte da ein Kartograph die Behauptung, dass in den vermeintlich unbewohnbaren, weil vor Hitze brennenden Regionen des Kontinents sehr wohl Menschen lebten. Sie wussten das, Mauro, weil Sie sie getroffen hatten. Vermutlich um 1430 sind einige abessinische Kleriker zu Ihnen auf die Insel gekommen.[10] »Männer, die mit eigenen Augen gesehen haben«, waren Ihnen eine zuverlässigere Quelle als dogmatische Kirchenführer und leichtgläubige Geographen. Also erlaubten Sie sich auf Ihrer *mappa mundi* einen spöttischen Eintrag an die Adresse Ihrer Kollegen aus der Zunft der Kartenzeichner, die in Afrika hartnäckig Ungeheuer vermuteten. »Für all diese Königreiche von Schwarzen ist niemals eine Person zu finden, die mir das zu erklären wüsste, was ich über sie geschrieben finde. Weil ich aber nichts anderes weiß, kann ich dies nicht bezeugen und überlasse die Suche denen, die begierig sind, solche Neuigkeiten zu erfahren.«[11] Für Märchen gab es auf Ihrer Karte keinen Platz mehr.

Für Mythen schon. Der sagenhafte Priesterkönig Johannes beschäftigte die Europäer über Jahrhunderte. Er galt als Sinnbild eines christlichen Bollwerks inmitten der vermeintlichen Barbarei, ausgestattet mit einer riesigen Streitmacht – ein Traum von einem Bündnispartner für alle europäischen Kreuzfahrer. Nur bekam ihn nie einer zu Gesicht. Erst vermutete man Johannes in Zentralasien im Kampf gegen die Mongolen. Als sich diese Spur in nichts auflöste, verortete man ihn in Afrika. Auf der *mappa mundi* von San Michele residiert er in »Abessinia«, im heutigen Äthiopien, ein Herrscher, »dem eine Million Krieger folgen, die nackt in die Schlacht ziehen oder, wie viele es tun, Krokodilhaut anstelle einer Rüstung tragen«.[12]

Wie viele Zeitgenossen haben Ihre Karte gesehen, lieber Mauro, wie viele haben die Geschichten von Tamerlan, von Piraten und Palästen gelesen? Ein paar Dutzend, die während ihrer Entstehung auf San Michele vorbeikamen? Ein paar hundert vielleicht? Womöglich sogar mehr als tausend? Lächerlich wenige Menschen jedenfalls. Wussten Sie überhaupt, was Sie da geschaffen haben? Nicht nur eine Enzyklopädie des Mittelalters und eine kartographische Revolution, sondern auch die wohl schönste Wandzeitung, die je veröffentlicht worden ist. Das Abbild einer Welt, die vor Geschichten birst. Es wimmelt von Burgen, Kirchen, Bäumen. Auf den Wellen der Meere schwimmen fein gezeichnete Schiffe. Wenn man nur lange genug hinschaut, dann bewegen sie sich.

Wie viel Courage, wie viel Streitlust bedurfte es in dieser Zeit, um einen so kühnen »weltlichen« Blick auf Gottes Schöpfung zu werfen? Oder war es eher ein intellektuelles Abenteuer, die herrschende Sicht in Frage zu stellen?

Biographische Details könnten das beantworten. Doch vom Leben des Kamaldulenser-Mönches Mauro ist wenig überliefert. Geboren um 1385, gestorben 1459. Wahrscheinlich erst im fortgeschrittenen Alter ins Kloster eingetreten. Experte für Kartographie, Wasserwirtschaft und Hydraulik. 1444 – dafür gibt es Unterlagen – in eine Kommission zur Umleitung des Brenta-Flusses berufen. Wenige Jahre später eine Reise nach Istrien zwecks Kartographierung von Liegenschaften des Ordens. Viel mehr haben die Mitarbeiter der *Biblioteca Nazionale Marciana* nicht herausgefunden. Auf San Michele zucken die Friedhofswärter beim Namen »Fra Mauro« mit den Achseln, und in Venedigs Straßen findet sich kein einziges Denkmal für den »cosmographus incomparabilis«. Eine Stadt, die in ihrer eigenen historischen Kulisse lebt, kann es sich leisten, ein paar ihrer Großen zu vergessen.

Also bin ich Ihnen, lieber Bruder, anders zu Leibe gerückt. Ich habe mir Ihre Stadt erlesen und erlaufen – so lange, bis sich aus den übereinandergeschichteten Epochen Ihre Zeit herausschälte.

Sie haben Glück gehabt mit Ihrem Geburtsjahr. 40 Jahre früher, und Sie wären mitten in die Schwarze Pest geraten, die zwei Drittel der Bevölkerung Venedigs tötete. Zehn Jahre früher, und Sie wären als kleines Kind womöglich während der Belagerung durch die Genueser verhungert. Aber 1385 – das ist ein guter Jahrgang. *La Serenissima*, die durchlauchtigste Republik des heiligen Markus, hat ihre Erzfeinde aus Genua endgültig geschlagen, andere Konkurrenten, allen voran die Osmanen, sind noch nicht bedrohlich genug, Venedig aber blüht und wächst. Auf dem Werftgelände des Arsenale hämmern, schleifen, teeren, nähen und drehen Tausende Bootsbauer, Waffenschmiede, Segelmacher und Seiler. Sie produzieren Kriegs- und Handelsschiffe in perfekt organisierter Spezialisierung und Arbeitsteilung – eine Vorwegnahme des Fabriksystems.

Der Rialto ist nicht nur einfach ein, sondern *der* Marktplatz. Venedigs Aufstieg zur Handelsmacht hatte mit Salz und Pfeffer begonnen, jetzt gibt es hier Zimt aus Indien, Wein und Weizen aus Kreta, Edelsteine aus Ceylon, Zucker aus Zypern, Elfenbein aus Sansibar, Teppiche und Stoffe aus Ägypten und Kaschmir. Hölzer, Wachs, Waffen, Ingwer, Baumwolle, Metalle. Ein Stadtstaat, der selbst keine Rohstoffe hat und außer Schiffen nur wenig selbst produziert, ist ein Zentrum des Welthandels. Über allem wacht die omnipräsente Bürokratie des Dogenpalastes, die alles reguliert und notiert: von der Quarantänezeit für Neuankömmlinge über den Fahrplan der Handelsschiffe bis zur Anzahl der importierten Gewürzsäcke. Venedig praktiziert eine Form von Staatskapitalismus, noch bevor es Nationalstaaten und Kapitalismus wirklich gibt.

Um alles wird gefeilscht: Waren, Schulden, Kredite, Informationen. Hier werden die ersten Banken der Welt gegründet, hier wird mit Zinsen gewuchert, hier findet man frühe Spuren des Journalismus, meiner Zunft. *Gazzetta* heißt das Kleingeld, das die Leute den Vorlesern von Gerüchten und Nachrichten hinwerfen. Unter dem Namen *Gazzetta* erscheint später in Venedig eine der ersten Zeitungen der Welt.[13]

Menschen sind ebenfalls im Angebot. Auf dem Rialto floriert der Sklavenmarkt. Patrizier-Familien, Handwerker, auch Klöster halten sich Leibeigene. Die meisten Verschleppten stammen nicht aus Afrika, dessen großes Elend erst noch kommen sollte, sondern von den Küsten Dalmatiens und des Schwarzen Meeres, aus Kreta und Korfu, aus allen Territorien eben, welche die Republik zu diesem Zeitpunkt ihr Eigen nennt und mit typisch venezianischer Effizienz ausbeutet.

Venedig ist nicht nur Seemacht, sondern auch Europas erste mittelalterliche Kolonialmacht, ausgestattet mit all der Brutalität, die es zur Ausbeutung anderer braucht. Ein nicht ganz unwesentliches Detail, verehrter Mauro, das Sie auf Ihrer *mappa mundi* verschweigen. Da ist *La Serenissima* ein arglos wirkendes Pünktchen an der Adriaküste. Das brachte Ihnen damals angeblich eine Rüge des

Dogen ein, der Sie aufgefordert haben soll, die Welt kleiner und Venedig größer zu zeichnen. Was Sie wiederum abgelehnt haben sollen.[14] Weil Sie imperiale Hybris verachteten? Oder weil die Macht der Serenissima für jeden Venezianer ohnehin selbstverständlich war? Über Kreta, das als venezianische Kolonie heftig geblutet und gelitten hat, teilen Sie lediglich mit, dass es sich durch milde Luft sowie »noble Städte und Schlösser« auszeichnet.

Die meisten Raubzüge werden irgendwann zu Fußnoten der Kunstgeschichte. Zumindest in den Augen der Nachfahren der Räuber. Venedigs morbider Charme von heute beruht auf seiner Skrupellosigkeit vergangener Zeiten. Seine schönsten Beutestücke wie die vergoldeten Pferde aus Byzanz zählen zu den größten Attraktionen. Nicht dass die Venezianer Kriegstreiber gewesen wären. Diplomatie war das bevorzugte Mittel, um Seerouten zu sichern, Warenströme zu monopolisieren und die Konkurrenz auszuschalten. Hauptsache, die Kassen blieben voll. Religiösen Gehorsam gegenüber dem Papst leistete man nur, wenn er die Geschäfte förderte. Wenn nicht, leitete der Doge notfalls einen Kreuzzug um, griff statt der Sarazenen das christliche Konstantinopel an, ließ dessen Bevölkerung massakrieren, sämtliche Paläste, Kirchen und Gräber plündern und die Häuser in Brand stecken. Rom tobte, der Papst exkommunizierte, weil Jerusalem in der Hand der Ungläubigen geblieben war. Aber für Venedig hatte es sich gelohnt: Fortan gehörten der Stadt nicht nur die vier kostbaren Pferde, sondern auch fast das gesamte Mittelmeer.

Ich weiß, lieber Mauro, das geschah 1204, rund zweihundert Jahre vor Ihrer Zeit. Aber seither war endgültig klar, dass sich in Venedig niemand vor Drohungen des Papstes zu fürchten brauchte. Auch kein Mönch, der eine durchaus ketzerische *mappa mundi* zeichnete.

Sie und Ihre Klosterbrüder konnten damals die Freiheit genießen, die sich in der florierenden urbanen Wirtschaft ausbreitete. Ihr

Glaube forderte die Askese des Körpers, aber nicht des Geistes. Ihr Kloster galt als Treffpunkt für Gelehrte, die leidenschaftlich wissenschaftliche Neuerungen, Reiseberichte und humanistische Ideen debattierten. Das heilige Jerusalem auf einer *mappa mundi* aus der Mitte der Welt zu schieben, war sicher provokant, aber nicht allzu gefährlich. Wie gesagt, Papst und Inquisition waren weit weg, und die berüchtigten venezianischen Spitzel interessierten sich mehr für ausländische Handelsspione und für jeden, der sich kritisch über *La Serenissima* äußerte. Nicht aber für große geistige Sprünge. Und das war die *mappa mundi* von San Michele. Ein Abbild der Welt als Appell, dass diese mit den herrschenden religiösen und ideologischen Koordinaten nicht mehr zu fassen ist.

Noch schien diese Welt frei von Gebietsansprüchen. Das ist das Betörende an der Karte und gleichzeitig das Trügerische. Es ist eine Hemisphäre ohne Grenzen, die man da in Venedig mit dem bloßen Auge erkunden kann. Die Territorien der Imperien, auch des venezianischen mit seinen Kolonien, bleiben unsichtbar.

Die *mappa mundi* von San Michele hat schnell Begehrlichkeiten geweckt. Portugals König Alfons V. soll 1459 ein Exemplar bestellt haben. Ob der Monarch es je erhalten hat, ist nicht bekannt. Man darf annehmen, dass er nicht aus ästhetischen Gründen oder purer Neugier an dem Werk interessiert war. Die *mappa mundi* war eine Revolution der Wissensvermittlung. Aber Karten galten da schon nicht mehr nur als prächtiger oder frommer Wandschmuck, als Enzyklopädie oder Dokument des Aufbruchs. Sie wurden zunehmend zu Besitztiteln. Kartographen beglaubigten von nun an die Aufteilung der Welt in Herrschaftsgebiete und Landbesitz.

Am portugiesischen Hof gab es kaum vier Jahrzehnte nach dem Tod des Weltenzeichners von San Michele eine neue *mappa mundi* mit zwei Hemisphären. Zur alten Welt war die neue hinzugekommen, jedenfalls aus Sicht der Europäer. Nach Kolumbus' vermeintlicher Entdeckung Amerikas teilten sich Portugal und Spanien den

Globus auf. Die Trennlinie verlief mit päpstlichem Segen etwa 1770 Kilometer westlich der Kapverden. Was östlich der Linie lag, sollte Portugal, die andere Hälfte der spanischen Krone zufallen. Dass die »Neue Welt« bevölkert war, spielte keine Rolle. Ihre Bewohner waren zu »Wilden« erklärt worden, was sie angesichts ihrer waffentechnischen Unterlegenheit gegenüber den *conquistadores* mit drei Optionen konfrontierte: Versklavung, Zwangsbekehrung zum christlichen Glauben, Ausrottung. Das eine schloss das andere nicht aus. Der Profit dieses Raubzuges, berechnet in Gold, Silber, Gewürzen und »geretteten Seelen«, war das Startkapital für Europas Aufstieg in der Welt. Der Handel mit afrikanischen Sklaven für die Plantagen in den neuen Kolonien machte ihn unaufhaltsam.

Venedig spielte da längst nicht mehr in der obersten Liga der Seemächte. Es hatte neue Schiffstechnologien verschlafen und sich mit seiner Expansion ins italienische Hinterland übernommen. *Imperial overstretch* nennt man das heute.

Mauro, haben Sie am Ende Ihrer Tage geahnt, dass es mit der Vorherrschaft Ihrer Stadt bald vorbei sein würde? Wie fühlt sich eine solche Vorahnung an? Wurden Sie unruhig? Beteten Sie zu Gott, dass er Venedigs Konkurrenz in die Schranken weisen möge? Oder bedauerten Sie, diese neue Zeitenwende nicht mehr mitzuerleben und die nächste *mappa mundi* einem anderen überlassen zu müssen?

Wenn Sie wissen wollen, was aus Ihrer Stadt geworden ist: Wie schon gesagt, Ihr Kloster gibt es nicht mehr. Gut 350 Jahre nach Ihrem Tod besetzte Napoleon Bonaparte Venedig, das nur noch ein Schatten seiner selbst war. Einige Jahre später wurden Klöster aufgelöst, die Mönche vertrieben, die Bibliotheken ausgeräumt oder zu Brennholz zerlegt.[15] Die Franzosen schafften zahlreiche Kunstwerke nach Paris, so wie die Venezianer früher Kunstwerke aus Konstantinopel gestohlen hatten. Unter Ihren kamaldulensischen Nachfolgern, lieber Mauro, gab es einige Mutige, die Bücher retteten. Ihre Karte hat ein Bibliothekar vor der Vernichtung bewahrt. Er muss so lange mit Engelszungen auf die Behörden eingeredet haben, bis er sie am 14. Juli 1811 in die *Biblioteca Marciana* bringen durfte. Da steht sie bis heute.

La Serenissima ist immer noch prächtig anzusehen. Einmal nach Einbruch der Dunkelheit vor dem erleuchteten Markus-Dom stehen, dieser Stein gewordenen Manifestation venezianischer Bau- und Raubkunst – und man verharrt in Ehrfurcht. Im Arsenale ist es still geworden, abgesehen vom Tuckern der Motorboote der italienischen Marine. Der Rialto ist immer noch ein Magnet für Händler, aber sie bieten heute nicht mehr Edelsteine, Gewürze und Baumwolle an, sondern Souvenirs, T-Shirts und Karnevalsmasken made in China.

Venedig hat nichts Wertvolles mehr zu verkaufen außer seiner Geschichte und seiner Kulisse als Sehnsuchtsort. Die Stadt war ihrem Kontinent immer ein paar Generationen voraus, egal ob es um Macht, Reichtum, Ausbeutung, Kunst, Repression oder Liberalität ging. Vielleicht lebt sie auch jetzt die Zukunft vor. Europa ist ins Schlingern geraten, der jahrzehntelang so feste Boden schwankt. Vielleicht wird Europa irgendwann das sein, was Venedig heute ist: ein morsches, aber prächtig anzusehendes Museum.

Noch lebt die Stadt gut davon. Millionen von Touristen treiben jedes Jahr wie ein träger Strom durch die Gassen. Bloß ächzt sie unter dieser Last. *La Serenissima* wird zu schwer für den Boden, in den die Stadtgründer einst das Fundament aus Holzpfählen und Steinen gerammt haben. *Aqua alta*, das Hochwasser, kommt nun häufiger, angekündigt durch Sirenen. Der Meeresspiegel steigt. Man könnte solche wie Sie, lieber Mauro, heute gut gebrauchen mit Ihrem Wissen über Bodenerosion, Versalzung und Kanalbau.

Ihren Landsleuten von heute fehlt das Bewusstsein um die Fragilität ihrer Stadt. Sie haben die Öffnungen zum Meer vertieft und erweitert, damit die Kreuzfahrtschiffe in die Lagune fahren können.

»Kreuzfahrt« klingt nach alten kriegerischen Zeiten. Die Schiffs-
reisenden von heute kämpfen nicht für Kirche und Abendland. Sie
verteidigen das Privileg der Abendländer, die Welt zu bereisen, ohne
sich wirklich in die Fremde begeben zu müssen. Mit ihren schwimmenden Städten dringt nun auch die Flut mit größerer Wucht in die
Lagune.[16]

Sie lächeln, Mauro. Was hat diese Stadt nicht schon alles überlebt: die große Pest von 1348, die Erdbeben und Fluten, die Belagerung durch die Genueser, die Verwünschungen des Vatikans. Und
doch feiert Venedig immer noch jedes Jahr die *fiesta della sensa*, die
Vermählung mit dem Meer.

Noch etwas sollten Sie wissen, verehrter Bruder: Es gibt jetzt
wieder Kartographen, die sich der Tradition der *mappa mundi* erinnern. Sie sind fasziniert vom Konzept der Südung, von der Fluidität
der Grenzen. Dem Norden die Selbstgewissheit zu nehmen, immer
oben zu sein – das gilt am Anfang des 21. Jahrhunderts als subversiv.
Um die Welt zu verändern, sagen die Vertreter dieser »radikalen
Kartographie«, müsse man sie zuerst anders zeichnen. Mauro, Sie
und diese jungen Weltenzeichner hätten sich einiges zu erzählen.

Glauben Sie nicht doch an die Wiedergeburt? Wenn Sie heute
auf die Erde zurückkehrten, wo wäre dann ihre Mitte? Welche
Geschichten müsste eine Karte erzählen?

Und wo läge das Paradies?

KAPITEL 2

Eine Karte für Somalia

Mauro, meinen ersten Stadtplan von Mogadischu hätten Sie keines Blickes gewürdigt. Ein Blatt Papier, darauf einige Striche. Ein Freund, der ein paar Jahre dort gelebt hat, hatte mit dem Kugelschreiber grob einige Orte skizziert: Den »Aden Adde International Airport«; den Strand, an dem einst amerikanische Soldaten gelandet sind; den Bakara-Markt, auf dem es alles zu kaufen gibt, wenn nicht gerade geschossen wird; das Abdi-Haus, in dem es zu einem tödlichen und für die Welt folgenreichen Missverständnis kam.

Ich habe einen weiteren Ort hinzugefügt. Den Lido-Club aus dem Roman *Maps* des somalischen Schriftstellers Nuruddin Farah, der im Mogadischu der 70er Jahre spielt: »Es war Freitag«, heißt es da an einer Stelle. »Das Auto stand auf dem Parkplatz vor dem Lido Club. Salaado war ins Clubhaus hineingegangen, um drei Portionen Eiscreme zu holen.«[1]

Nicht dass Ihnen, lieber Mauro, irgendetwas davon vertraut erschienen wäre. Schon bei dem Wort »Mogadischu« hätten Sie gestutzt. So heißt heute jene Stadt, der Sie auf Ihrer *mappa mundi* gleich mehrere Namen gaben. »Mogodisso«, »Mogadesur«, »Macdasui«.[2]

Es ist meine erste Reise an das Horn von Afrika. Dieses bekritzelte Papier gibt mir das Gefühl, auf unbekanntem Territorium ein paar Orientierungspunkte zu haben. Der Flughafen ist mein Notausgang, der Strand mein historischer Bezugspunkt, der Bakara-Markt ein Barometer für die Sicherheitslage, das Abdi-Haus ein konkretes Ziel. Und die Zeilen Farahs über den Lido Club sind gut für meine Nerven. Die Vorstellung beruhigt mich, dass Bewohner dieser Stadt vor nicht zu langer Zeit friedlich zu einer Eisdiele schlenderten – mit nichts anderem beschäftigt als der Wahl zwischen Vanille und Stracciatella.

Weißer Sand und blaues Meer. Scheinbar endlos gleitet die Maschine von »Jubba Airways« entlang der Brandungswellen des Indischen Ozeans, bevor sie unweit zerschossener Häuser landet. Auf dem Rollfeld warten meine Gastgeber, ein Deutscher mit Bürstenhaarschnitt namens Volker Rath und ein rundlicher Somali namens Mohamud Ali Diriye mit fusseligem Bart und Hosen, die über den Knöcheln enden. Rath ist Projektleiter von Cap Anamur, einer der wenigen ausländischen Hilfsorganisationen, die zu diesem Zeitpunkt noch in Mogadischu arbeiten. Diriye, den alle nur Mahdi rufen, ist Übersetzer, Vermittler, Türöffner und Frühwarnsystem in allen Normal- und Notlagen. Er verschwindet mit meinem Pass und dem Visumformular, auf dem Namen, Geburtsdatum und das Fabrikat mitgeführter Schusswaffen einzutragen sind. Rath nutzt die Wartezeit, um auf Sehenswürdigkeiten hinzuweisen: ein Flugzeugwrack, das eine islamistische Miliz mit dem harmlos klingenden Namen »Al Shabab« – auf Deutsch: die Jugend – mit Mörsergranaten durchlöchert hat, sowie zwei gepanzerte Fahrzeuge der Afrikanischen Union, deren Soldaten die Miliz seit Jahren bekämpfen. Sie haben es immerhin geschafft, Al Shabab aus Mogadischu zu vertreiben. Die rächt sich seitdem mit Bombenanschlägen im Stadtzentrum. Bewaffneter Begleitschutz ist Pflicht, und so klettern drei Männer mit Kalaschnikow-Gewehren auf die Ladefläche unseres Pick-up-Trucks, bevor der Fahrer Gas gibt Richtung Innenstadt.

Kaum gelandet, fühle ich mich völlig fehl am Platz und zugleich genau am richtigen Ort. Ich werde mich in Mogadischu weder frei bewegen noch allein zurechtfinden können. Und doch ist dies ein idealer Ausgangspunkt für mein Unterfangen: die Konturen einer neuen *mappa mundi* zu erkunden. Am Horn von Afrika hat sich das christliche Abendland und später der Westen seine Weltordnungen ausgemalt. Zuerst in der Gestalt des Priesterkönigs Johannes, der hier vermeintlich die einzige Zivilisation, das Christentum, gegen die vermeintliche Barbarei, den Islam, verteidigt haben soll.[3] Rund 500 Jahre später durch die USA, die hier mit einer neuen globalen Ordnung scheiterten.

Nicht dass sich jetzt noch viele daran erinnern. Für den Rest der Welt ist Somalia ein Land ohne Geschichte geworden, ein Urzustand von Gewalt und Chaos. Es gilt als Negation von allem, was aus westlicher und damit meiner Sicht normal und vertraut scheint: Staatlichkeit, Ordnung, Fortschritt, Modernität. Was ich über das Land gelesen hatte, war fast immer mit Synonymen wie »Hölle«, »Inferno«, »Apokalypse« verbunden. Kartographen des Mittelalters haben das Unbekannte, Furcht einflößende mit Ungeheuern markiert. Wir Journalisten kennzeichnen es heute gern mit biblischen Metaphern des Untergangs.

Dabei hat jeder Ort eine Geschichte. Somalias Vergangenheit ist so reichhaltig wie die Venedigs. Seine Gegenwart ist kein Zustand zeitloser Anarchie, sondern besitzt eine ausgefeilte Ordnung. Sie entspricht nicht unseren westlichen Kategorien. Aber sie erzählt womöglich viel von der Zukunft. Und von der Fähigkeit, in einer fragilen Gegenwart zu leben.

»Die Jungs sind absolut zuverlässig«, sagt Mahdi, nachdem wir das Haus von Cap Anamur erreicht haben, und deutet auf die schlaksigen Bewacher, die von der Ladefläche des Pick-up-Trucks herabspringen. »Der Kommandant gehört zum selben Sub-Klan wie ich.« Vor dem Eisentor befindet sich ein Schlagbaum, auf den Mauern ist Stacheldraht gespannt. Der Wachschutz besteht aus Mahdis »Jungs«, einem Trupp somalischer Soldaten. Sie verdienen als privater Sicherheitsdienst mehr Geld als in der Armee, die ohnehin nur auf dem Papier existiert. Für die Zeit meines Aufenthalts kann ich mir die Mannschaft zum Freundschaftspreis von 260 Dollar pro

Tag ausborgen. Vorausgesetzt, die Sicherheitslage lässt es zu, das Gelände zu verlassen.

Als Neuling gibt es für mich nur einen Weg, Gefahr zu messen: beobachten, was die anderen machen. Wenn das Cap-Anamur-Team ruhig Kaffee trinkt, trinke ich auch ruhig Kaffee. Wenn Mahdi nach einem Schuss ungerührt weitertelefoniert, tue ich, als sei ich ebenfalls nicht erschrocken. Mahdi zuckt fast nie zusammen bei Gewehrfeuer. Irgendeiner, erklärt er, schieße immer in dieser Stadt. Aus Frust, aus Langeweile, aus Versehen, aus Freude oder um einen Verkehrsstau aufzulösen.

Zwei Tage nach meiner Ankunft bekomme ich die erste Stadtführung. Mahdis Jungs knien noch rasch für das Mittagsgebet im Garten nieder, wobei sie nicht nur das Gesicht, sondern auch den Lauf ihrer Gewehre gen Mekka richten. Dann fahren wir los.

Es ist ein Ausflug in eine Landschaft der Zerstörung, die mich an Bilder aus dem Zweiten Weltkrieg erinnert. Von weitem erscheinen die zerschossenen Häuser wie wild gezackte Felsketten. Plastikplanen hängen in Fensterhöhlen, Wäsche flattert zwischen Trümmern. Die Ruinen sind voller Menschen.

Fast jede Moschee ist zerstört, das Minarett eingeknickt. Von der Kathedrale, Erbe der italienischen Kolonialherren, stehen ein paar Außenmauern, das Dach fehlt, einer der Türme ragt in den Himmel wie ein angenagter Knochen. Auf dem Tarabuunke-Gelände, einstmals der Ort für Militärparaden, hängen die Dachträger der Zuschauertribünen wie abgebrochene Zweige über den durchlöcherten Ehrenlogen.

Mehr noch als der Anblick der Ruinen verstören mich das Licht und die Farben. Sonne, Salz und Wind haben scharfe Kanten und Risse geschliffen und die zertrümmerten Häuser samt der Reklame an den Ladenfronten zu Pastelltönen gebleicht. Afrikas handgemachte Werbung ist eine Kunst für sich. Wo es keine Schaufenster gibt, wird das Warenangebot groß und bunt an die Fassaden gemalt. Die mannshohe Flasche roten Hustensafts an der Wand einer Apotheke hat gleich mehrere Kugeln in den Bauch abbekommen; an der Ruine eines Lebensmittelgeschäfts ist eine durchsiebte Packung Trockenmilch, Marke »Nestlé«, zu erkennen. Von einer Zahnarztpraxis steht noch eine Mauer mit dem Abbild eines riesigen Backenzahns.

»Ich kann dir problemlos ein hübsches Grundstück besorgen«, sagt Mahdi. »In guter Lage.« Mahdi verdient sein Geld nicht nur als Verbindungsmann für ausländische NGOs, sondern auch als Makler. Ich habe keine Ahnung, was man in Mogadischu unter »gute Lage« versteht. Jedenfalls steigen seit dem Abzug von Al Shabab die Grundstückspreise rapide an. Die Stadt ist gleichzeitig ein riesiges Flüchtlingslager und ein riesiger Immobilienmarkt. Wohlhabende Somalis kehren aus dem Exil zurück, die Baubranche boomt. Solche Aufbruchsstimmung hat es immer wieder gegeben – bis sie in einer weiteren Kriegsrunde samt der neu errichteten Häuser wieder zusammenfiel. Wer hier reich werden will, handelt mit Waffen oder Zement. Oder mit beidem.

Vor den Trümmern der Zuschauertribünen am Tarabuunke-Gelände hat jemand unter freiem Himmel eine Fahrradwerkstatt aufgemacht. Jungen aus dem gegenüberliegenden Flüchtlingslager liefern sich Wettrennen, während ihre Mütter in der sengenden Sonne zwischen Hütten aus Ästen, Plastik und Decken Wasserkanister schleppen und verrußte Kochtöpfe schrubben. Die Männer hocken unter einem Wellblechdach und erzählen ihre Geschichten: Wie ihre letzten Ziegen, Schafe oder Kühe in der Dürre verendet sind, wie sie mit ihren Familien auf der Flucht aus dem Hinterland über Tage oder Wochen marschiert sind und nur haltgemacht haben, wenn wieder ein Kind zu begraben war. Dass dies ein hartes Land für Viehhirten wie für Bauern ist. Dass sie seit Generationen wissen, wie man Trockenperioden übersteht. Dass aber irgendetwas nicht mehr stimmt mit dieser Welt, mit *Gu* und *Deyr*. So nennen sie die beiden jährlichen Regenzeiten, die immer öfter ausfallen. Ich frage Mahdi nach dem somalischen Wort für Klimawandel. Er zuckt mit den Schultern. Gibt es noch nicht.

Manchmal tauchen lokale Helfer im Camp auf, beginnen eine Impfkampagne oder eröffnen für einige Tage eine Suppenküche. Malaria und Durchfallkrankheiten grassieren, für viele Familien reicht es kaum zu einer Mahlzeit am Tag. Bald ist Eid al Adha, das Opferfest, an dem Muslime gehalten sind, ein Tier zu schlachten und Gaben mit den Armen zu teilen.

»Zum Opferfest«, sagt Mahdi, »gibt es Fleisch für alle.«

»Was heißt ›alle‹?« frage ich.

»Na, alle Flüchtlinge.«

Mahdi ist ein strenggläubiger Muslim und ein Freund großer Ideen. Inmitten von andauernden Kämpfen am Stadtrand, Bombenanschlägen und einer Dürrekatastrophe 1450 Kühe nach Mogadischu schaffen, sie schlachten, das Fleisch in Plastiktüten packen und in den Lagern verteilen – das ist ein Projekt ganz nach seinem Geschmack. Ich halte dieses Vorhaben für irrwitzig. Mich beschleichen leise Zweifel, dass Mahdi der Richtige ist, um mit mir in Mogadischu nach den Spuren alter und neuer Weltordnungen zu suchen.

Mogodisso, Mogadesur, Macdasui. Sie waren sich des Namens nicht sicher, Mauro, aber Sie haben der Stadt viel Platz gegeben auf Ihrer *mappa mundi*, mehr als ihrer Heimat Venedig. Sie haben sie mit Kuppeln, Türmen und Tor ausgeschmückt. Sie wussten offenbar, dass Mogadischu ähnlich wie *La Serenissima* in jenen Jahrhunderten eine goldene Zeit durchlebte. Womöglich hatten Sie vom Bericht des Abu Abdallah Ibn Battuta gehört, eines islamischen Rechtsgelehrten aus Marokko, der zeit seines Lebens noch weiter gereist war als Ihr Landsmann Marco Polo. Battuta erreichte um 1330 das Sultanat von Mogadischu, damals die größte Perle einer Kette florierender Handelszentren an der ostafrikanischen Küste. Sie war gesegnet durch den Monsun. Vom Herbst bis zum Frühjahr blies der Wind die arabischen und indischen Handelsschiffe in den Hafen, dann drehte er und trieb die voll beladenen Dhaus von Ostafrika nach Indien und zur Arabischen Halbinsel zurück.[4]

Wie die Kaufmannsrepublik Venedig verstand es das Sultanat Mogadischu, die Warenströme zu lenken. Aus dem damaligen Abessinien führten Handelswege in die Stadt, Karawanen schafften Gold und Elfenbein aus dem südlichen Afrika heran, Bauern aus dem Hinterland brachten Sorghum und Mais sowie Baumwolle. Für die Stoffe aus Mogadischus Webstuben zahlte man in Kairo und Damaskus Höchstpreise. Sie wurden im Hafen zusammen mit Reis, Myrrhe, Weihrauch und Mangroven-Pfählen verladen. Im Gegenzug importierte das Sultanat Zimt aus Jaffna, Goldmünzen aus Venedig, Seide, Bücher und Porzellan aus Indien, Ägypten und China, wohin es Anfang des 15. Jahrhunderts Botschafter entsandt hatte. Wann immer nötig holten sich die somalischen Handelsfamilien Güter und Rohstoffe mit Gewalt – wie ihre venezianischen Zeitgenossen. Auch Mogadischu besaß Kolonien, zum Beispiel im heutigen Mosambik, um Goldvorkommen auszubeuten.

In den Straßen der Stadt ertönte ein Gemisch aus Arabisch, Somali, Persisch, Hindi, Amharisch und verschiedenen Bantu-Sprachen. Die Küste, zu jener Zeit weitgehend frei von Kriegen und Katastrophen, galt als Ort der Chancen und der Zuflucht. Flüchtlinge aus so entfernten Regionen wie dem Kaukasus sollen sich hier niedergelassen haben. Wenn man den Historikern glauben darf, ging es ihnen damals besser als den Vertriebenen von heute. Es sei denn, sie waren Sklaven. Der Handel mit Menschen florierte in Mogadischu genauso wie in Venedig. Sklaven schleppten, putzten, kochten, bedienten, sie beluden die Dhaus im Hafen oder wurden selbst als Ware an Bord gezerrt, um in Kairo, Jeddah oder Aden an den nächsten Herrn verkauft zu werden.

Groß, wohlhabend und satt – so wirkte die Stadt damals auf ihre Besucher. Ihre Bewohner äßen unendlich viel, notierte Ibn Battuta in seinem Reisetagebuch, sie seien »korpulent und fett«.

Viele konnten sich üppige Mahlzeiten auch deswegen leisten, weil sie rund um den Hafen ein profitables Dienstleistungsgewerbe entwickelt hatten. Junge Männer enterten jedes einlaufende Schiff und boten den erschöpften Passagieren Essen und Trinken an. Die griffen freudig zu und hatten so, oft ohne es zu wissen, einen Vertrag mit dem Spender geschlossen: Für die Dauer des Aufenthalts mussten sie gegen eine deftige Gebühr dessen Dienste als Gastgeber, Zwischenhändler und Leibwächter in Anspruch nehmen.[5] Schutz ist auch jetzt im 21. Jahrhundert wieder ein einträgliches Geschäft.

Mahdi sehe ich nie mit einer Waffe, sondern immer mit dem Handy in der Hand. Er spricht Somali, Englisch, Arabisch und Deutsch. »Vier Jahre Ilmenau in Thüringen«, sagt er. Dort hat er in den 80er Jahren Biomedizinische Kybernetik studiert. Damals gab es die DDR noch, und Somalia galt als sozialistisches Bruderland. Erstere ist längst abgewickelt, von Letzterem sind Fragmente geblieben, und Mahdi hat von Biomedizin zunächst auf Elektrotechnik und dann auf den Handel mit Informationen, Immobilien, Privatschutz und Vieh umgesattelt. Eine politische Karriere, *Insha'allah*, sagt er, sei nicht ausgeschlossen. Seine frömmelnde Geschäftigkeit ist mir etwas unheimlich. Dann lerne ich seine Frau kennen.

Auf unserer ersten Stadtrundfahrt halten wir im Benadir-Krankenhaus. Das Gebäude zeigt erstaunlich wenig Spuren der Zerstörung. Die chinesische Regierung hat es in den 70er Jahren mit einer Kapazität von 600 Betten, Wasser- und Stromversorgung und stabilen Außenmauern bauen lassen. Im Dienstzimmer der Kinderstation türmen sich Medikamentenkisten, Krankenschwestern schneiden weißen Stoff von einer Rolle. Sie brauchen ein Leichentuch für ein zweijähriges Kind. Die Stationsärztin und ihr

Mann haben einen ganzen Ballen gespendet, manchmal geben sie auch das Geld für das Begräbnis. »So was«, sagt Mahdi, »kann bis zu 50 Dollar kosten.« Die Ärztin ist seine Frau, Doktor Lul Mohamed Muhammud.

Doktor Lul, klein und rundlich, gleitet in ihrem knöchellangen Umhang wie eine dicke Glocke über den Stationsflur. Auch bei 35 Grad Hitze zupft sie nicht ein einziges Mal an ihrem Hidschab, der sich wie eine Skihaube eng um Kopf und Hals schließt. Sie ist 49 Jahre alt und hat wie ihr Mann in Deutschland studiert. Es ist nicht die erste Hungerkatastrophe, deren Auswirkungen sie zu bekämpfen sucht.

Ihre Kinderabteilung ist zum Zeitpunkt meines Besuchs die einzige funktionierende in einer Stadt mit geschätzten 1,3 Millionen Einwohnern und mehreren hunderttausend Flüchtlingen. Mithilfe von Cap Anamur hat sie eine Intensivstation aufgebaut. Es gibt nun Sauerstoffapparate und Messgeräte zur Blutanalyse. Aber es fehlt an funktionierenden Toiletten, an Betten und Matratzen, an Zimmern, um die Tuberkulose-Patienten zu isolieren.

Ich hasse solche Inspektionen des Elends, hasse mein hilfloses Starren auf geschwollene Kinderbäuche und marschiere hinter Doktor Lul her wie hinter einem Schutzschild. Sie doziert sachlich, als stünde sie in einem Hörsaal, wie der Hunger den Körper angreift, ihn zwingt, sich selbst zu verzehren, das Fett, die Muskeln, schließlich auch die Organe. Wie das Wasser im Körper nicht mehr verteilt wird, sondern sich im Bauch, im Gesicht, in den Füßen ablagert; wie das Immunsystem zusammenbricht.

»Der macht sich aber gut«, sagt sie und stoppt am Bett eines auf die Knochen abgemagerten Dreijährigen, dessen Haut sich wie trockenes Pergament um den Körper spannt. Der Junge will erkennen, was um ihn herum vorgeht, doch seine Pupillen rutschen immer wieder unter die halb geöffneten Lider. Doktor Lul hat ihn mit Bluttransfusionen und Spezialmilch hochgepäppelt. Er hat jetzt eine kleine Chance, das zu schaffen, was viele Kinder in diesem Land nicht schaffen: das fünfte Lebensjahr zu erreichen.

Bei der großen Hungersnot Anfang der 90er, sagt Doktor Lul, sei die Lage besser gewesen. »Es gab anständige Zelte für die Flüchtlinge und viel mehr Helfer.« Damals war die Stadt noch nicht völlig zerstört. Kamerateams aus dem Ausland fuhren durch die Straßen und berichteten über die Misere. Aber dann, sagt Doktor Lul, sei eben »die Sache mit den Amerikanern passiert«.

Die Sache mit den Amerikanern begann in den frühen Morgenstunden des 9. Dezember 1992 am Strand von Mogadischu. Kurz vor Sonnenaufgang entstiegen Froschmänner der US-Marines den Wellen des Indischen Ozeans, Schnellfeuergewehre in den Händen, die Gesichter mit Tarnfarbe beschmiert. Sie waren die Vorhut einer mehrere tausend Mann starken Truppe. Und sie sollten eine neue Ära einläuten.[6]

Heute erscheinen einem die frühen 90er Jahre wie eine längst vergangene Zeit. Man muss die Ereignisse wie im Daumenkino vorbeirasen lassen, um sich an die westliche Aufbruchsstimmung und Siegestrunkenheit zu erinnern. Dezember 1992: Die Mauer ist drei Jahre zuvor gefallen, die Sowjetunion gibt es seit zwölf Monaten nicht mehr. Die Deutschen gewöhnen sich an die Wiedervereinigung, die Reste der DDR werden aufgelöst. Die USA haben gerade mit überwältigender militärischer Übermacht die Armee des irakischen Diktators Saddam Hussein aus Kuwait vertrieben – der erste Krieg, der live durch einen noch jungen Fernsehsender namens CNN übertragen wurde. Die letzten kommunistischen Staatschefs treten zurück, in Südafrika zeichnet sich das Ende der Apartheid ab, der Krieg im ehemaligen Jugoslawien erscheint zu diesem Zeitpunkt noch wie ein unwirkliches Rumoren am Rande Europas. 1992 ist das Jahr, in dem *The End of History and the Last Man*, das Buch des amerikanischen Intellektuellen Francis Fukuyama, zum Bestseller wird. Darin verkündet er das Ende aller ideologischen Konfrontationen und den Siegeszug der westlichen liberalen Demokratie samt Marktwirtschaft als beste und endgültige Form menschlichen Regierens.[7] Derlei Lektüre passt zur neuen westlichen Selbstwahrnehmung, zu jener Mischung aus Überlegenheitsgefühl, Euphorie und schierer Verblüffung über das plötzliche Verschwinden des Eisernen Vorhangs.

Ich lebte und arbeitete zu dieser Zeit im Zentrum dieses Siegestaumels. 1992 hatte mich die *tageszeitung* auf meinen ersten Korrespondentenposten entsandt. Nach Washington, wo Amerikas scheidender Präsident George Herbert Walker Bush gerade seinem Nachfolger Bill Clinton die Schaffung einer »New World Order« mit auf den Weg gegeben hatte. Einer Welt, so Bush, »in der die Herrschaft des Rechts die Herrschaft des Dschungels ersetzt«.[8]

Eine neue glänzende *mappa mundi* leuchtete da auf: Die Kartographierung eines benevolenten westlichen Siegeszuges nach dem Kollaps des großen ideologischen Feindes. Eine Welt, in der neue Wirtschaftsräume entstanden, Warenströme ungehindert flossen und die ehemals sozialistischen Länder in die globale Marktwirtschaft eingegliedert wurden. Eine Welt, in der die verbliebenen Nebenkriegsschauplätze befriedet waren und die armen Nachzügler unter den Nationen Nachhilfe im Staatsaufbau erhalten hatten. Mogadischu wäre auf solch einer Karte mit einem Extra-Stern geschmückt worden. »Hier boten die Krieger des Imperium Americanum dem Elend Einhalt.« So ähnlich, Mauro, hätten Sie die entsprechende Anmerkung formuliert.

Ich traute damals weder George H. W. Bushs Verheißung einer »Neuen Weltordnung«, noch hatte mich Fukuyamas These vom Ende der Geschichte überzeugt. Aber mich begeisterte etwas anderes: eine neue Macht der Medien, die nun, scheinbar frei von allem ideologischen Ballast, hautnah über die Krisen in der Welt berichteten. CNN hatte Anfang der 90er Jahre von der 24-Stunden-

Live-Übertragung aus dem Irak nahtlos auf Live-Reportagen aus Somalia umgeschaltet und damit in der westlichen Öffentlichkeit Rückhalt für eine Intervention geschaffen, die auch ich für richtig hielt. Ich bewunderte die Kollegen und empfand Genugtuung über den neuen Resonanzboden meines Berufs. Journalisten analysierten und kommentierten nicht mehr nur die Weltpolitik. Wir konnten, so schien es, sie auch initiieren.

»Operation Restore Hope« hieß die Mission, in deren Namen an jenem 9. Dezember 1992 die US-Marines am Strand von Mogadischu landeten. Die Armee der einzig übrig gebliebenen Supermacht sollte nicht mehr gegen das Böse kämpfen, sondern zusammen mit UN-Blauhelmen eine hungernde Bevölkerung retten und marodierende Milizen in die Schranken weisen. Also Ordnung im Dschungel schaffen.

Die Somalis ahnten nicht, dass man im Weißen Haus und im New Yorker UN-Hauptquartier ihr Land für den Beginn dieser neuen Ordnung auserkoren hatte.[9] Die Bewohner von Mogadischu wunderten sich nur, als plötzlich ausländische Kamerateams am Strand herumstreiften. Das Pentagon hatte den Termin für »Operation Wiederherstellung der Hoffnung« an die Presse weitergegeben. Also stapften die Elite-Soldaten in dieser historischen Nacht triefend und martialisch mitten ins Scheinwerferlicht der Kameras und kauerten ratlos im Sand, umringt von Fotografen und TV-Crews in Turnschuhen und Khaki-Hemden. Schließlich fühlten sie sich bemüßigt, die Muskeln spielen zu lassen, schnappten sich einige Somalis, zwangen sie auf den Boden und durchsuchten sie nach Waffen, die sie, für jeden ersichtlich, nicht hatten.[10] Der Vorfall machte binnen Minuten die Runde in den Straßen von Mogadischu, aber er trübte nicht die westliche Berichterstattung. Für amerikanische und europäische Fernsehzuschauer begann der Versuch, der Welt eine neue Ordnung zu geben, als filmreifer Auftritt bewaffneter Super-Retter.

Ich habe über zwei Jahrzehnte später auf meiner Reise nach Somalia eine Sammlung alter Welten und Ordnungen im Gepäck. Neun Karten und Archivbilder, deren gemeinsame Schnittstelle Mogadischu ist. Ein kleiner Stapel der Epochen.

Blatt eins: eine Kopie der Route von Abu Abdallah Ibn Battuta aus dem 14. Jahrhundert. Eine schwarze Linie, die sich über Afrika und Asien erstreckt, über zwei Kontinente ohne feste Grenzen, aber mit den Regeln des Islam, der sich rasant ausgebreitet hat: Ein Gott, eine einheitliche Schrift, ein einheitliches Rechtssystem. Von Tanger im Westen bis an den Golf von Bengalen im Osten, von Kairo im Norden bis Mogadischu im Süden – wirklich fremd musste sich Ibn Battuta nirgendwo fühlen.[11]

Blatt zwei: Ihre *mappa mundi*, Mauro. Das »Dar al Islam«, das expandierende Haus des Islam, erwähnten Sie nicht, wohl aber das expandierende afrikanische Christentum. »Diese überaus fruchtbare Region«, wie Sie notierten, »wurde kürzlich vom großen König Abessiniens erobert, um 1430.«[12] Aber eben nicht, wie Sie glaubten, durch den sagenhaften Priesterkönig Johannes, sondern durch den christlich-abessinischen Kaiser Zara Yaqub und seine Soldaten, von denen einige wohl in der Tat Rüstungen aus Krokodil-Leder trugen. Sosehr es sich Europas Mönche und Kirchenfürsten auch gewünscht haben mögen, das muslimische Mogadischu hat er nie unterworfen. Das schaffte auch die portugiesische Flotte nicht, die im 16. Jahrhundert entlang der ostafrikanischen Küste Hafenstädte eroberte.[13]

Das gelang erst einem Reich, von dem ich bis dahin nicht einmal gewusst hatte, dass es eines gewesen war.

Eine historische Landkarte aus dem Schulunterricht des Sultanats Oman – das ist das dritte Blatt. Das Omanische Imperium ist darauf zu sehen, ein kirschroter Streifen entlang beider Seiten der Straße von Hormus, der Arabischen Halbinsel und der ostafrikanischen Küste hinunter bis zum heutigen Mosambik. So weit dehnte sich in der ersten Hälfte des 19. Jahrhunderts das Einflussgebiet des

Sultans von Oman aus, dessen Flotte Mogadischu 1828 kapitulationsreif schoss.[14] Auf die Kanonenkugeln folgten Pest, Hunger und die bittere Erfahrung, dass nicht nur Menschen und Waren, sondern auch Städte und Länder verkauft werden können. 1869 wurde der Suezkanal eröffnet. Der Golf von Aden bildete nun die Abkürzung zwischen Nordatlantik und Indischem Ozean. Afrika, zuvor gigantischer Sklavenmarkt für Europas Kolonien und seinen wirtschaftlichen Aufstieg, wurde zur begehrten Immobilie, die Küsten des Golfs von Aden zu geostrategischen Filetstücken. Denn dort leitete nun Europa, allen voran Großbritannien, seinen Handelserkehr mit Indien hindurch. Mogadischus arabische Herrscher verkauften die Stadt – an Italien.

Blatt vier: Eine Afrika-Karte von 1887 aus dem Brockhaus-Konversations-Lexikon. Fast die gesamte somalische Küste ist darin als »Besitz der Deutsch-Ostafrikanischen-Gesellschaft« ausgewiesen. Der deutsche Traum von den großen Kolonien für den Kaiser basierte auf Vereinbarungen mit lokalen Klan-Chefs, die auf Arabisch Freundschafts- und Schutzabkommen unterzeichneten, was in der deutschen Fassung zu »Landabtretungen« uminterpretiert wurde.[15] Diese »Verträge« hielten nur kurz. Nicht weil sie den Tatbestand des betrügerischen Landraubs erfüllten, sondern weil sie die italienische und britische Konkurrenz störten.

Blatt fünf: Die »Carta dei possedimenti e zona d'influenza dell' Italia in Africa«[16] von 1896, ein pastellfarbenes Schmuckstück. Die »Besitzungen und Einflusszonen Italiens in Afrika« sind in sanftes Rosa getaucht: das heutige Äthiopien, Eritrea und Somalia. Nur am Golf von Aden hatte sich die britische Krone einen halbmondförmigen Teil herausgebissen, »British Somaliland«, koloriert in blassem Eigelb. Und Frankreich einen kleinen schwarzen Streifen, das heutige Dschibuti.

Blatt sechs, eine Karte, nur 40 Jahre später gezeichnet: Mit seiner Luftwaffe, seinen Schwarzhemden und dem Einsatz von Giftgas hatte Benito Mussolini Äthiopien erobert und mit Somalia zum *Africa Orientale Italiana*[17] verschmolzen. Mogadischu bekam einen Triumphbogen und eine »Reichsstraße«, welche die muslimischen Somalis plötzlich mit ihren christlichen Erzfeinden in Addis Abeba verband. 1940 besetzten italienische Truppen das britische Somaliland und machten das Horn von Afrika so zum Schlachtfeld des Zweiten Weltkrieges. Äthiopien erkämpfte sich seine Freiheit zurück, Somalia wurde nach dem Krieg Treuhandgebiet der UN, ausgerechnet unter italienischer Verwaltung.

Spätestens hier klafft eine Lücke in meiner Epochen-Sammlung: eine Karte von Somalia aus der Sicht seiner Bewohner. Es gibt sie, ich habe später eine gefunden. Sie hat keine Ähnlichkeit mit denen der Kolonialmächte oder der Vereinten Nationen. Somalia hat darauf nicht die Form einer schmalen Kappe, die sich über das spitze Horn von Afrika stülpt. Es sieht aus wie ein Amboss. Die Küste ist die lange Oberfläche, das Hinterland der dicke Sockel. Dieses Groß-Somalia erstreckt sich auf alle von Somalis besiedelten Gebiete: auf das ehemals französische Dschibuti, das ehemals italienische Südsomalia, den ehemals britischen Norden, auf den Ogaden, den sich Äthiopien einverleibt hat, und den Nordosten Kenias. Askar, die junge Hauptfigur in Nuruddin Farahs Roman *Maps*, ist ein begeisterter Kartenzeichner, immer wieder skizziert er dieses Groß-Somalia, will ihm klare Konturen geben. Am Ende stürzt ihn das ins Unglück. Denn der Preis für eine scharf gezogene Grenze ist immer die Gewalt. Bis heute existiert Groß-Somalia nur als Symbol: fünf Fragmente, dargestellt durch den weißen fünfzackigen Stern auf der blauen somalischen Nationalfahne. Ein unerfüllter Traum, und wie alle unerfüllten nationalistischen Träume birgt er Konfliktstoff. Nur der britische und der italienische Teil vereinten sich 1960 zu einem souveränen Staat.

Das siebte Blatt: keine Karte, sondern ein Foto der Nachrichtenagentur *Associated Press*. Eine Straßenszene in Mogadischu, Bürgersteige, gesäumt von Bäumen, ein Minarett. Passanten überqueren eine Kreuzung, Ampeln regeln den Autoverkehr. »Dies ist die Hauptverkehrsstraße in Mogadischu, Hauptstadt des ostafrikanischen Staates Somalia, dem vielleicht demokratischsten Land auf dem dunklen Kontinent«, steht in der Unterzeile mit dem Datum des 18. Dezember 1966. »Ein halbes Dutzend Parteien treten in freien Wahlen gegeneinander an. Regierungsbeamte erhalten bescheidene Gehälter und fahren bescheidene Autos.«[18]

Mitte der 60er Jahre ist Somalia in den Augen des Westens der afrikanische Musterschüler. Auch weil er sich trotz Armut von sozialistischen Experimenten fernhält.

Blatt Nummer acht: Wieder ein Foto, 17 Jahre später aufgenommen. Eine Lufthansa-Maschine auf dem Flughafen von Mogadischu. Eine historische Momentaufnahme in der Geschichte der Bundesrepublik. Die Deutschen erfahren in diesen Oktobertagen 1977 plötzlich, wo Mogadischu liegt. Dramatische Bilder in der *Tagesschau*, Krisenstäbe in der damaligen Hauptstadt Bonn. Deutscher Herbst, palästinensische Terroristen haben ein Flugzeug mit Mallorca-Urlaubern entführt, um die Freilassung von Mitgliedern der RAF, der Rote-Armee-Fraktion, zu erpressen. In Somalia treten da schon lange keine Parteien mehr zu Wahlen an, es herrscht ein Diktator, dessen Namen, Siad Barre, die meisten Deutschen zum ersten Mal hören. Im Oktober 1977 wird Siad Barre kurzzeitig Bündnispartner der BRD, weil er einem GSG-9-Kommando erlaubt, die Lufthansa-Maschine »Landshut« zu stürmen. Die Geiseln werden befreit. Mit den 25 Millionen Mark, die Barre als Belohnung aus Bonn bekommt, kauft er Waffen ein.[19]

Er führt gerade einen Krieg mit Äthiopien um die Ogaden-Region. An dieser Erzfeindschaft hat sich seit der Ära von Zara Yaqub wenig geändert. Er wird diesen Krieg verlieren. Er wird wenige Jahre später seine Armee gegen einen nationalen Aufstand einsetzen, seinen eigenen Sturz und Somalias Zerfall provozieren.

Blatt neun: Noch ein Foto, aufgenommen 1993, nur zwei Jahre nach Verkündung der neuen Weltordnung. Halbwüchsige Somalis schleifen die nackte Leiche eines amerikanischen Soldaten durch die Straßen, getötet in der »Schlacht um Mogadischu« zwischen US- und UN-Truppen auf der einen und somalischen Milizen auf der anderen Seite. Da war diese Ordnung gerade gescheitert. Es wusste nur noch keiner.

»Da«, sagt Mahdi und deutet auf ein rundes Loch von gut einem Meter Durchmesser im Dach, »da schlug eine der Raketen ein.« Wir stehen im verwilderten Garten eines zweistöckigen Gebäudes. Einige Außenwände sind weggesprengt, das Betondach des ersten Stockwerks neigt sich wie aufgeweichte Pappe Richtung Boden. Im Erdgeschoss hat sich eine Flüchtlingsfamilie niedergelassen, die von meinen Leibwächtern, Mahdis »Jungs«, sichtlich eingeschüchtert ist.

Mahdi hatte eine Weile gebraucht, um das Abdi-Haus inmitten der Ruinenlandschaft zu finden. Eigentlich müsste man es als historische Stätte kennzeichnen.

Wie die meisten Somalis war Mahdi damals dankbar gewesen für die Präsenz der Amerikaner und der UN-Blauhelme aus Pakistan, Malaysia, Italien und Deutschland. Nach dem Sturz von Siad Barre hatten sich die Führer des Aufstands einen Machtkampf geliefert und Mogadischu entlang ihrer Klan-Linien in Reviere aufgeteilt. Sich von einem Viertel zum anderen zu bewegen, erforderte exakte Kenntnis von Checkpoints und Familien-Stammbäumen. Der falsche Name konnte einen das Leben kosten.

Der Bürgerkrieg und die Ökonomie des Plünderns hatten bereits unter Barre begonnen und zerstörten nun, was an Industrie und Landwirtschaft übrig geblieben war. Es folgten eine Dürre und die Hungersnot. Und es folgte »Operation Restore Hope«, die erste »humanitäre Intervention«.[20] Jedenfalls die erste, in der das Etikett

»humanitär« nicht auf ein offensichtlich koloniales oder imperialistisches Manöver geklebt worden war.

»Die saßen im zweiten Stock, als es losging«, sagt Mahdi. Ich überlege, auf den Trümmern des Abdi-Hauses etwas höher zu klettern, lasse es aber bleiben. Mahdi steht wie in Andacht vor den zerbombten Wänden, den Kopf in den Nacken gelegt, die Augen auf die oberste Etage fixiert. Seine übliche Geschäftigkeit ist verflogen. Für ihn ist dies keine gewöhnliche Ruine, sondern ein Familienfriedhof. Aber das begreife ich erst später.

»Operation Restore Hope« hatte zunächst gut begonnen: US-Soldaten und UN-Blauhelme lösten Checkpoints der Milizen auf, unterbanden Zwangssteuern für Hilfsgüter, versorgten Abertausende Flüchtlinge. Und sie kartographierten die Stadt, als hätten sie sie neu gebaut. Groß eingezeichnet waren das Hauptquartier der US-Streitkräfte, das Hauptquartier der pakistanischen Blauhelme, UN-Büros, Nachschub-Depots, Treibstofflager, strategische Verkehrsknotenpunkte, die nach ihrer Entfernung zum Flughafen benannt wurden: Kilometer 4 oder einfach nur K4, K6, K7.

Aber auf diesen Karten fehlte, was die vermeintlichen Retter nicht sahen oder sehen konnten. Nicht eingezeichnet waren die Verbindungen zwischen den einheimischen Milizen und den mächtigen Großhändlern. Nicht eingezeichnet war das komplexe Netz von Klans, Sub-Klans, ihre Feindschaften und Allianzen. Nicht eingezeichnet waren die lokalen Märkte und die Kapazitäten der einheimischen Bauern, die nach der Dürre wieder Ernten eingefahren hatten und deren Produkte nun von ausländischen Hilfsgütern verdrängt wurden. Nicht eingezeichnet waren die Geldflüsse für die lokale Droge Khat, für Waffen, für Benzin – Ströme, die durch die internationale Intervention blockiert, verengt oder umgeleitet worden waren. So schaukelten die Orientierungspunkte der internationalen Helfer und Soldaten wie Leuchtbojen auf einem unbekannten

Gewässer. Geeignet, um sich an der Oberfläche zu orientieren, aber nutzlos, um die Strömungen darunter zu erkennen. Warum auch, wo man doch nur helfen wollte, wo doch alles zunächst so einfach schien. Die Hungersnot war gestoppt. Und wenn man mit militärischen Mitteln einen humanitären Erfolg erzwingen kann, warum dann nicht auch einen politischen? Warum nicht die Milizen entwaffnen, ein staatliches Gewaltmonopol aufbauen und das Fundament eines »normalen« Zentralstaats legen? Warum nicht Somalia schnell noch in die neue Zeit hieven, die nach dem Ende des Ost-West-Konflikts angebrochen war?

Ich gewöhne mich in Mogadischu schnell an meine Leibwächter, die ihre Kalaschnikows so lässig tragen wie ein übergeworfenes Kleidungsstück. Die Jungs grinsen, wenn ich mir ihre Waffen genauer ansehen will. Bei einer kann ich das eingravierte Jahr der Herstellung erkennen: 1969. Das Gewehr ist mehr als doppelt so alt wie sein Besitzer. Schnellfeuergewehre sind in Mogadischu im Überfluss zu haben. Aber womöglich ist dieses Exemplar mit einer offiziellen sowjetischen Lieferung nach Somalia gekommen. Siad Barre hatte nach seinem Militärputsch 1969 seinem Land den »wissenschaftlichen Sozialismus« verordnet, was ihm einen Freundschaftsvertrag mit Moskau und tonnenweise Rüstungshilfe einbrachte. So fühlte er sich stark genug, einige Jahre später einen Krieg um den Ogaden mit dem schwächelnden Äthiopien anzuzetteln. Das Nachbarland befand sich mitten im Umbruch vom Kaiserreich zur marxistischen Militärherrschaft. Moskau wechselte prompt seinen Bündnispartner am Horn von Afrika aus und lenkte nun Geld, Waffen und Überwachungstechnik nach Addis Abeba. Auch die DDR half nach Kräften. Barre reagierte, verabschiedete sich vom »wissenschaftlichen Sozialismus«, nicht aber von seiner Diktatur, besorgte sich seine Waffen fortan mithilfe der USA und schließlich auch der Bundesrepublik.

Aus somalischer Sicht war das Ende des Ost-West-Konfliktes keine Zäsur. Denn der Krieg der Systeme war in Somalia wie in so vielen anderen asiatischen und afrikanischen Nationen nie ein kalter gewesen, sondern ein von den Supermächten wechselseitig befeuertes Schlachtfeld mit Millionen von Toten und Millionen Flüchtlingen. So erleichtert die Somalis anfangs über »Operation Restore Hope« auch waren, hatten sie doch keinen Grund, ausländischen Mächten, allen voran den USA, plötzlich als wohlmeinenden Schiedsrichtern ihrer internen Konflikte zu trauen. Mohamed Aideed hieß der Mann, der den Aufstand gegen Barres Diktatur mit angeführt hatte. Machtbesessen wie alle anderen Kriegsherren sah er sich als zukünftiger Präsident seines Landes, nicht als Nebendarsteller einer »New World Order«. Und schon gar nicht als Statist seiner eigenen Entwaffnung. Er schlug zu, brutal und tödlich. Zunächst gegen UN-Blauhelme. Das US-Militärkommando der Somalia-Mission fiel prompt in eine alte, schlechte Gewohnheit zurück und erkor Aideed zum alleinigen »bad guy«. Auf »Operation Wiederherstellung der Hoffnung« folgte eine Kopfjagd.

Am 12. Juli 1993 steuerten siebzehn US-Hubschrauber auf der Jagd nach Aideed das Abdi-Haus in Mogadischu an, benannt nach seinem Besitzer, einem Weggefährten des Warlords. Mit Tomahawk-Raketen zerfetzten US-Soldaten das Dach und töteten Dutzende Menschen. Aideed war nicht in dem Haus gewesen. Dort hatten sich vielmehr Angehörige seines Klans, der Habr Gedir, versammelt: Älteste, Geschäftsleute, religiöse Führer, Richter, Professoren. Die einen befürworteten den Kampf gegen UN und USA, die anderen wollten Aideed zu einer Waffenruhe überreden.[21] Solche Beratungen sind in Somalia Tradition, sie können Tage dauern. Diese hier endete nach wenigen Minuten mit einem Massaker an der zivilen Elite eines der mächtigsten Klans. Selbst in den Augen vieler somalischer Gegner Aideeds war das eine Kriegserklärung seitens der USA und der UN an das ganze Land. Die Wut der

Menschen entlud sich unmittelbar vor Ort, als mehrere ausländische Fotografen auftauchten, um die Zerstörung zu dokumentieren. Als die Reporter begannen, Bilder zu machen, löste sich ein Mob aus der Menge und tötete vier von ihnen: den Deutschen Hansi Krauss, die Kenianer Hosea Maina und Anthony Macharia, sowie den Briten Dan Eldon. In den Augen ihrer Mörder waren sie keine neutralen Beobachter mehr, sondern Teil einer Besatzungsmacht.

»Wir sollten jetzt gehen«, sagt Mahdi, der mit einer Weißen in Begleitung nie allzu lange an einem Ort in Mogadischu bleiben will. Ich mache noch ein paar Fotos von der Ruine des Abdi-Hauses und steige, flankiert von unseren Leibwächtern, wieder ins Auto. Mahdi knipst selbst noch ein Bild, zuckt plötzlich zusammen und brüllt etwas auf Somali. Ein Soldat hat knapp an seiner Schulter vorbeigeschossen. Wir waren gar nicht gemeint, sondern ein Pick-up-Truck, dessen Fahrer Gas gegeben hatte, weil er den Schützen nicht mitnehmen wollte. Es ist das erste und einzige Mal während meines Aufenthalts in Mogadischu, dass ich Schrecken in Mahdis Gesicht sehe.

Erst einige Tage später fällt mir ein, ihn nach seiner Klan-Zugehörigkeit zu fragen. »Habr Gedir«, sagt er. »Wie Mohamed Aideed.«

Als amerikanische Elite-Soldaten einige Monate nach der Attacke auf das Abdi-Haus, am 3. Oktober 1993, erneut Jagd auf Aideed machten, schossen dessen Milizen zwei amerikanische Black-Hawk-Hubschrauber unweit des Bakara-Marktes ab. In den folgenden Gefechten starben vermutlich über 1000 Menschen.[22] Die meisten Opfer waren Somalis, 18 waren US-Soldaten. Mitten im Chaos fotografierte der kanadische Reporter Paul Watson somalische Zivilisten, wie sie die nackte Leiche eines amerikanischen Soldaten durch die Straßen schleiften. Am nächsten Morgen wurden die

Fotos auf CNN und in den amerikanischen Zeitungen gezeigt. Ich sah sie damals in meinem Büro in Washington.

Es gibt selten Momente, in denen man spüren kann, wie eine ganze Nation im Schock erstarrt. Die Veröffentlichung von Watsons Bildern war solch ein Augenblick. In den folgenden Stunden und Tagen brach sich in den amerikanischen Medien eine Flut von Emotionen Bahn: Verbitterung über die grausame Undankbarkeit hungernder Afrikaner, denen man hatte helfen wollen; Wut über die Demütigung der einzigen Supermacht durch ein paar lumpige Klan-Milizen. Rufe nach dem sofortigen Abzug aller US-Truppen aus Somalia gingen einher mit der Heroisierung der getöteten Soldaten.

Aber da war noch etwas anderes. Damals in Washington konnte ich es noch nicht benennen. Ein weißer Körper, der von jubelnden Schwarzen durch den Dreck gezogen wird – Watson hatte mit seinen Fotos, ohne es zu ahnen oder zu wollen, unser Gefühl der Unangreifbarkeit erschüttert. Ob westliche Soldaten, Entwicklungshelfer oder Journalisten, in Afrika bewegen wir uns alle mit der tiefen Überzeugung, dass unsere Haut einen Schutzpanzer bildet. Egal, wie viel Kolonialismus-Kritik, wie viel Anti-Rassismus wir verinnerlicht haben: Wir betrachten unsere Hautfarbe als einen Privilegierten-Ausweis, der allen Nicht-Weißen signalisiert, dass unsere körperliche Unversehrtheit immer und überall Priorität hat. Dass man uns nicht attackiert. Der Lynchmord an Krauss und den drei anderen Reportern hatte einen kurzen Schock ausgelöst, aber davon gab es keine Bilder. Nun waren plötzlich Watsons Fotos in der Welt.

Die somalischen Opfer wurden in den westlichen Medien fast völlig ausgeblendet. Die alte koloniale Hierarchie vom Wert des Lebens blieb somit zwar bestehen. Aber sie manifestierte nicht mehr die Dominanz westlicher Nationen, sondern ihre Verwundbarkeit. Washington zog seine Truppen, die UN wenig später ihre Blauhelme aus Somalia ab. Seither gilt das Land wieder als nicht zu zivilisierendes Dschungelgebiet.

Hollywood bewältigte dieses amerikanische Trauma auf seine Weise. *Black Hawk Down* heißt der Action-Streifen über den Einsatz der US-Elite-Soldaten in Mogadischu. Das Massaker im Abdi-Haus kommt darin nicht vor. Mahdi findet, dass in der westlichen Erinnerung der Ereignisse noch ein weiteres Detail fehlt. »Wusstest du«, sagt er und senkt die Stimme, als würde er eine vernichtende Entdeckung offenbaren, »dass sich einige Amerikaner während der Schlacht in die Hose gemacht haben?« Wusste ich nicht, und sein Hohn macht mich einen Moment lang wütend. Auch weil ich merke, dass mir der Tod von einigen US-Soldaten damals nähergegangen ist als der von Hunderten von Somalis. Mit den Amerikanern konnte ich Biographien und eine Lebensweise verbinden, die mir vertraut waren. Mit den Somalis nicht.

Erst später dämmert mir, dass Mahdis Stimme gar nicht höhnisch geklungen hat, sondern erstaunt. Nach all den Jahren wundert er sich immer noch darüber, wie leicht die US-Armee, der Inbegriff der Allmacht, in die Flucht zu schlagen war. Was Hollywood den Kinogängern als Heldenepos erzählte, hatte mein Stadtführer in Mogadischu sofort als Anfang vom Ende der übrig gebliebenen Supermacht durchschaut.

Da war und ist er nicht der Einzige. Mogadischu, so erklärte drei Jahre nach »Operation Restore Hope« ein damals noch unbekannter Osama bin Laden, sei der Ort, an dem die USA ihre wahre Schwäche und Machtlosigkeit offenbart hätten. Mogadischu ist vielleicht auch der Ort, an dem dieser Mann die enorme Wirkung von Bildern erkannte, auf denen die historischen Gewaltverhältnisse auf den Kopf gestellt werden.

Mahdi und ich passieren die Absturzstellen der Hubschrauber und den Bakara-Markt. Händler räumen die Trümmer der jüngsten Kämpfe zwischen Soldaten der Afrikanischen Union und Al Shabab aus dem Weg. Elektronikläden, Lebensmittelgeschäfte und die *Hawala*-Büros, in denen Bargeld zwischen der somalischen

Diaspora und den Familien und Firmen in der Heimat transferiert wird. Sie sind das finanzökonomische Rückgrat eines Landes, in dem es schon lange keine Banken mehr gibt. Einige Straßen weiter, am alten Hafen, wuchten halbwüchsige Tagelöhner Schwertfische, Haie und Thunfische auf ihren Schultern in die Halle des Fischmarkts und lassen sie auf den glitschigen Boden klatschen.

»Es geht aufwärts«, sagt Mahdi, der am Telefon schon wieder sieben Sachen gleichzeitig organisiert. Die Kühe für das Opferfest sind angekommen, die Schlachter verlangen mehr Geld für ihre Arbeit. Außerdem sind die Mitarbeiter der türkischen Hilfsorganisation eingetroffen, mit denen er die gigantische Fleischspende eingetrieben hat. Die Türken brauchen Autos und Leibwächter.

Ich würde gern am Bakara-Markt aussteigen und in den Läden nach Souvenirs aus den 90er Jahren stöbern. Kaum waren nach den USA auch die letzten UN-Mitarbeiter aus Somalia abgezogen, hatten Plünderer deren 160 Millionen Dollar teures Hauptquartier zerlegt[23] und alles, was sie nicht selbst brauchten, auf dem Markt verhökert. Was 1992 eine neue Ära, eine neue Weltordnung einleiten sollte, wird nun in bester afrikanischer Tradition bis auf die letzte Schraube recycelt. »Shoppen auf dem Bakara-Markt?«, Mahdi schüttelt den Kopf. »Zu gefährlich.« So ganz ist Al Shabab eben doch nicht aus der Stadt verschwunden.

Inzwischen hat man fast vergessen, wie »Die Jugend« einst aufgetaucht ist. Weder war die Truppe vom Himmel gefallen noch wie die Amerikaner aus dem Indischen Ozean gestiegen. Nach dem Debakel der internationalen Interventionen versuchten die USA, die EU, die UN, die AU zu erkaufen, was man nicht hatte erzwingen können. Mit fürstlichen Tagegeldern wurden Somalias Kriegsherren, Politiker und Geschäftsleute zu Friedensverhandlungen in edle Hotels nach Nairobi, Addis Abeba und Dschibuti gelockt. Vom Westen finanzierte Übergangsregierungen, deren Minister überwiegend im Ausland lebten, scheffelten internationale Gelder. Eine

Konferenz-Ökonomie florierte, während in Mogadischu die Kämpfe zwischen Klan-Milizen in unterschiedlicher Intensität weitergingen. Dann kristallisierte sich eine neue Ordnungsmacht heraus: die Religion.

Nach 17 Jahren Bürgerkrieg übernahm im Frühjahr 2006 eine Union Islamischer Gerichtshöfe die Kontrolle in Mogadischu und Umgebung. Dahinter steckte ein Netzwerk lokaler Scharia-Gerichte, unterstützt von Geschäftsleuten, die ein Mindestmaß an Recht und Ordnung brauchten, um weiter Handel treiben zu können. Die Union, zu der auch radikale Islamisten gehörten, löste Straßenbarrikaden auf, entwaffnete Klan-Milizen, öffnete Schulen und Kliniken. Verstecke der inzwischen notorischen Piraten an Somalias Küste wurden ausgehoben. Der Preis für diesen Frieden bestand in einer strengen religiös-sozialen Kontrolle. Auch die Volksdroge Khat wurde verboten. Die Mehrheit der Menschen in Mogadischu, erschöpft von Gewalt und Chaos, schien fürs Erste bereit, diesen Preis zu bezahlen.

Nur steckte die Welt da bereits in einem neuen globalen Frontverlauf. Am 11. September 2001 hatte Osama bin Laden, inzwischen Meister des asymmetrischen Krieges und seiner Inszenierung, die Verwundbarkeit des Westens dramatischer demonstriert als jedes Pressefoto, jeder Hollywood-Katastrophenfilm es vermocht hätten. Mogadischus vertriebene Kriegsherren witterten ihre Chance und boten sich den USA als anti-islamistische Killerkommandos an, was Washington mit reichlich Geld und Waffen honorierte.[24] Ausgerechnet zusammen mit der äthiopischen Armee setzten sie die Gerichtshöfe Ende Dezember 2006 ab und die korrupte Übergangsregierung wieder ein. Der Teufelskreis von Kämpfen zwischen Klan-Milizen, Flüchtlingsströmen und Hungersnöten begann von neuem, dieses Mal erweitert um das Einzige, was von der Union Islamischer Gerichtshöfe übrig geblieben war: ein radikalisierter extremistischer Flügel mit dem Namen Al Shabab. Der klebte sich das

Etikett »Al Kaida« an und schwor Osama bin Laden die Treue. Seither wird Somalia täglich, manchmal stündlich, neu kartographiert. Durch Satelliten, die digitale Zielvorlagen für Drohnen-Angriffe des Pentagon auf Stellungen der Al Shabab liefern.

Aus westlicher Sicht ist die Zäsur des Jahres 1989 längst verdrängt durch die Zäsur des 11. September 2001. Der Hunger ist jetzt dem »Krieg gegen den Terror« untergeordnet. Wer Hilfsgüter in den Süden, ins Territorium von Al Shabab, liefern will, wird aus westlicher Sicht schnell der »Unterstützung einer terroristischen Vereinigung«, aus islamistischer Sicht der »Spionage für die Ungläubigen« verdächtigt. Auch deswegen ist die Hilfe bei dieser Hungerkatastrophe viel zu langsam angelaufen. 250 000 Menschen fallen ihr dieses Mal zum Opfer.[25]

»Kann man die Türken treffen?«, frage ich Mahdi einen Tag vor dem Opferfest Eid al Adha. »Na klar«, sagt er. So ganz klar ist das nicht. Al Shabab hat Todesdrohungen gegen alle Ausländer und Somalis ausgesprochen, die mit ihnen kooperieren.

Am nächsten Morgen kommen sechs der Türken auf das Gelände von Cap Anamur. Verschwitzt, erschöpft und aufgekratzt stellen sie sich vor – auf Deutsch: »Hallo, Nihad Turan, Installateur, Berlin-Kreuzberg.« – »Tangir Yalcin, Frankfurt, Frührentner.« – »Enes, Bauarbeiter aus Braunschweig.« Dazu zwei Kollegen aus Frankreich und einer aus Schweden. Allesamt Migranten der ersten oder zweiten Generation, Familienväter mit Malocher-Händen. Sie sind zum ersten Mal in Afrika.

Ihr europaweiter Verein hat in den vergangenen Monaten mehrere Tonnen Hilfsgüter verschickt, sie selbst haben die Sammlung von einer halben Million Dollar für den Ankauf der 1450 Kühe in Mogadischu mit organisiert. Bis in die Nacht haben sie gestern das Schlachten überwacht, gleich soll es weitergehen in die Flüchtlingslager, um Fleisch zu verteilen, »hygienisch abgepackt in Plastiktüten«, sagt Turan, der Kreuzberger. Ihre Kollegen daheim, »auch die Deutschen«, hätten gespendet, ihre Kinder das Taschengeld geopfert. Sie zitieren den Propheten Mohammed: »Wer sich gesättigt zu Bett legt, während die Nachbarn hungern, der gehört nicht zu uns.«

Wie sie da so sitzen, übermüdet und doch atemlos, beschämen sie mich mit ihrem unerschütterlichen Drang, etwas zu tun gegen eine Welt, in der Dreijährige nur noch aus Haut und Knochen bestehen. Also vergesse ich einen Moment lang alle Einwände: dass Krisengebiete keine Laienhelfer gebrauchen können. Dass Kühe mehr nutzen, wenn man sie zum Wiederaufbau der Viehzucht am Leben ließe. Dass durch den plötzlichen Zufluss von Euro- und Dollarspenden in aller Welt vor dem Feiertag jetzt der Wechselkurs für den somalischen Schilling verrücktspielt. »Schreiben Sie bitte nichts Schlechtes über uns«, sagt Turan, »wir haben schon öfter negative Erfahrungen mit der Presse gemacht.« Er meint den Verein, dessen Kürzel auf ihre Westen gedruckt ist: IGMG. »Islamische Gemeinschaft Milli Görüş«. Die ist wegen islamistischer Tendenzen immer wieder ins Blickfeld deutscher Verfassungsschutzbehörden geraten. Vermutlich spielt dies für Al Shabab keine Rolle. In deren Augen sind Turan und die anderen Abtrünnige, die mit der verhassten Übergangsregierung gemeinsame Sache machen.

Sie verabschieden sich herzlich, rattern mit ihren Leibwachen vom Gelände. Erst da fällt mir auf, dass der Geräuschkulisse der Stadt etwas fehlt. Am Tag des Opferfests scheint in Mogadischu die Munition ausgegangen zu sein. Kein Schuss stört den dissonanten Chor der Muezzine. Als ob die ganze Stadt sich für ein paar Stunden an friedliche Zeiten erinnern will. Die Ausgabe von Fleisch in den Camps verläuft ruhig, die Flüchtlingsfrauen tragen die Plastiktüten vor sich her wie eine Auszeichnung. Getränkeverkäufer feiern Rekordumsätze. Gegen Mittag wagen sich die ersten Somalis an den Strand, seit Jahren hat sich niemand mehr dorthin getraut.

Sie laufen barfuß, einige spielen Fußball. Eisverkäufer schleppen Kühlboxen durch den Sand. Ich muss an die Sätze aus Nurrudin Farahs Roman denken, die ich auf meinen »Stadtplan« geschrieben habe. »Es war Freitag. Das Auto stand auf dem Parkplatz vor dem Lido Club. Salaado war ins Clubhaus gegangen, um drei Portionen Eiscreme zu holen.« Frauen im Hidschab gehen in gehörigem Abstand zu den Männern spazieren. Manche bleiben stehen, kehren dem Skelett ihrer Stadt den Rücken zu und blicken auf ein leuchtend blaues Meer.

Mauro, glauben Sie mir: Ich hätte mich an einem solch wunderbaren Tag am liebsten auf einer Dhau Richtung Nordosten eingeschifft, um fast tausend Kilometer nach Kap Guardafui, der Spitze des Horns von Afrika, zu segeln. Dann weiter hinein in den Golf von Aden bis nach Zilla, einst eine der größten Hafenstädte, die Sie auf Ihrer Karte korrekt eingezeichnet haben. Ibn Battuta hat dort haltgemacht. Angeblich auch Ihr Landsmann Marco Polo, der beobachtet haben wollte, wie der Sultan einen durchreisenden abessinischen Bischof festsetzte und ihn nach vergeblichen Versuchen der Bekehrung zum Islam unsanft beschneiden ließ.[26]

Bloß ist eine solche Schiffsreise für eine Weiße Anfang des 21. Jahrhunderts unmöglich. Auch der Landweg durch Somalia ist zu gefährlich. Um an den Golf von Aden zu kommen, muss ich über Äthiopien reisen. Dieses Mal habe ich mir eine ordentliche Landkarte besorgt, keine von Hand gezeichnete Skizze. »Map of Somalia« steht auf blauem Hintergrund, darunter der fünfzackige weiße Stern und ein magischer Satz: »The occurence of a feature in this map does not necessarily confirm its existence on the ground.«[27] Das Erscheinen eines Merkmals auf dieser Karte beweist nicht notwendigerweise seine Existenz vor Ort. Das gilt auch im Umkehrschluss. Was in Wirklichkeit existiert, ist oft nicht auf der Karte eingezeichnet. Das passt genau auf mein nächstes Ziel.

KAPITEL 3

Das Land, das es nicht gibt

Mauro, diese Sätze auf der Somalia-Karte hätten von Ihnen stammen können. Eine Landkarte ist kein Beweisstück, sie ist bestenfalls eine Annäherung. Aufbrechen, fahren, suchen, mit dem eigenen Auge sehen, was die Kartenzeichner auf überschaubare Größe haben schrumpfen lassen. Mauro, tat es Ihnen nie leid, nur bis Istrien gekommen zu sein? Oder gibt es vor Ihrem Eintritt ins Kloster ein der Nachwelt unbekanntes Leben als Seemann, Herumtreiber, Nomade?

Addis Abeba. Die Stadt können Sie nicht gekannt haben, sie wurde erst 1887 gegründet. Auf über 2300 Meter Höhe. Hier setze ich mich mit Kopfschmerzen um sechs Uhr morgens in einen Bus, verschlafe die ersten vier Stunden Fahrt trotz Dauerberieselung mit äthiopischen TV-Komödien und steige weitere sechs Stunden später, gerädert von äthiopischer Fünftonmusik, in Harar aus. Die Muezzine rufen zum Gebet. Hinter Harar beginnt der Ogaden. Äthiopien ist hier nicht mehr christlich, sondern somalisch-muslimisch.

Am Busbahnhof lasse ich mich widerstandslos von einem Fremdenführer namens Solomon abfangen, der mich in einem Hotel direkt an der Altstadtmauer abliefert. Unter meinem Fenster haben Händler ihre Waren ausgebreitet. Den Markt gibt es seit Hunderten von Jahren, die digitale Leuchtanzeige mit den landesweiten Tagespreisen für Hirse, Honig, Kaffee und Milch ist neu. Gleich hinter der Altstadt endet die Besiedlung, fruchtbares Hügelland dehnt sich aus. Hier wird der beste Kaffee am Horn von Afrika geerntet. Und die besten Khat-Blätter, Grundstoff für jene Volksdroge, die einen aufputschenden leichten Rauschzustand und bei ständigem Kauen unschön aufgeblähte Backen beschert.

Harar gilt den Muslimen der Region nach Mekka, Medina und Jerusalem als viertheiligste Stadt. Neben unzähligen Moscheen gibt es hier auch mehrere Kirchen und eine Brauerei. Das kann man als Beweis der Toleranz und Koexistenz werten, aber man sollte nicht darauf wetten. Wer Kreuzzüge für eine mediterrane Angelegenheit hält, wird in Harar eines Besseren belehrt. Von hier aus zog um 1530 ein gewisser Ahmed ibn Ibrahim al-Ghazi, auch »Ahmed der Linkshänder« genannt, erfolgreich gegen das christliche Reich im äthiopischen Hochland zu Felde. Die Rache des abessinischen Herrschers Galawdewos überlebte er nicht. Um 1543 fiel er im Kampf, sein Kopf wurde aufgespießt und durch Harars Altstadt getragen.[1]

Die Religionskämpfe dieser Zeit waren in Wahrheit Dreieckskriege. Das Volk der Oromo nutzte das Blutvergießen zwischen Muslimen und Christen und brachte weite Teile der Region unter seine Kontrolle. Waaq hieß der Gott ihres kuschitischen Glaubens, Harars berühmte Stadtmauer wurde zum Schutz gegen ihre Angriffe errichtet.

Das alles lerne ich von Solomon, der mit seinen 23 Jahren vier Sprachen beherrscht, ein enzyklopädisches Wissen besitzt und mir seine Stadt präsentiert wie ein großes Geschenk.

»Wann hören Kriege auf?«, frage ich ihn.

»Wenn sie sich nicht mehr lohnen«, sagt er.

Solomon hat Bücher über Reiche und Kaiser gelesen, er kennt die abessinischen, somalischen und arabischen Feldherren und die Legende des Priesterkönigs Johannes alias Zara Yaqub. Er kennt auch die Berichte des britischen Weltreisenden Richard Francis Burton, der sich 1855 vermutlich als erster Europäer nach Harar gewagt hatte – damals eine für Nicht-Muslime verbotene Stadt. Burton hatte auf dem Weg dorthin somalische Gastfreundschaft samt Unmengen an fettem Hammelfleisch genossen und die brütende Hitze, die Moskitoschwärme sowie einen nächtlichen Überfall auf sein Zeltlager überstanden. Den Somali bescheinigte er außer einer ausgeprägten Arroganz gegenüber anderen Völkern ein martialisches Ehrgefühl. Ihre bevorzugten Waffen seien der Speer und der Dolch. Gewehre und Pistolen »verachten sie als feige Waffen, mit denen eine Memme den Tapfersten niederstrecken kann«.[2]

»Das ist heute anders«, bemerkt Solomon trocken und führt mich durch die Altstadt in die handtuchbreite »Gasse des Friedens«, die angeblich so heißt, weil zerstrittene Nachbarn sich erst miteinander vertragen müssen, bevor sie zwischen den Mauern aneinander vorbeikommen. Aus einem Fenster ertönen die Stimmen von Mädchen, die auf arabisch Koran-Verse rezitieren, einige Schritte weiter diskutiert der Kamelschlachter auf Somali mit dem Kuhmetzger, Frauen bieten auf Amharisch oder Oromo Khat an. Ich fühle mich plötzlich armselig mit meinen vermeintlichen Weltsprachen Englisch und Französisch, frustriert wie ein Kind, das wunderbare Luftballons zu sehen, aber nicht zu fassen bekommt.

»Übersetze mir was«, bitte ich Solomon.

»Was?«

»Irgendetwas«, sage ich. Wenige Meter entfernt beschimpft eine dicke Frau einen Mann, der seine Zähne missmutig in ein Stück Weißbrot schlägt. »Zwanzig Mal habe ich dich heute schon gefragt, was du eigentlich treibst außer fressen wie ein Nilpferd«, flüstert Solomon wie ein Synchronsprecher. Dann, unweit der Gasse des Friedens, erklingen vertraute Laute:

»*Et je voguais lorsqu'a travers mes liens frêles*
Des noyés descendaient dormir à reculons.«

Ich hatte mit vielem gerechnet auf dieser Reise, aber nicht mit einem Äthiopier somalischer Herkunft, der mich auf den Treppen eines Hauses mit einem Gedicht von Arthur Rimbaud empfängt. Nicht dass ich es als solches erkannt hätte. Rimbaud habe ich nie gelesen. Abdunasir Abdulahi Garad aber kann sämtliche Verse auswendig. Garad ist eigentlich Physiker von Beruf. Aber schon als junger Mann zog es ihn immer wieder in das Haus, in dem einst dieser seltsame Europäer gelebt hatte. Garad vertiefte sich, nein, er verfiel der Poesie des Franzosen, und wurde schließlich Leiter des Rimbaud-Archivs. Seither darf er den ganzen Tag in dessen restauriertem Haus verbringen.

Ich bin das Beste, was Abdunasir Abdulahi Garad seit langem passiert ist: eine europäische Besucherin, die kaum etwas über Rimbaud weiß. Drei Stunden später ist Garad vom Reden erschöpft und ich bestens vertraut mit Arthurs Kindheit und Jugend, dem Verhältnis zu seiner Mutter, seinen homosexuellen Beziehungen, dem Kurzabenteuer als Soldat und Fahnenflüchtiger und der besessenen Suche nach der reinen Poesie. Garads begeisterter Redefluss hat eine Rimbaud'sche Weltkarte mit den Lebensstationen eines Ruhelosen aufgezeichnet: Paris, Brüssel, Stuttgart, Amsterdam, Java, Italien, Kairo, Zypern, Aden, Zeyla, Harar und Marseille. Doch all sein Wissen tröstet Garad nicht darüber hinweg, dass er das große Rätsel nicht lösen kann: »Er war ein Genie! Aber er hat mit 20 Jahren aufgehört zu dichten!« Garad sieht mich an, als handelte es sich bei dieser jähen Verweigerung um eine europäische Krankheit, die ich ihm erklären könnte.

In Harar interessiert sich kaum jemand für »Ophelia« oder »Das trunkene Schiff« oder die Pariser Skandale dieses Franzosen mit den durchdringend blauen Augen, der sich hier um 1880 als Kaffeehändler niederließ und einige Jahre blieb. Vielleicht auch als Waffenschmuggler, wie manche argwöhnen. Und so bleibt das Haus meist leer, in dem Garad die Gedichte auf transparente Stofffahnen gedruckt und neben Rimbauds großartigen Fotos von Land und Leuten aufgehängt hat. Seine Verse flattern leise in der Zugluft, die durch die offenen Fenster hereinkommt.

»Ich! Ich, der sich Magier oder Engel genannt hat, losgesagt von jeder Moral,
ich bin der Erde zurückgegeben, eine Pflicht zu suchen und die raue Wirklichkeit zu umarmen!«

Diese Passage aus »Eine Zeit in der Hölle« notiere ich mir auf Französisch, finde später eine deutsche Übersetzung.

Rimbaud hatte nie wirklich aufgehört zu schreiben. Aus Harar schickte er zahlreiche Briefe an seine Familie, in denen er Kultur und Alltag der Menschen schilderte. 1884 erschien in Frankreich sein Bericht über seine Expedition in den Ogaden. Somali hat er nie gelernt, das Amharisch der Äthiopier war ihm näher. Aber einer wie er, der einst Worte fliegen ließ, hat im Ogaden vielleicht gespürt, dass er von Dichtern umgeben war. Einem anderen Europäer war es jedenfalls aufgefallen. »Hier wimmelt es von Poeten«, schrieb Richard Francis Burton über die Somali. »Das feine Ohr dieser Leute verschafft ihnen größten Genuss durch harmonischen Klang und poetischen Ausdruck.« Auf falsche Intonation oder schlechte Verse reagierten sie »mit Abscheu«.[3] Der britische Abenteurer, berühmt für seine Reise nach Mekka in der Verkleidung eines Muslims, war 25 Jahre vor Rimbaud in Harar gewesen. In seinen Berichten gab sich Burton gern als der heldenhafte Europäer, der sich unter die Wilden wagte. Aber er war aufmerksam genug, um die Liebe der Somali zu ihrer eigenen Sprache zu erkennen.

Somalische Poesie ist bis heute die Kunst des gesprochenen, nicht des geschriebenen Wortes. Fast jeder Nomade, jede Ziegenhirtin kann Gedichte rezitieren. Poesie ist der Ausdruck für Leiden, für Liebeskummer, für Spott und Hohn, für Friedensappelle und für den Aufruf zum Krieg. Wenige Jahre nach Rimbauds Tod 1891 brach nicht weit von Harar im somalischen Norden ein Aufstand los gegen die britischen Truppen, gegen Italiens koloniale Ambitionen und Äthiopiens Anspruch auf den Ogaden. Anführer war ein konservativer islamischer Gelehrter namens Mohamed Cabdille Hassan, von den Briten »The Mad Mullah«, der »wahnsinnige Mullah«, genannt. Die britische Armee brauchte 20 Jahre, bis sie die Rebellion seiner Derwisch-Bewegung schließlich mit Luftangriffen niederschlug.

Hassan beherrschte die Methoden des Guerillakrieges und der Terroranschläge ebenso gut wie Rhetorik und Poesie.[4] »Der Tod des Richard Corfield« lautet der Titel seines berühmtesten Gedichtes, in dem er einem gefallenen britischen Kommandanten aufträgt, was dieser in der Hölle über seine Gegner berichten soll:

»Sag: In Wut fielen sie über mich her
Berichte, wie grausam ihre Schwerter dich zerschlugen.«

1993, nach dem Abschuss der US-Helikopter in Mogadischu, tauchten Flugblätter mit diesen Versen in den Straßen der somalischen Hauptstadt auf.[5]

Corfield war nicht in Mogadischu getötet worden, sondern während einer Schlacht 1913 im somalischen Norden, wo nun am Golf von Aden ein Staat entstanden ist, den man auf keiner Weltkarte findet. Der ist mein Reiseziel.

Das hätte Sie gereizt, Mauro. Ein unsichtbares Land. Ich habe mir Ihre Karte daraufhin angesehen. »Deuchali«, »Zabrit«, »Barbara« – so heißen seine Orte auf Ihrer *mappa mundi*. »Barbara« gibt es noch. Die anderen beiden bleiben ein Geheimnis. Niemand weiß, welche Städte damit gemeint gewesen sein könnten. Vielleicht sind sie in den Jahrhunderten danach verfallen oder zerstört worden.

Ein leises Rascheln. So klingt dieses Land an seiner Grenze. Die letzten Etappen von Harar bis zum Grenzfluss Wajaale habe ich in überfüllten Kleinbussen zwischen tratschenden Frauen und Khat kauenden Männern zurückgelegt. Der Wajaale führt kein Wasser, das Flussbett ist übersät mit blauen, gelben, grünen und rosafarbenen Plastiktüten, in denen sich an diesem Morgen der Wind verfängt. Ich will einfach weiterlaufen, vorbei an einigen billigen Hotels, Handy-Shops und Imbissbuden hinein in die Savanne, da schallt ein »Stop!« aus einem Containerbüro. Die Grenzkontrolle. »Willkommen in der Republik Somaliland!«, sagt der Mann. Er stempelt meinen Pass und deklamiert noch einmal »Soo-maa-liland«. Damit ich auch ja weiß, wo ich mich befinde.

Willkommen also in einem Staat, der für den Rest der Welt nicht existiert. Gelegen am Horn von Afrika, mit 137 000 Quadratkilometern Fläche gut dreimal so groß wie die Schweiz, mit geschätzten dreieinhalb Millionen Einwohnern deutlich dünner besiedelt. Er verfügt über eine eigene Währung, eine Landesfahne und eine Nationalhymne mit dem Titel »Ein langes Leben in Frieden«. Das erscheint mir als ein kühnes Versprechen, denn offiziell befinde ich mich immer noch auf dem Territorium Somalias. Doch hier in dieser selbst ernannten Republik im Nordwesten ist angeblich alles anders. Außer Hymne und Flagge (grün, weiß und rot mit einem schwarzen, fünfzackigen Stern und der Schahada, dem Glaubensbekenntnis zum Islam) soll es eine funktionierende Polizei und Armee, eine freie Presse, eine gewählte Regierung, mehrere Parteien geben – und demokratisch gesinnte Klan-Älteste.

Ich will dieses Land, das bis heute kein Staat anerkannt hat, von Süden nach Norden erkunden, von Wajaale an der Grenze zu Äthiopien über die Hauptstadt Hargeisa bis zum Hafen von Berbera am Golf von Aden. Berbera, Mauro, ist Ihr »Barbara«.

Ein Taxi bringt mich in drei Stunden in einem Schlingerkurs über Gestrüpp, Sandwellen und Schotterpisten von Wajaale bis nach Hargeisa. Der Reiseführer (den gibt es wirklich) empfiehlt zur Einstimmung einen Spaziergang durch die Hauptstadt. Deren Einwohnerzahl schwankt zwischen 500 000 und einer Million – je nachdem, wen man fragt. Läden, Cafés und Straßen sind voll. Anders als in Mogadischu sehe ich keine Soldaten hinter verbarrikadierten Checkpoints. Pick-up-Trucks transportieren Gemüse, Ziegen oder Zementsäcke anstelle von bewaffneten Männern. Auf der Independence Avenue trägt man Handy statt Kalaschnikow. Polizisten regeln den Verkehr mit Trillerpfeifen, die Straßen werden allenfalls von frei laufenden Kamelen versperrt, die indigniert auf hupende Autofahrer herabblicken. In einer Nebenstraße pinseln zwei Männer ein mannshohes Nutella-Glas an die Fassade eines Supermarktes. Die Wandreklame wird im gleichen Stil gemalt wie in Mogadischu, nur sind hier keine Einschusslöcher zu sehen. Einzig das Nationaldenkmal mitten im Zentrum wirkt bedrohlich: ein russisches MiG-Jagdflugzeug ragt mit rostiger Nase gen Himmel. Darunter, auf dem Sockel in Stein gehauen und bunt wie in einem Bilderbuch, eine Frau auf einem Schlachtfeld, übersät mit Toten und Verwundeten – den Kopf hoch erhoben, die Nationalfahne Somalilands in der Hand. Diese afrikanische Marianne unterscheidet sich von ihrem französischen Vorbild nur durch zweierlei: Sie trägt ein Kind auf dem Rücken, und ihr Busen ist züchtig bedeckt. Somaliland ist streng muslimisch. Meistens jedenfalls. »Sistaah, how are yuuuh?«, ruft die rein männliche Kundschaft eines Straßencafés im Schatten des Kampfbombers, die Backen voller Khat.

Die wahre Mutter der Nation finde ich nicht auf dem Sockel eines Denkmals, sondern im Krankenhaus. Edna Adan Ismail hat als Hebamme wahrscheinlich mehr Staatsbürger zur Welt gebracht als sonst jemand in dieser Republik. Zwischendurch war sie First Lady gewesen, Exilantin und Außenministerin. Jetzt, mit bald 80 Jahren, die man ihr wahrlich nicht ansieht, leitet sie in Hargeisa ihr eigenes Hospital und wohnt, »weil es praktisch ist«, gleich über der Entbindungsstation.

»Warum ist es hier so friedlich?«

Immer noch im ungläubigen Staunen über den Kontrast zwischen Mogadischu und Hargeisa, fällt mir zur Begrüßung keine klügere Frage ein.

»Weil wir unsere Angelegenheiten immer schon selbst geregelt haben«, antwortet Adan. »Im Gegensatz zu den anderen.« Sie macht eine ausladende Handbewegung zum Fenster ihres Büros. ›Die anderen‹ – das sind die da unten im chaotischen Süden am Indischen Ozean.

Edna Adan war bereits eine Berühmtheit, als sich das ehemals britische Protektorat Somaliland und die italienische Kolonie Somalia 1960 zu einem neuen, unabhängigen Staat vereinten. Sie hatte in London eine Ausbildung zur Krankenschwester absolviert, was damals alle Schranken für eine junge somalische Frau sprengte. Und sie hatte einen Politiker, den ersten Premierminister des Landes, geheiratet. Auf ihrem Computer hat sie Fotos gespeichert von Staatsbesuchen bei Lyndon B. Johnson in Washington oder bei Kurt Georg Kiesinger in Bonn. Egal wie mächtig die Männer auf diesen Bildern waren oder taten – sie stellte jeden in den Schatten. Umwerfend schön und elegant gekleidet, sah sie aus wie eine Mischung aus Jacqueline Kennedy und Michelle Obama.

Nachdem Siad Barre 1969 geputscht und den »wissenschaftlichen Sozialismus« ausgerufen hatte, verbrachte Edna Adan viel Zeit im Ausland und ihr Mann mehrere Jahre im Gefängnis. »Barre«, sagt sie, »den kennen Sie doch in Deutschland. Das war der mit dem entführten Flugzeug.«

Und mit den 25 Millionen Mark aus der deutschen Staatskasse, die Belohnung für Barres Kooperation bei der Befreiung der Lufthansa-Maschine 1979 in Mogadischu.

In Hargeisa hatte der Aufstand gegen den Diktator Anfang der 80er Jahren begonnen. Als Barre 1991 endlich ins Exil floh, hatten seine Soldaten den Norden brutaler »bestraft« als jede andere Region. Sie hatten über 50 000 Zivilisten getötet, das Weideland vermint, die Brunnen vergiftet. Hargeisa hieß nach monatelangen Bombardements durch Barres MiG-Kampfbomber »Afrikas Dresden«.[6]

»Das war unsere Stunde null«, sagt Edna Adan. Somaliland erklärte sich 1991 erneut unabhängig. Ibrahim Egal, Adans Mann, wurde Präsident, sie später Sozial- und dann Außenministerin – die erste Frau im Kabinett. »Mein Amtszimmer musste ich im Krankenhaus einrichten, mein Ministergehalt betrug damals 297 Dollar.«

Als Außenministerin flog sie ohne diplomatischen Status von einer Hauptstadt zur nächsten, um für die Anerkennung ihrer Republik zu werben. Die walisische Nationalversammlung zeigte sich interessiert, in Washington, London, Paris, Nairobi, Peking und in New York bei den UN schüttelte man freundlich, aber bestimmt den Kopf. Somalia sollte am westlichen Modell des Zentralstaates genesen, eine Sezession kam nicht in Frage. Edna Adan kramt ihren somaliländischen Pass aus der Handtasche, der an keiner Grenze akzeptiert wird. Sondervisa quellen zwischen den Seiten hervor. Sie ist immer noch viel im Ausland unterwegs, um Spenden für ihr Hospital einzutreiben. Und sie kann immer noch nicht verstehen, warum die internationale Gemeinschaft »trotz bescheidener Resultate« weiter gigantische Ressourcen in das chaotische Mogadischu samt Klan-Milizen, korrupten Politikern, und Al-Kaida-nahen Islamisten pumpt, die Republik Somaliland mit ihrer jungen Demokratie aber ignoriert.

»Los, kommen Sie. Ich zeige Ihnen mein Krankenhaus.« Es folgt eine etwas andere Führung als im Benadir-Hospital von Mogadischu. Keine Hungerbäuche, keine Vierjährigen mit den Köpfen von Greisen, keine Matratzenlager auf dem Boden. Stattdessen helle, ordentliche Räume, eine Entbindungsstation mit Brutkasten für Frühgeburten, Untersuchungszimmer mit modernen gynäkologischen Stühlen. Im Edna-Adan-Hospital werden alle Krankheiten behandelt. Aber in erster Linie ist es eine lebensrettende Oase für schwangere Frauen, viele nicht älter als vierzehn, viele bei der Entbindung dem Tod nahe, weil ihre jungen Körper für eine Geburt nicht stark genug sind. Und weil alle ausnahmslos der Tortur der Klitoris-Beschneidung unterworfen worden sind. Was ein Euphemismus für die Praxis in Somaliland ist, wo Mädchen im Alter von vier bis elf Jahren die Klitoris und die Schamlippen abgeschnitten werden, um die Wunde danach mit primitivsten Mitteln bis auf ein kleines Loch für Urin und Menstruation wieder zuzunähen. Eine heilige Tradition in den Augen der Klan-Führer, aber auch vieler Frauen, um die weibliche Lust zu »kontrollieren«. Ein Akt des Terrors in den Augen von Edna Adan, verübt an fast jedem weiblichen Mitglied dieser Gesellschaft.

Edna Adan hat selbst nie Kinder bekommen, und ich hüte mich auf unserem Rundgang durch ihr Hospital zu fragen, warum. Sie öffnet die Tür zu einem Klassenraum. Etwa zehn Köpfe drehen sich zu uns um, allesamt eingehüllt in den Hijab. In einem halben Jahr sollen diese jungen Frauen ihre Prüfung als Hebammen ablegen und zurück in ihre Dörfer gehen, ausgestattet mit medizinischem Wissen und Überzeugungsstrategien, um ihren Landsleuten die Verstümmelung der Mädchen auszureden. Es ist Edna Adans kleine Armee in einem Krieg, dessen Fronten auf keiner Karte eingezeichnet sind und der weder nationale noch religiöse Grenzen kennt. Äthiopien, Somalia, Somaliland – überall leiden Frauen ihr Leben lang unter diesem Akt der Gewalt. »Das können wir tausend Mal verbieten«, sagt Adan. »Gesetze allein helfen gar nichts. Dafür brauchen wir noch einmal ein paar Generationen.« Adan schiebt mich ins Büro einer übermüdeten, aber robusten Sozialarbeiterin, die in Kanada aufgewachsen und vor einigen Jahren mit Mann und Kind in ihre Geburtsstadt zurückgekehrt ist, »um Somaliland mit aufzubauen«. Genauer gesagt: die Sexualerziehung von Somaliland. Vor allem jüngere städtische Eheleute kommen in ihre Beratung. »Die Frauen sagen erst einmal gar nichts, und die Männer beschweren sich, dass die Frauen nie Lust auf Sex haben. Ich erkläre ihnen dann, warum. Und frage sie, ob sie diese Tortur auch ihren Töchtern antun wollen. So fangen sie an nachzudenken.« Und irgendwann wird dieser Krieg gegen die Frauen vielleicht aufhören.

Ich habe mich in Hargeisa an die islamischen Bekleidungsregeln angepasst und mir einen langen Schal um Kopf und Hals gewickelt. Das macht Spaziergänge bei über 30 Grad nicht eben angenehm. Vor allem schränkt es meine Sicht ein. Das Parlamentsgebäude, einen schmucklosen sandfarbenem Bau mit blau verspiegelten Bürofenstern, hätte ich beinahe übersehen.

Somalilands Parlament besteht aus zwei Kammern: dem Repräsentantenhaus mit gewählten Abgeordneten und der *Guurti*,[7] einer Versammlung von Ältesten, bestimmt von ihren Klans. Das kann lange, sehr lange Amtsperioden zur Folge haben.

Ich bin mit den Telefonnummern einiger Parlamentarier in Hargeisa angekommen, die mir helfen sollen, den Senior der *Guurti* zu treffen, eine Legende namens Haji Abdikarim Hussein Yussuf. Drei Tage verbringe ich wartend in meinem Hotel, weit und breit die einzige Frau unter Dutzenden männlicher Gäste, die den Garten okkupieren, Unmengen an Tee und Cola schlürfen, zwei oder drei Handys jonglieren, gern und geräuschvoll ausspucken und mich anstarren wie einen exotischen Vogel. Dann kommt der ersehnte Anruf: Abdikarim Hussein sei bereit für ein Gespräch.

Afrikas wahrscheinlich ältester Politiker empfängt mich im Hof des Parlaments. Sein Bart ist hennarot gefärbt, der Teint erstaunlich glatt, der Mund voller Goldzähne. »Wahrscheinlich 116«, antwortet er auf meine Frage nach seinem Alter. Meine Beteuerung, er sehe aus wie höchstens 80, fasst er nicht als Kompliment auf. Seine Seniorität ist ihm außerordentlich wichtig, seine Gesundheit auch. »Kein Khat, keine Zigaretten, nur einheimisches Essen.«

Abdikarim Hussein gilt als legendärer Friedensstifter in Somaliland, seit er in jungen Jahren darauf verzichtete, die Blutrache am Mörder seines Vaters zu vollstrecken, und sich stattdessen eine der Töchter des Täters zur Frau nahm. So jedenfalls erzählt man es sich. Was das Mädchen damals wollte, spielt in dieser Geschichte keine Rolle. Inzwischen hat er drei Frauen und nach eigenen Angaben »ungefähr dreißig Kinder«. Das jüngste, behauptet er, sei vier Jahre alt, was bei seinen jüngeren Kollegen der *Guurti* um die 80, die bei unserem Treffen um ihn herumsitzen, anerkennendes Raunen hervorruft.

Nicht jeder in Hargeisa findet diese afrikanische Variante des *House of Lords* noch nützlich oder zeitgemäß. Die *Guurti* ist eigentlich eine Versammlung von Klan-Führern zur Schlichtung von Konflikten, eine Art mobiles Schiedsgericht, entstanden in Zeiten, da es keinen Staat gab. Genau darin liegt ihr Beitrag zum Staatsaufbau: Unmittelbar nach Kriegsende verhinderten Abdikarim Hussein und andere Klan-Chefs, was in Mogadischu passierte und was so oft nach dem Sturz einer Diktatur passiert: dass Rebellenführer mit Gewalt ihre Pfründe abstecken. »Wir haben alle Parteien zusammengeholt und ausgesöhnt«, sagt Abdikarim Hussein. »Und dann haben sie ihre Waffen abgegeben.«

Das hört sich aus seinem Mund an wie die Episode aus einem Karl-May-Roman. Tatsächlich hatte dieser Prozess gut sechs Jahre sowie unzählige große und kleine Friedenskonferenzen gebraucht. Abdikarim Hussein und die anderen Klan-Ältesten riskierten mehrfach Kopf und Kragen, um in Kriseneinsätzen verfeindete Gruppen auseinanderzuhalten.[8]

Warum ist das im Süden nicht gelungen, in Mogadischu, wo es die Institution der *Guurti* ebenfalls gibt?

»Ha!«, zischen die Greise im Parlamentshof von Hargeisa. »Was erwarten Sie denn? Das da unten ist *la Somalia Italiana*!« Als hätte der ehemalige Kolonialherr den Süden auf ewig verdorben.

Italien die Hauptschuld an Mogadischus Misere zu geben, ist ein bisschen zu einfach. Im Süden konkurrierten immer schon mehr Klans um Macht, Weideland und Handelswege, den Norden dominiert eine Gruppe, der Isaaq-Klan, was die Befriedung trotz verfeindeter Sub-Klans einfacher machte. Dann gibt es noch einen anderen gravierenden Unterschied – und der fällt nicht sehr schmeichelhaft für die internationale Staatengemeinschaft aus. Vor allem nicht für den Westen: Anders als Somalia erfuhr Somaliland so gut wie keine internationale Hilfe und Einmischung. Klan-Älteste, Händler,

73

Anführer der Befreiungsbewegung, Politiker und Bürgerorganisationen berieten über die Zukunft ihres Staates nicht in ausländischen Nobelhotels, sondern daheim in zerschossenen Schulgebäuden. Niemand schacherte um ausländische Geldtöpfe, weil es keine gab. Anders als in Somalia oder Afghanistan hatten weder UN noch Europa und die USA für eine Fraktion Partei ergriffen. Und so nahm sich der Norden die Idee des Nationalstaates und formte daraus im toten und geschützten Winkel der Weltpolitik sein eigenes Modell.[9]

»Im Namen Allahs, des Allerbarmers, des Barmherzigen« – so beginnt die Verfassung von Somaliland.[10] Sie beschwört das gemeinsame Leid in Krieg und Diktatur, legt Grundsätze einer parlamentarischen Demokratie und den Islam als Staatsreligion fest. Das birgt Zündstoff, zum Beispiel bei Artikel 33 über die Religionsfreiheit und Artikel 36 über Frauenrechte. Im Prinzip ja, heißt es da, alles Nähere regelt die Scharia. Oder die Tradition der Klans.

Darüber würde ich im Parlamentshof in Hargeisa gern noch ausführlicher mit dem alten Abdikarim Hussein reden. Auch über die Forderung jüngerer Landsleute nach einer Reform der *Guurti*.[11] Zu wenige Frauen, zu wenig Professionalität, zu viel Kungelei, lautet die Kritik. Die Kammer der Klan-Ältesten hat inzwischen zwar eine Facebook-Seite, aber viele ihrer Mitglieder können weder lesen noch schreiben und folglich auch keine komplizierteren Gesetzentwürfe erörtern.

Nach einer guten halben Stunde findet Abdikarim Hussein, dass er genug Fragen beantwortet hat. Zum Abschied bedeutet er mit einer Geste Richtung Notizblock, dass man seinen letzten Satz bitte genau mitschreiben soll: »Er hofft«, sagt der Übersetzer, »dass die internationale Anerkennung Somalilands noch zu seinen Lebzeiten erfolgt.« Mit diesen Worten schlurft der Alte nach Hause zum Mittagsschlaf. »Und wenn nicht«, sagt mürrisch einer seiner Kollegen, »ist es auch egal. Wir brauchen euch nicht. Wir haben das Erdöl, wir haben den Hafen in Berbera, wir schaffen das auch alleine.«

Den Traum von den Petro-Dollars träumen einige in Hargeisa. Man hat Ölfelder entdeckt, aber bis auf weiteres bleiben Paarhufer Somalilands wichtigstes Exportgut. Kamele, Schafe, Ziegen. Schon die Briten interessierten sich Ende des 19. Jahrhunderts vor allem für Fleischnachschub nach Jemen, wo ihre Truppen stationiert waren.[12] »Die englische Metzgerei« nannten sie ihr Protektorat am Horn von Afrika.

Der Viehmarkt ist auch jetzt noch Hargeisas ökonomisches Zentrum. Er liegt im Südosten der Stadt und ist weithin zu hören und zu riechen. Wer Schafe braucht, biegt hinter dem Eingang nach rechts, Ziegen gibt es, meist im Sechserpack an den Hälsen zusammengebunden, geradeaus, dahinter sind Rinder zu haben. Links begutachtet ein interessierter Käufer aus Saudi-Arabien den Rippenbogen eines Kamels und moniert: »Noch nicht fett genug, einfach nicht fett genug.« Aus der Metzgerei der Briten ist die Metzgerei der Saudis geworden, die dank Öl-Wohlstand einen enormen Appetit auf Fleisch entwickelt haben. Käufer und Händler feilschen wie vor hundert Jahren, indem sie mehrere Finger des jeweils anderen umfassen und so Preise signalisieren. Aber die Bezahlung funktioniert nun bargeldlos. Jeder auf dem Markt hat ein Mobiltelefon – der saudische Großeinkäufer ein teures Smartphone, die einheimischen Viehhirten billige solarbetriebene Modelle aus China. Und jeder hier nutzt »Zaad«, den Geldservice des somaliländischen Netzanbieters *Telesom*. Bei einem lizenzierten Zwischenhändler lässt man eigenes Geld auf seinem Handy-Konto gutschreiben, um es dann per SMS an andere zu überweisen. Analphabeten werden per Voicemail angeleitet. »Fududeeye« nennen die Hirten und Händler dieses System auf Somali: »Das Ding, das alles leichter macht.« Kamele oder Getreide kaufen, das neue Radio abstottern, an der Tankstelle zahlen, Steuern entrichten. Vor allem aber Geld von Verwandten aus dem Ausland empfangen.

Es gibt eine Bauanleitung für den modernen Staat, entwickelt in Europa in Jahrhunderten von *trial, error and horror*. Demnach braucht ein Staat ein festes Territorium mit festen Grenzen, eine stabile Kernbevölkerung, also ein Staatsvolk, dessen Willen er vollstreckt; ein Gewaltmonopol in Gestalt von Verwaltung, Armee, Polizei und Justiz; eine Verfassung, möglichst säkular und auf Basis der Menschenrechte; und eine Daseinsvorsorge, ein soziales Netz, für seine Bürger.[13]

Somaliland hat keine festen Grenzen. Jene, die auf den Karten in den Amtsstuben in Hargeisa eingezeichnet sind, erkennt niemand an. Die Verfassung betont die Menschenrechte und den Islam, die Justiz besteht aus einem Gemisch von modernem Recht, Scharia und traditioneller Konfliktschlichtung, *Xeer* genannt. Das Gewaltmonopol teilen sich Staat und Klans; von einem sozialen Netz kann keine Rede sein, dafür ist das Land viel zu arm. Das Volk besteht aus drei Millionen Einwohnern und einer Diaspora aus wahrscheinlich ebenso vielen Somaliländern, deren Remittenden das ökonomische Überleben des Landes garantieren.

Ist das ein rückständiges Modell, Jahrzehnte entfernt vom westlichen Standard? Oder sind unsere Kriterien in Zeiten der Entgrenzung und Entstaatlichung, des Souveränitätsverlusts und der Budgetkrisen hinfällig? Vielleicht stehe ich in Hargeisa mitten in einem Zukunftsentwurf: Ein Kollektiv von Menschen mit ausgeprägter nationaler und Klan-Identität, alles andere als multikulturell, aber vernetzt mit Exilgemeinden in aller Welt. Flexibel, an Schocks von außen und Umbrüche von innen gewöhnt, bestens vertraut mit neuesten Kommunikationstechnologien, islamisch reguliertem Geldwesen und fließenden Grenzen. Ein hybrides Gebilde in Zeiten, da sich die Macht über Geld- und Warenströme und damit über das Leben von Menschen immer weiter von der Politik traditioneller Nationalstaaten entfernt. Das funktioniert seit über 20 Jahren erstaunlich gut. So gut, dass sich Somaliland auch gegen militante Islamisten abschotten kann. Klan-Älteste melden, wenn irgendwo Auswärtige in ihren Dörfern auftauchten, wenn jemand nach Waffen fragt oder plötzlich radikale Predigten hält.

Für die Fahrt nach Berbera bestellt mein Hotel in Hargeisa trotzdem eine militärische Eskorte. Das sei Vorschrift, meint der Rezeptionist, und koste auch nur zwanzig Dollar extra. Im Vergleich zu den Preisen für Leibwächter in Mogadischu ist das ein Schnäppchen.

Meine Beschützer erscheinen pünktlich zur verabredeten Abfahrtszeit in Gestalt von Idriss und Farid, zwei Soldaten in Flecktarn-Uniform. Ihre Ausrüstung besteht aus einer Pistole am Gürtel von Farid und zwei prallen Tüten Khat im Arm von Idriss. »Sie müssen sich keine Sorgen machen«, sagt Farid, »normalerweise bewachen wir den Präsidenten.«

Prima, denke ich. Al Shabab kann kommen.

Die beiden verbringen die Reise kauend und schwatzend auf der Rückbank. Khat macht sehr gesprächig. Ich bestaune still die Landschaft. Am Horizont breiten sich Tafelberge aus, entlang der Straße reihen sich Sandsteinfelsen an mannshohe Termitenhügel. Ich blinzele in der flimmernden Hitze, glaube, mitten auf der Straße plötzlich riesige Wassermelonen zu erkennen. Sekunden später steigt der Fahrer auf die Bremse und lässt eine Kolonne Pantherschildkröten über den Asphalt kriechen.

Wie aus dem Nichts tauchen Nomaden mit Kamel- und Ziegenherden auf, wandern an einem Telesom-Werbeschild vorbei in die scheinbar endlose Landschaft, die kurz vor dem Meer über die Bergklippen auf Berbera kippt.

Morbider Charme ist eine galante Umschreibung für diese Stadt, in der seit gut 2000 Jahren Handel getrieben wird. »Die Produkte dieses Landes sind Elfenbein und Ambergris«, schrieb der chinesische Dichter und Gelehrte Duan Chengshi über Berbera. »Wenn persische Händler hierherkommen wollen, versammeln sie einige tausend Einheimische und überreichen ihnen Stoffstücke. Dann trinken alle, jung oder alt, Ochsenblut und leisten einen Eid. Erst dann handeln sie mit ihren Waren.«[14] Das war im 9. Jahrhundert, einer Blütezeit. Nur nicht für die Frauen, die, wie Duan bemerkte, oft mit großem Gewinn an Ausländer verkauft wurden. Woher Duan das alles wusste, ist bis heute nicht klar. Womöglich hatte es damals schon chinesische Händler nach Berbera verschlagen. Wahrscheinlicher ist, dass solche Informationen und Gerüchte über die Stationen der maritimen Seidenstraße nach China getragen wurden.

Im Bogen der Jahrtausende legt Berbera gerade eine Verschnaufpause ein und dämmert besseren Zeiten entgegen. Ich finde ein Hotel, in dessen Hinterhof ein Kamel döst. Der Ventilator wirbelt stickig warme Luft durch das Zimmer. Es ist die ideale Kulisse für eine Graham-Greene-Verfilmung, aber eine funktionierende Klimaanlage wäre mir trotzdem lieber. Berbera wartet auf den großen Investor für seinen Hafen, den irgendwann einmal Containerschiffe anlaufen sollen. Einige Arbeiter entladen jemenitische Dhaus, auf denen sich Gebrauchtwagen, indischer Reis und chinesische Textilien stapeln. Ein rostiger Frachter unter liberianischer Billigflagge hat Holz aus Chile geliefert, Kräne hieven hin und wieder einen Container über das Gelände.

In der Altstadt sucht derweil jeder einen Flecken Schatten in der drückenden feuchten Hitze. Berbera liegt 1300 Meter tiefer als Hargeisa. Das Klima und die Gepflogenheiten einer Hafenstadt diktieren ein anderes Leben. Träger, gelassener. Alles sitzt lockerer als in der Hauptstadt, der Putz an den Mauern, die Sitten und die Kopfbedeckungen der Frauen. Eine Bäckerei wirbt auf einem Wandbild mit einer Liebesgeschichte aus den 30er Jahren zwischen einem Bäcker und einer lokalen Schönheit. Eine einheimische Version von Romeo und Julia. In Hargeisa undenkbar.

Drum herum setzt die salzige Luft den Häusern und Moscheen aus der Zeit des Osmanischen Reiches zu. Im kleinen Fischereihafen ragen rostige Wrackteile aus dem Wasser. Fischer manövrieren ihre Boote geschickt um die Hindernisse herum, tragen ihren mageren Fang auf den Markt und schimpfen über die illegale Konkurrenz auf See. Erst haben europäische und asiatische Fangflotten die Bestände dezimiert, jetzt gefährden iranische Trawler mit ihren großen Netzen, was noch übrig geblieben ist. Anders als im 9. Jahrhundert halten die Perser heute keine Stoffgeschenke mehr bereit.

Neuerdings tauchen andere Fremde in Berbera auf. Nicht nur Chinesen, die das Öl-Geschäft sondieren wollen, sondern auch Reisende aus den Vereinigten Arabischen Emiraten. Die Nachfahren des omanischen Imperiums, im 20. Jahrhundert reich geworden mit Petro-Dollars, wollen eine Kette von Häfen rund um die Arabische Halbinsel und das Horn von Afrika ziehen. Berbera soll eine »Perle« dieser Kette werden. Auch im 21. Jahrhundert gilt, was immer schon galt: Wer Schiffsrouten kontrolliert, hat Macht, und sei das Land, aus dem er kommt, auch noch so klein.

Den letzten Abend verbringe ich außerhalb von Berbera in einem Hotel mit Bungalows im Stil von Kasernen, doppelter Sicherheitsschranke am Eingang und einem weiß getünchten Schuppen, auf dem »Diving Center« steht. Irgendwann einmal, wenn alle Probleme in der Region gelöst sind, wenn Berbera und Zeyla ihren Öl-Boom erleben, soll hier ein Urlaubsparadies für Tauchsportler entstehen. Jetzt teile ich mir die Plastiktische des Restaurants mit fünf Russen, die nach dem Abendessen trotz des islamischen Alkoholverbots in Somaliland verdächtig gut gelaunt sind. Ich trinke lauwarme Fanta und male mir vorbeiziehende Öltanker aus. Keinem armen Land ist ein solcher Goldrausch bislang gut bekommen. Aber die Versuchung ist unendlich groß, nicht mehr nur die »Metzgerei« anderer Nationen zu sein, sondern am vielleicht letzten globalen Sturm auf das Erdöl mitzuverdienen. Reich werden an jenem Rohstoff, der Europa, Amerika und Teile Asiens zu Industriemächten gemacht und die Beduinenzelte der arabischen Nachbarn in

Paläste verwandelt hat. Und der jetzt die Regenzeiten am Horn von Afrika verschwinden lässt.

Ich kann das Meer hören und riechen wie schon in Mogadischu. Ich laufe los, achtzig, neunzig, hundert Meter, dann stehe ich am Golf von Aden. Berbera liegt fast genau auf dem 45. Längengrad. Würde ich ihm Richtung Norden folgen, käme ich nach 140 Seemeilen in Aden an. In Aden, so steht es auf Ihrer *mappa mundi*, Mauro, »werden Zölle und Steuern entrichtet«. Würde ich einen nordwestlichen Kurs nehmen, erreichte ich nach rund 1500 Seemeilen den Suezkanal. Aber ich will Richtung Osten. Nach Asien.

Das Geräusch des Windes schiebt sich zwischen das Brechen der Wellen. Der gleichmäßige Rhythmus füllt einen mit Stille. Ich drehe mich um. Zwanzig Meter hinter mir steht ein Mann mit einer Kalaschnikow. Er winkt freundlich. Der Hotelbesitzer hat ihn hinterhergeschickt. Zu meinem Schutz. Man passe hier auf seine Gäste auf, sagt er. Dies sei Somaliland. Nicht Somalia.

KAPITEL 4

Der Atlas der Demütigung

Dschunken. Diese Schiffe haben Ihnen imponiert, Mauro, gleich mehrere schaukeln auf den Wellen Ihrer *mappa mundi* mit gebläh-ten oder gerefften Segeln. »Dschunken, ›Çoncho‹ genannt, können ohne Kompass navigieren«, haben Sie auf Ihrer Weltkarte notiert. »Denn sie haben einen Astrologen an Bord, der an der Seite stehend und mit einem Sternhöhenmesser in der Hand dem Navigator An-weisungen gibt.«[1] Mindestens eines dieser Schiffe, so vermuteten Sie, hatte die Südspitze Afrikas umfahren. Nicht von Westen, vom Atlantik kommend, sondern von Osten, vom Indischen Ozean, dem *Mare Indicum*. Wer dieses Schiff geschickt hatte, wussten Sie nicht. Es könnte ein indischer Herrscher gewesen sein oder ein arabischer. Oder ein chinesischer.

Die Flotte des chinesischen Kaisers steuerte Anfang des 15. Jahr-hunderts Vietnam, Java, Malakka, Ceylon und Indien an, durch-querte den Indischen Ozean und segelte die ostafrikanische Küste entlang. Sie handelte mit Seide und Tee, jagte Piraten, sammelte Edelsteine, Perlen sowie Gesandte arabischer und afrikanischer Rei-che ein, brachte alles an den kaiserlichen Hof – und die Gesandten später auch wieder in ihre Heimat zurück. Womöglich umfuhren einige dieser Dschunken Afrikas Südspitze und wurden hinaus auf den Atlantik gen Westen getrieben. Was wiederum den Mythos nährt, dass Jahrzehnte vor Kolumbus die Schiffe eines chinesischen Admirals Amerika erreicht haben sollen.

Zheng He hieß der Mann, ein begnadeter Navigator auf dem Wasser und in der Politik, wo er zu den engsten Vertrauten des damaligen Ming-Kaisers zählte. Das war eine erstaunliche Karriere für den Sohn eines muslimischen Rebellen, der als Kind von kaiserlichen Truppen aus seiner Heimatprovinz Yunnan in die Hauptstadt verschleppt, dort kastriert und dann in den höfischen und schließlich in den Militärdienst gesteckt wurde. Fast zwei Meter soll der Mann groß gewesen sein. Seine Dschunken maßen über hundert Meter Länge. Die spanischen Karavellen hätten daneben ausgesehen wie Putzfische an den Flanken eines Hais. Dass Zheng Hes Schiffe 70 Jahre vor Kolumbus in der »Neuen Welt« ankamen, bleibt trotzdem nur ein Mythos. Daran ändert auch die wunderbare chinesische Weltkarte beider Hemisphären nichts, die in China zirkuliert und angeblich 1418 gezeichnet worden sein soll. Sie ist eine Fälschung.

Aber eine reizvolle. Kein historisches Ereignis unterstreicht so sehr den westlichen Anspruch auf globale Dominanz wie Kolumbus' Irrfahrt zu den Bahamas im Jahr 1492. Wie würde unsere Geschichtsschreibung aussehen, hätte nicht ein katholischer Genueser in Diensten der spanischen Krone Amerika »entdeckt«, sondern ein muslimischer Eunuch der Ming-Dynastie?

Unbestritten ist, dass Zheng He in Mogadischu an Land ging – das erste Mal wahrscheinlich um 1418 – und dort enormen Eindruck hinterließ. Beim Anblick des Riesen und seiner Flotte kam im Sultanat niemand auf die Idee, dem Mann mit dem »Gesicht, rau wie eine Orange«, so ein Augenzeuge, etwas abzuschlagen. Die Chinesen hatten exquisite Wünsche: Giraffen und Zebras, die es in ihrem Reich nicht gab; Weihrauch, Schildkrötenpanzer und Ambra, ein Sekret aus den Gedärmen von Pottwalen, am Hof als kostbarer Rohstoff für Parfüm geschätzt.

Zheng sollte Afrikas Ostküste nicht erobern. Das hatte das Kaiserreich nicht nötig. China sah sich damals als das universelle Imperium schlechthin, dessen Macht auf einem himmlischen Mandat beruhte und somit qua Naturgesetz auf den Rest der Welt abstrahlte. Eine gigantische Landmasse in der Mitte, darum herum ein wenig Wasser, an den Rändern kleine, von »Barbaren« bewohnte Flecken namens Japan, Java, Indien, Europa oder Afrika – so sah in diesen Zeiten eine chinesische *mappa mundi* aus.[2]

Diese kartographierte Illusion der Allmacht hatte den bisherigen Herrschern der Ming-Dynastie genügt. Zhengs oberster Befehlshaber, der Yongle-Kaiser, war mit seinem maritimen Expansionsdrang eine Ausnahme. Sein Admiral sollte auf den Expeditionen der Schatzflotte Unterwerfungsgesten und Tribut einsammeln. Zahlungswillige »Barbaren« wie das Sultanat von Mogadischu wurden mit Seide und Porzellan beschenkt – eine klassische Anwendung von »Soft Power«. Wer sich weigerte, bekam »Hard Power« zu spüren. Zhengs Flotte bot alles, was die chinesische Waffentechnik hergab: Kanonen, Raketen, Feuerlanzen. Das waren Anfang des 15. Jahrhunderts die Spitzenprodukte des Rüstungshandwerks. Schließlich hatten die Chinesen die Feuerwaffe erfunden.[3]

Über 20 Jahre lang tauchten die Dschunken immer wieder an arabischen und afrikanischen Küsten auf. Dann blieben sie plötzlich weg. Was in Mogadischu, Mombasa oder Aden niemand wusste: Der Yongle-Kaiser war 1424 während eines Feldzugs gegen die Mongolen gestorben. Sein Nachfolger hielt Schiffsexpeditionen für Geldverschwendung und den Seehandel für unkonfuzianisch. Die Flotte musste vor Anker gehen, die Dschunken verrotteten oder wurden zerstört, das neue geographische Wissen verstaubte. China, Riesenreich und Hochzivilisation, wandte sich im Glauben an seine Unanfechtbarkeit wieder vom Meer ab. Die »Barbaren« an den Rändern gerieten in Vergessenheit.[4] Bis sie einige Jahrhunderte später in Gestalt von Europäern vor Chinas Küste auftauchten.

Das, lieber Mauro, ist in allergröbsten Zügen das Vorspiel zu jener Geschichte, der ich auf meiner nächsten Etappe nachspüren will. Ich habe auf Ihrer Karte den Weg der Dschunken von der somalischen zurück zur chinesischen Küste verfolgt und so mein nächstes Reiseziel gefunden. Die Route aus dem 15. Jahrhundert zwischen einem blühenden afrikanischen Sultanat und einem riesigen Kaiserreich ergibt gut 500 Jahre später eine ganz andere Verbindung: von Mogadischu, das den Anfang vom Ende der westlich dominierten Weltordnung markiert, nach China, das seinerseits wieder zu einer Weltmacht aufsteigt. Und das diesen Aufstieg aus seiner ersten Begegnung mit dem Westen, mit Europa herleitet. Wobei »Begegnung« das falsche Wort ist. Es handelte sich um eine gewaltige Kollision. In Europa erinnert sich kaum mehr jemand an die Opiumkriege. In China weiß jedes Schulkind davon. Zentraler Schauplatz ist die Stadt Kanton am südchinesischen Perlfluss.

In Kanton, das im Chinesischen Guangzhou heißt, brauche ich keine bewaffnete Eskorte. Bei der Einreise fragt auch niemand, welche Waffen ich einführen möchte. Die Grenzbeamten mit ihren Atemschutzmasken wollen dafür wissen, ob ich in jüngerer Zeit in Afrika war und womöglich ansteckende Krankheiten einschleppe. Ich verneine und präsentiere meinen neuen Reisepasses, der keine somalischen oder sonstigen verdächtigen Stempel enthält.

Was ich in Kanton brauche, ist ein Stadtführer, der sich auf meine Idee einer neuen *mappa mundi* einlässt.

Nach zwei Tagen finde ich Jack.

Jack heißt eigentlich Wong Jae. Sein richtiger Name, sagt er, sei »zu kompliziert für Ausländer«. Er spricht Englisch mit britischem Akzent. Manchmal hüpfen die Silben auf seiner Zungenspitze aus der Reihe, aber Worte wie »empire«, »dynasty« und »concubine« würden aus dem Mund von Königin Elisabeth nicht vornehmer klingen. Jack führt Touristen normalerweise zu den antiken Gräbern von Kaisern und ihren Konkubinen, zu buddhistischen Tempeln und Kalligraphie-Ateliers, zur Vergnügungsfahrt auf dem Perlfluss und zu Restaurants, in denen Hühnerfüße serviert werden. Mich interessiert etwas ganz anderes. »Jackass Point«, sage ich und deute auf meinen Stadtplan. »Da möchte ich hin.«

Er nimmt meine aus dem Internet gefischte Kopie dieser gelblichen Karte, dreht sie nach Orientierung suchend einmal um 360 Grad. »The Canton Factories« steht in der Ecke unten links. »From a Survey by Commander Thornton Bate, R. N., 29th December 1836«.[5] Daneben sind rechtwinklig angeordnete Straßen, Gassen und Areale mit Lineal und Tusche eingezeichnet und beschriftet. »Danish Factory«, »French Factory«, »Old English Factory«, »New English Factory«, »Chinese Packing Warehouse«, und direkt am Flussufer »Jackass Point«.

Er gibt mir den Plan zurück und grinst. »Das alte Kanton und die britischen Drogenschmuggler? Komisch, das interessiert sonst keinen Ausländer.«

Es ist natürlich vermessen, innerhalb eines Kurztrips von zehn Tagen Chinas Blick auf den Westen erkunden zu wollen. Ich hatte das Land nie zuvor besucht. Der Versuch, mir vor Reisebeginn ein Gefühl für Land und Leute anzulesen, war eher überwältigend als erhellend ausgefallen. Also wandte ich meine bewährte »somalische« Methode an: Landkarten und Stadtpläne der verschiedenen Epochen übereinanderzulegen, die dicksten Schnittstellen auszumachen und mich dort auf die Suche zu begeben. So, erkläre ich Jack, sei ich auf Kanton im Süden gekommen – Schicksalsort für so viele Epochen Chinas. Und auf eine Schiffsanlegestelle am Perlfluss, die einst den seltsamen Namen »Jackass Point« trug. Auf Deutsch: »Eselspunkt«.

Jack, ein bulliger Mittfünfziger mit Bürstenhaarschnitt, ist seit 20 Jahren Reisebegleiter und Fremdenführer. In diesen zwei Jahrzehnten haben sich die Fremden, die er führt, ebenso verändert wie die Fremde, in die er führen darf. Empfing er 1995 noch strikt kontrollierte Gruppen mit einem ebenso strikt kontrollierten Programm, kann er sich nun mit Alleinreisenden wie mir auf die Suche nach der Geschichte des Rauschgifthandels machen. Waren Chinesen 1995 kaum in der Lage, sich einen Urlaub außerhalb der staatlichen Erholungsindustrie zu leisten, begleitet er nun gut verdienende Landsleute bis nach Südafrika.

Jack ist in Kanton geboren. Als Kind hat er die Kulturrevolution erlebt, als Jugendlicher den Tod Maos, als junger Mann den Startschuss von Deng Xiaoping für das vielleicht radikalste Experiment in der Geschichte der Menschheit: die Umwandlung der größten kommunistischen Agrargesellschaft der Welt in die größte kapitalistische Konsumgesellschaft. All das innerhalb von weniger als 30 Jahren. Und unter dem Kommando der Kommunistischen Partei Chinas.

Jack wirkt nicht ganz überzeugt vom Erfolg dieses Vorhabens. »Das tut den Menschen nicht gut«, sagt er.

Er meint weniger die grassierende Korruption oder die horrenden Umweltschäden. Jack sorgt sich um den Geist seiner Landsleute. »Es gibt jetzt mehr Schmuckgeschäfte als Buchläden. So was ist doch kein Fortschritt.« Ihn bekümmert, dass fast alle alten Viertel seiner Stadt zugunsten 40-stöckiger Wohnhäuser abgerissen worden sind; dass Shopping Malls wuchern. »Und dann noch das da.« Er deutet auf ein Schnellrestaurant mit dem Namen »Kung Fu«, dessen Eingang ein bekanntes Gesicht ziert: Bruce Lee, dessen Filme in den 70er Jahren China zum ersten Mal einem globalen Massenpublikum nähergebracht haben. Nun hat sich eine Fast-Food-Kette die Kampfkunst-Legende einverleibt. Von außen sehen ihre Filialen aus wie »Kentucky Fried Chicken«, drinnen gibt es Reis mit Schweinefleisch, Reis mit Hühnerfleisch, Reis mit Fisch.

Wir sind auf unserer ersten Stadtwanderung mitten auf einer überfüllten Einkaufsmeile gelandet. Aus Geschäften plärrt Popmusik, andere Läden verkünden über Lautsprecher ihre Sonderangebote. Der übliche globale Konsumrausch, kaum unterscheidbar von Einkaufsstraßen in Berlin, Chicago oder São Paulo. Bis auf die Namen einiger Geschäfte. Ihre Ausstattung und Produkte entspre-

chen exakt dem Design westlicher Marken-Labels. Aber sie heißen
»Chrisdien Deny« statt »Christian Dior«, »Adidos« statt »Adidas«.

Mitten durch die Fußgängerzone verläuft ein breiter Streifen
aus Plexiglas, an dem Passanten verschnaufen. Rauchend oder es-
send hocken sie dort zwischen prall gefüllten Einkaufstüten auf den
Spuren ihrer Geschichte. Unter ihren Gesäßen befinden sich die
Reste einer Handelsstraße aus dem 12. Jahrhundert. Im Schutzglas
spiegelt sich das Symbol der westlichen Konkurrenz von »Kung
Fu«-Fastfood, das gelbe M von McDonald's. Man kann das als Ver-
schandelung einer historischen Stätte sehen. Oder als Kontinuität
dessen, was die Menschheit damals wie heute angetrieben hat:
Kommerz. »Song-Dynastie«, sagt Jack in Richtung der Menschen-
menge, obwohl ihm außer mir keiner zuhört. »Diese Straße stammt
aus den Zeiten der Song-Dynastie.«

Nicht weit von den Pflastersteinen aus dem 12. Jahrhundert finden wir die Stelle am Perlfluss, die einst »Jackass Point« hieß. Auf
der breiten Promenade am Ufer flanieren Spaziergänger. Das Frühlingsfest hat begonnen, das Jahr des Pferdes geht zu Ende, das Jahr
des Schafes beginnt, ganz China hat über eine Woche frei für Fami-
lienbesuche, Festmahlzeiten, Feuerwerk, Shoppen und Sightseeing.
Menschen stehen Schlange vor Vergnügungsdampfern, die sie
zum 600 Meter hohen Kanton-Tower bringen, einer jener Mon-
strositäten, mit denen sich Stadtväter von Megacitys offenbar ihrer
eigenen Größe vergewissern müssen.

Wir laufen einige hundert Meter stadteinwärts bis zu der Kreuzung, an der ich die nordöstliche Ecke des Stadtplans von Commander Thornton Bate vermute. »Shisanhang Lu« steht auf dem Straßenschild. Hier verlief die nördliche Grenze der »Canton Factories«,
wobei es sich nicht um Fabriken, sondern um Faktoreien, um Lager-
häuser, handelte. Linker und rechter Hand verfallen niedrige Alt-
bauten zwischen Billigkaufhäusern. Lebensmittel werden feilgebo-
ten: Rote Äpfel, Zwiebeln und Chinakohl quellen aus Kisten am

Bürgersteig. Daneben haben Straßenhändler Schuhe, T-Shirts, Jeans und Handtaschen aufgetürmt. Niemand beachtet das kleine Denkmal mit einem Segelschiff und einem Relief aus Kupfer, das einen Chinesen und einen Europäer beim Tee zeigt. »SHISANHANG was a very famous foreign trade zone in history«, steht da auf Chinesisch und in etwas holprigem Englisch. »Among the years of Qjanlong and Daoguang in the Qing Dynasty it was the only port for foreign trade in China and it harbour best used by many countries as the place for goods landing and exchanges.« Das ist eine erstaunlich versöhnliche Erinnerung an die ausländische Handelszone, die den Untergang des alten China einleiten sollte.

Das Guangzhou des 21. Jahrhunderts ist Chinas größte Messestadt. Unter die 12 Millionen Einwohner mischen sich jährlich Millionen Reisende. Das Kanton des 19. Jahrhunderts war Chinas Nadelöhr, eine Hafenstadt, die sich allem Isolationismus zum Trotz nie wirklich abschotten ließ. Nur hier durften Europäer Waren einführen, Geschäfte mit Chinesen abschließen, Güter exportieren. »Factory Town« hieß ihre kleine Enklave am Fluss. »Jackass Point« war damals der größte Anlegeplatz für Boote. Die Anreise war für die Händler damals zweifellos anstrengender, aber auch faszinierender als für die Messebesucher von heute.

Ein Segelfrachter brachte sie bis Macau, wo sich schon Ende des 16. Jahrhunderts portugiesische Händler niedergelassen hatten. Von dort fuhren sie mit einem kleineren Schiff bis Whampua, einer Insel im Perlfluss-Delta. Weiter durften ausländische Schiffe nicht segeln. Chinesische Fährmänner übernahmen nun die Passagiere, navigierten ihre Boote zwischen Sampans und Salzdschunken tiefer in das Flussdelta hinein. Nach einigen Meilen tauchten die Mauern Kantons auf. »Sea Calming Tower« hieß der höchste Wachturm, der Turm, der das Meer beruhigt. Die Zitadelle schützte nur den Kern der Stadt. Vor ihren Mauern lebten Hunderttausende Menschen in schwimmenden Vororten. Zwischen ihren eng miteinander vertäuten Hausbooten konnte man das Wasser kaum sehen. Sie waren Wohnung und Arbeitsplatz. Neben den Schlafmatten befanden sich Garküchen, Blechstanzereien, Nähstuben, Schreinereien. Fliegende Händler lenkten schmale Ruderboote durch das Gewirr – Kesselflicker, Schuhmacher, Barbiere oder Knocheneinrichter, die mit Glocken und Gongs ihre Waren und Dienstleistungen anboten. Noch einige Ruderschläge flussaufwärts, dann tauchte »Jackass Point« auf, leicht zu erkennen an den Fahnenmasten mit dem Union Jack, der französischen Trikolore, den amerikanischen Stars and Stripes, den Flaggen Schwedens, der Niederlande und anderer europäischer Nationen, die in das große Geschäft mit China einsteigen wollten.[6]

Die Ming-Dynastie, die einst die Schatzflotte des Zheng He in die Welt schickte, war da längst Vergangenheit – gestürzt von der Minderheit der Mandschu. Deren Qing-Kaiser beriefen sich wie alle Dynastien zuvor auf ein »himmlisches Mandat«, sahen China als Mittelpunkt der Erde und waren wie ihre Vorgänger vollauf damit beschäftigt, ihr Riesenreich zusammenzuhalten. Aber sie begriffen sehr wohl, dass sich mit den Fremden, die da am Perlfluss-Delta drängelten, viel Geld verdienen ließ. Den Ausländern wurden als Gastgeber und Aufpasser Angehörige der Ko-hong beigestellt, einer Händlergilde, die das kaiserliche Monopol für den Außenhandel innehatte.

Dieses Geschäftsmodell ließ sich gut an. Chinas Produkte wie Seide, Porzellan und Früchte wie Rhabarber wurden in Europa immer begehrter. Britische Konsumenten gierten regelrecht nach einem neuen Getränk made in China: Tee. Was sie nicht ahnten: Die explodierende Nachfrage stürzte den Haushalt des Königreichs in eine Krise. Und sie führte schließlich zum Krieg.

China ließ sich seine Rekordexporte in Silber bezahlen, weswegen die britischen Edelmetallvorräte schrumpften. Die Kassen

Ihrer Majestät waren ohnehin belastet, die Kolonialisierung Indiens kostete mehr, als sie einbrachte.[7] China wiederum ließ kaum Produkte ins Land. Den immer aufdringlicheren britischen Gesandten wurde in Peking kühl mitgeteilt, dass ein Reich mit himmlischem Mandat keinen Bedarf an Besteck, Uhren, Textilien oder anderem nutzlosen Kram aus englischen Fabriken habe. Wozu auch: Anfang des 19. Jahrhunderts war China der Welt stärkste Wirtschaftsmacht, es erwirtschaftete ein Drittel des globalen Bruttoinlandsprodukts.[8] Großbritanniens imperiales Projekt hingegen drohte, den eigenen Haushalt zu sprengen. Die Rettung lag nicht im Verzicht auf Tee, sondern in einer anderen Pflanze: Schlafmohn.

Papaver somniferum. Eine schöne Schöpfung der Natur. Die Blüte leuchtet rot-lila, die Kapsel ist prall und grünlich. Ritzt man sie in unreifem Zustand an, dringt weißer milchiger Saft heraus. Lässt man diesen einige Stunden oxidieren und schabt ihn dann ab, hat man Rohopium in der Hand. Afghanistan ist heute der größte Opiumproduzent der Welt, und *papaver somniferum* ein Hauptfeind im »Krieg gegen die Drogen«. Vor gut anderthalb Jahrhunderten war das britische Königreich der größte Hersteller und die Droge ein probates Mittel zur Bekämpfung eines Handelsdefizits.

Es war ein skrupelloses Geschäft über drei Stationen: London, das indische Patna und das südchinesische Kanton. Die Britische Ostindien-Kompanie hatte Tausende indischer Bauern aus ihrer Subsistenzwirtschaft in eine für das Empire profitable Beschäftigung gezwungen: Mohnpflanzen säen, den Saft der Kapseln einsammeln, die Rohmasse in Fabriken in Würfel schneiden, verpacken und verladen. Handelsschiffe transportierten die Ware vom Golf von Bengalen zur Mündung des Perlflusses. Dort wurde das Opium umgeladen auf schnelle Ruderboote und zu lokalen Zwischenhändlern geschmuggelt. Die Rechnung ging auf: Floss zwischen 1752 und 1800 ein Überschuss von 105 Millionen Silberdollar aus dem chinesisch-britischen Handel nach China, so lief der Geldstrom ab dem frühen 19. Jahrhundert in die andere Richtung. Zwischen 1808 und 1856 kassierte Großbritannien 384 Millionen Silberdollar aus China – überwiegend für Opium.[9] Zentraler Umschlagplatz für das Geschäft mit der Droge war Factory Town. Was aus chinesischer Sicht den Tatbestand des Schmuggels erfüllte, war in den Augen der britischen Krone Freihandel. Und weil die Verbreitung des Freihandels nicht heilig genug klang, wurde sie mit der Verbreitung des Christentums verknüpft.

»Ist doch klar«, sagt Jack. »Ein expandierendes Land braucht Absatzmärkte.« Er hat mich zum Mittagessen in ein traditionelles Dim-Sum-Restaurant in Guangzhou gelotst, eine Halle von der Größe eines Bierzelts, bis auf den letzten Platz mit Chinesen gefüllt, die das Frühlingsfest feiern. Kellnerinnen wuchten riesige Türme dampfender Bambusschachteln auf Metallwagen durch die engen Gänge. In der Luft hängt der Dunst von Kohl, Knoblauch, angebratenem Chili, Sesamsoße, Soja und Zigarettenrauch. An den Tischen sitzen Drei-Generationen-Familien. Die Kinder spielen mit ihren Smartphones, die Eltern wirken urlaubsreif, die Großeltern, selig über die seltene Zusammenkunft, schieben strahlend Teigtaschen in zahnlose Münder. Jack beobachtet mich anerkennend beim Verzehr dreier Hühnerfüße, bevor er mit seiner Sicht auf diesen ersten chinesisch-europäischen Zusammenprall fortfährt. »Das britische Imperium war im Aufstieg, das chinesische hatte seinen Zenith überschritten.« Zwischen frittierten Garnelen und Frühlingsrollen klingt das wie der banalste Vorgang der Welt. Jederzeit wiederholbar mit neuen Akteuren in der Rolle des Verlierers und des Gewinners.

Jack hat sich bei seinem letzten Besuch in Hongkong mit Büchern über das alte Kanton und die Zeiten des Opiums eingedeckt. Nicht von chinesischen, sondern von britischen Autoren, deren Werke auf dem Festland nicht verkauft werden. Zu den Freiheiten der ehemaligen britischen Kronkolonie, die 1997 an China zurückgegeben worden war, gehört, was die chinesischen Behörden inzwischen zu unterbinden versuchen, ein relativ unzensierter Buchhandel, von dem nicht nur die Hongkonger, sondern auch Festland-Chinesen wie Jack profitieren. »Ich wollte mal vergleichen«, sagt er, »wie Chinesen und wie Briten über diese Zeit schreiben.«

»Und?«

»Die Chinesen sind zu patriotisch, die Briten zu detailliert. Die chinesischen Autoren tun, als wäre alles immer die Schuld des Auslands. Die britischen tun allwissend, als wären sie 1840 dabei gewesen. Die wissen sogar, wie es damals in Kanton gerochen hat.«

Wahrscheinlich nach salzigem, brackigem Flusswasser. Nach Dim-Sum-Küchen. Nach dem Teer und dem Holz der Schiffswerften, nach fauligem Abfall und dem Rauch offener Feuer. Nach Orchideen und Kapok-Bäumen. Nach Opium.

China war nicht erst durch die Briten mit Opium in Berührung gekommen. In Form von Morphium war es in der Medizin längst als Schmerzmittel bekannt, in der Provinz Yunnan wurde es auch schon seit längerem angebaut – wenn auch in weit schlechterer Qualität als in Indien. Seit 1729 war Opium als Rauschmittel verboten. Das interessierte zunächst kaum jemanden. Am Schmuggelgeschäft verdienten viele kaiserliche Beamte, von denen sich einige selbst gern eine Pfeife gönnten.

Erst mit der Geschäftstüchtigkeit der Briten im Süden Chinas weitete sich der Konsum zu einer Epidemie aus. Als der damalige Kaiser Daoguang das endlich merkte, erschrak er weniger über seine süchtigen Untertanen, die in Opiumhöhlen erst ihren Besitz und dann ihre Gesundheit ruinierten. Ihn beunruhigte vielmehr die zunehmende Silberknappheit in den eigenen Kassen und die demoralisierende Wirkung der Droge auf die Armee und deren Fähigkeit, Rebellionen niederzuschlagen.

In der Geschichte chinesischer Dynastien herrschte zu fast jedem Zeitpunkt irgendwo ein kleinerer oder größerer Aufstand.

Anfang des 19. Jahrhunderts häuften sie sich aus scheinbar unerklärlichen Gründen. Bei allem Vertrauen in sein »himmlisches Mandat« – Daoguang konnte nicht ahnen, was sich da über seinem Reich zusammengebraut hatte: ein »perfect storm« aus globalen und lokalen Krisen, aus Klimawandel, drohendem Finanzkollaps und demographischem Schock.

1815 war in Indonesien der Vulkan Tambora ausgebrochen. Der gigantische Ausstoß von Lava und Asche veränderte in den folgenden Jahren weltweit das Klima. Kälteeinbrüche und Regenfluten zerstörten Reisernten in China, was sich umso verheerender auswirkte, als dessen Bevölkerung innerhalb nur weniger Generationen von 150 auf 300 Millionen Menschen angewachsen war.[10]

Tausende Kilometer entfernt steckte Mexiko, Hauptexporteur von Silber, mitten im Unabhängigkeitskampf gegen die Kolonialmacht Spanien, was die Produktion in den Bergwerken lähmte und so den Silbernachschub auf dem Weltmarkt verknappte. Wieder einige tausend Kilometer weiter in Indien hatte die britische Kolonialmacht Opium als Einnahmequelle entdeckt, wodurch sich nicht nur endlich der indische Boden gewinnbringend bewirtschaften, sondern auch der chinesische Markt erobern ließ. In China wiederum förderten Nahrungsmittelknappheit und Opiumschmuggel die Korruption und damit die Verdienstmöglichkeiten im chinesischen Verwaltungsapparat, was die Attraktivität des Beamtentums noch weiter erhöhte. Für einen – selbstverständlich männlichen – auserwählten Sprössling aus der Kinderschar sparten sich chinesische Eltern seit jeher alles vom Munde ab, um ihn auf die kaiserlichen Examen vorzubereiten, die am Ende nur ein paar tausend von rund zwei Millionen Kandidaten jährlich bestanden.

Daoguang ordnete diese globale Verkettung von Klima, Ökonomie und Geschlechter-Dynamik einer Störung des Dao zu, jenes chinesischen Ordnungsprinzips, das die Welt in Harmonie und die Qing-Dynastie an der Macht halten sollte. Er begriff aber durchaus, dass es in seinem Reich zu viel Not und zu viele frustrierte junge Männer gab. Seit Menschengedenken ist das die gefährlichste Mischung für jeden Herrscher. Einige Opferrituale vor den Göttern und eine Anti-Opium-Kampagne schienen genau die richtige Strategie, um die Armee auszunüchtern, das Silber im Land und die konfuzianischen Tugenden hochzuhalten. Also schickte der Kaiser 1839 einen seiner Vorzeige-Beamten nach Kanton, einen brillanten Krisenmanager: integer, unbestechlich und ein entschiedener Gegner jener Fraktion am Hof, die sich für eine Legalisierung von Opium ausgesprochen hatte. Lin Zexu hieß der Mann. Der erste Anti-Drogen-Zar der Geschichte.[11]

Dieser Hergang der Dinge, aus westlicher Sicht wunderbar aufgeschrieben von der britischen Historikerin Julia Lovell, entspricht nicht ganz dem chinesischen Narrativ, wonach ausländische Aggressoren einem ahnungslosen, stetig nach Harmonie strebenden Kaiserreich die Opiumpfeife zwischen die Zähne gerammt hatten.

Lovells *The Opium War* war eines der Bücher, die sich Jack in Hongkong besorgt hatte. Zu gern hätte ich mir mit ihm mitten in den historischen Kulissen von Factory Town ausgemalt, wie die ausländischen Händler bei dem Namen Lin Zexu in Panik geraten sein mussten; wie Boten zwischen der Enklave und Kanton hin- und hereilten und alarmierte Briefe an die Regierung in London aufgesetzt wurden. Bloß ist von den Faktoreien nichts mehr übrig. Auf einem Teil der Fläche befindet sich ein kleiner Vergnügungspark, in dessen Aquarium überfütterte Goldfische schwimmen. In einer »3D-Ausstellung« kann man seinen Kopf für einen Schnappschuss zwischen den Zähnen eines aufgemalten Haifischmauls positionieren. Der Wegweiser mit der englischen Aufschrift »Happy Heaven and Earth« führt zu einer kahlen Halle mit vier Spielautomaten. Irgendwo hier müssen damals die nächtelangen Krisensitzungen der Handelskammer stattgefunden haben.

Factory Town – das sei zu seiner Verteidigung gesagt – war viele Jahre ein solides Joint-Venture gewesen, in dem die Mitglieder der Ko-hong und ihre ausländischen Partner mit überwiegend legalen Waren handelten. Bis der Opium-Boom begann. Die Ko-hong übersah dessen verheerende Folgen geflissentlich, schließlich verdiente sie kräftig am Schmuggel. Die Europäer konnten an ihrer Ware überhaupt nichts Verwerfliches finden. Als »sicherste und vornehmste Investition überhaupt« bezeichnete einer der größten Opiumhändler, William Jardine, Mitbegründer des britischen Handelshauses Jardine, Matheson and Company, das Drogengeschäft. »Opium ist wie Gold«, schwärmte ein Kollege. »Das kann ich jederzeit verkaufen.«[12]

Briten dominierten die Handelskammer, aber auch Franzosen, Schweden, Niederländer, Amerikaner, Perser, Armenier und Inder waren vertreten. Dieser polyglotte Herrenclub musste im Frühjahr 1839 mit Empörung zur Kenntnis nehmen, dass der neue kaiserliche Sonderkommissar Lin tonnenweise Rohopium konfisziert und einen Brief an Königin Victoria aufgesetzt hatte. »Wir sehen, dass Euer Land 60 000 oder 70 000 Li von China entfernt ist. Trotzdem streben Barbarenschiffe hierher, um Handel und Profit zu machen.« Drei Li entsprachen etwa einer Meile, Barbaren waren, wie gesagt, aus chinesischer Sicht grundsätzlich alle Nicht-Chinesen, und deren Gewinnsucht fand Lin nicht per se verwerflich. Aber »mit welchem Recht nutzen sie im Gegenzug diese giftige Droge, um das chinesische Volk zu schädigen? Auch wenn die Barbaren uns nicht notwendigerweise Böses wollen, zeigen sie doch keinerlei Achtung für den Schaden anderer, indem sie mit allen Mitteln nach Profit streben. Wir fragen uns: Wo ist Euer Gewissen?«

Eine Antwort der Queen blieb aus. Wahrscheinlich wurde der Brief von britischen Händlern abgefangen, denen bei der Lektüre vor Empörung der Kamm geschwollen sein dürfte. Das britische Königshaus, so hatte Lin weiter geschrieben, würde keiner fremden

Macht erlauben, die eigene Jugend in die Drogensucht zu locken, und deshalb sicher »nicht anderen zumuten wollen, was sie selbst nicht wünschen«. Falls doch, müsse China zu drastischeren Mitteln greifen – unter anderem zur Todesstrafe durch Enthauptung oder Strangulierung. »So nennt man es, wenn man zum Wohle der Menschheit etwas Schädliches beseitigt.«[13]

Ein konfuzianischer Beamter schlug der mächtigsten europäischen Monarchie den kategorischen Imperativ um die Ohren – versehen mit einer drakonischen, aber damals üblichen Strafandrohung. Vielleicht schoss mir deshalb ein »Der-traut-sich-aber-was!« durch den Kopf, als ich den Brief zum ersten Mal las. Kritik am europäischen Imperialismus war in meinem westlichen Geschichtsbild sehr wohl vorgesehen. Nicht aber, dass ein direkt Betroffener die westliche Profitgier und Doppelmoral so prägnant und selbstbewusst entlarvt. Vielleicht wird Lin Zexu deswegen bis heute in der westlichen Geschichtsschreibung oft das Etikett des verbohrten, arroganten Beamten angeheftet. Julia Lovell beschreibt ihn als anti-westlichen, rigorosen Moralisten, der die Zeichen der Zeit und der Realpolitik nicht erkannt hatte. In der *Encyclopaedia Britannica*, dem Inbegriff westlicher Wissenssammlung, liest sich der Eintrag zu seiner Person streckenweise wie eine Anklage. »Lin bediente sich eines aggressiv moralischen Tons, während er unnachgiebig gegen britische Händler in einer Weise vorging, die deren Regierung nur als Beleidigung auffassen konnte.« Das klingt nicht viel anders als die britische Rhetorik jener Zeit. »Ein Land wie China«, so der britische Außenminister Lord Palmerston im Jahr 1839, »braucht alle acht bis zehn Jahre eine Standpauke.«[14] Wenn es sein musste, in Form von Kanonenkugeln.

Auf den Schlachtgemälden aus dem 19. Jahrhundert ist der Himmel über Kanton immer blau. Im Guangzhou von heute hat er die Farbe von Haferschleim und legt sich jeden Morgen wie eine schmutzige Decke über die Stadt. Die Südchinesen, sagt Jack, seien immer schon geschäftstüchtiger als ihre Landsleute gewesen, weswegen Deng Xiaoping auch in den Süden gekommen sei, um dem Land »mehr Mut zur Reform« zu verordnen. Soll heißen: den fliegenden Wechsel vom Kommunismus zum Kapitalismus rasant zu beschleunigen. Ein Blick auf die Skyline von Guangzhou zeigt, wie konsequent Dengs Worte in die Tat umgesetzt worden sind. Ein tiefer Atemzug auch.

Rechtzeitig zum Frühlingsfest hat die Stadtverwaltung von Guangzhou ihren Bürgern die gute Nachricht verkündet, dass immerhin 77 Tage des Vorjahres »relativ smogfrei« gewesen seien. An den restlichen Tagen war der Index für Luftqualität einige Male über den Maximalwert ausgeschlagen, bei dem das Atmen unter freiem Himmel schlicht gefährlich ist.

Am fünften Morgen meines Besuches liegt der offizielle Luftverschmutzungswert in der Farbzone Orange. Laut Tabelle ist das nur für Alte, Kranke und Kinder bedenklich. Aber für alle anderen auch nicht wirklich gesund. Ein guter Zeitpunkt, den Spuren von Lin Zexu hinaus ans Meer zu folgen und, wie ich hoffe, an die frische Luft.

Humen, etwa 70 Kilometer südöstlich von Kanton gelegen, ist auf normalen China-Karten leicht zu übersehen, wenn es denn überhaupt eingezeichnet ist. Rund eine halbe Million Einwohner und Dutzende Textilfabriken sind in China keine besonderen Merkmale. Aber es gibt eine Kartensammlung, in der Humen so bedeutsam ist wie Peking oder Kanton: »Atlas des Jahrhunderts der nationalen Demütigung des modernen China« lautet ihr Titel. 86 Seiten mit Karten, Illustrationen, Fotos, Grafiken und Texten über Chinas militärische Niederlagen, verlorene Territorien und Kapitulationsverträge.[15] Hundert Jahre Verlierertum, herausgegeben von einem staatlichen Verlag. Die Jugend, so heißt es im Vorwort, solle sich daran erinnern, dass »das Mutterland bittere Scham und tiefe Erniedrigung erduldet hat«. Und daran, dass auch in Zeiten des Friedens immer irgendwo Gefahr lauere.[16]

Mauro, ist Ihnen jemals die Idee gekommen, Demütigungen und Niederlagen zu kartographieren? Da wäre zu Ihren Zeiten einiges zu erfassen gewesen – jedenfalls aus Sicht der venezianischen Nachbarn. Die Ausbeutung der Kreter, die Kolonialisierung slawischer Gebiete, ganz zu schweigen von Blutbädern und Plünderorgien während Kreuzzügen. Aber welches Land, welches Reich hat schon je freiwillig aufgezeichnet, welchen Preis andere für die prächtigen Karten des eigenen Imperiums gezahlt haben? Bei der Kartographierung des Schmerzes und der Niederlagen geht es immer nur um das, was man erlitten hat, nicht um das, was man zugefügt hat. Weswegen der »Atlas des Jahrhunderts der nationalen Demütigung des modernen China« ein faszinierendes, aber auch trügerisches Dokument ist.

»Ein ganzes Jahrhundert?«, frage ich, während vor meinen Augen die nicht enden wollenden Hochhaussiedlungen von Guangzhou vorbeirauschen.

»Na ja«, antwortet Maggie, »wenn man beim ersten Opiumkrieg zu zählen beginnt, sind es ungefähr hundert Jahre.«

Jack ist am Tag meines Ausflugs nach Humen verhindert, weswegen ich meine Nachforschungen mit seiner Kollegin Maggie Hu fortführe. Maggie, 26 Jahre alt, spricht ein atemloses Teenager-English, liebt amerikanischen Country-Pop und ihren Vornamen, den sie sich als Schulmädchen gegeben hat. Sehenswürdigkeiten kommentiert sie gern mit dem Ausruf: »That is shocking, isn't it?« Mein Interesse an Chinas kartographierter Demütigung findet sie etwas sonderbar.

»Und was habt ihr in der Schule darüber gelernt?«, frage ich.

»Alles über Aggressoren, die Chinas Schwächen ausnutzten. Also über die Briten, Franzosen, Russen, Japaner, Amerikaner …«

Sie überlegt, ob sie jemanden vergessen hat. »Auch ein bisschen was über die Deutschen.«

Im Frühjahr 1839 hatte Lin Zexu den Händlern in Factory Town zwei ultimative Forderungen gestellt: Alle Opiumvorräte waren an seine Soldaten zu übergeben. Jeder Ausländer musste zudem an Eides statt versichern, keine Drogen mehr ins Land zu bringen. Die Herrschaften rund um William Jardine, von den Einheimischen »die alte Ratte mit eisenhartem Kopf« genannt, hofften zunächst, Lin mit der Übergabe von mehreren Tonnen Opium zufriedenzustellen. Sie dachten nicht daran, den Handel aufzugeben. Für diese Strategie erhielten sie kirchlichen Segen durch eine der schillerndsten Figuren in Kanton: den deutschen Missionar Karl Gützlaff, einen Schneidersohn aus Westpommern, der sich die Christianisierung der Chinesen zur Lebensaufgabe gemacht hatte. Dank seiner fließenden Sprach- und Landeskenntnisse fungierte er für die Opiumhändler als unentbehrlicher Dolmetscher. Von der Öffnung des chinesischen Marktes durch den Freihandel erhoffte sich Gützlaff den Zugang zu Abertausenden von Heiden, die er bekehren wollte.[17]

Lin war in der Tat hochzufrieden, als er im Frühling 1839 kistenweise Opium an den Seehafen von Humen schleppen, in extra angelegten Wasserbecken mit Salz und Kalk versetzen und das bestialisch stinkende Gemisch ins Meer spülen ließ. Mengenmäßig handelt es sich wahrscheinlich um die größte Drogenvernichtung in der Geschichte. Für die Umweltverschmutzung hatte sich Lin in bester konfuzianischer Manier vorab bei den Geistern des Meeres entschuldigt. Zur Empörung von Jardine, Gützlaff und Co. bestand Lin weiterhin auf ihrer schriftlichen Zusicherung, kein Opium mehr ins Land zu bringen. Das hätte nicht nur das Ende des für Großbritannien so wichtigen Handels bedeutet, sondern auch für Factory Town. Lin wollte die Enklave wieder unter chinesische Jurisdiktion stellen. Die Briten wollten weitere exterritoriale Stützpunkte entlang der chinesischen Küste und das in ihren Augen dekadente und passive Riesenland für die Moderne öffnen. Genauer gesagt: für ihre Produkte. Im Januar 1840 erklärte Großbritannien China den Krieg.

Die Mautstrecke von Guangzhou nach Humen ist am Tag unseres Ausflugs kostenlos zu befahren – ein Geschenk des Staates zum Frühlingsfest. Ich hatte Maggie am Morgen vor unserer Abfahrt erzählt, dass mir der ewig fahle Himmel auf die Stimmung schlägt. »Keine Sorge«, hatte sie geantwortet, »daran gewöhnst du dich.«

Das muss ich auch, denn mit jedem Kilometer schwindet meine Hoffnung, einen Blick auf blauen Himmel und das ländliche China zu erhaschen. Es gibt keinen Stadtrand mehr. Ich stecke mitten in der größten Megacity der Welt. Guangzhou, Hongkong, Macau und sechs weitere Städte sind zu einem Ballungsraum mit 66 Millionen Menschen, mit Wolkenkratzern, Trabantensiedlungen, Fabriken, mehrstöckigen Autobahnen, Kraftwerken, Treibstofflagern, Stromtrassen verschmolzen. Mir gehen Filmszenen durch den Kopf. »Blade Runner«, »Matrix«, »Push«. ›Typisch europäischer Anfall von Dystopie‹, denke ich. Maggie wippt gut gelaunt zu den Songs von Taylor Swift, die der Fahrer für sie einlegen musste.

Am südöstlichen Ende dieses Molochs kurz vor Hongkong liegt Shenzen, vor 40 Jahren eine zur Sonderwirtschaftszone erklärte Brache, heute das glitzernde Produkt der Kreuzung von KP mit Kapitalismus: eine Wirtschaftsmetropole aus Stahl, Beton und Glas ohne kollektive Geschichte seiner Bewohner. *The new frontier* auf chinesisch. Nicht weit davon befindet sich Humen, dem man die Spuren vergangener Epochen ansieht und auch ansehen soll, denn hier wird die Vergangenheit konserviert und verabreicht wie Aufbaunahrung. Humen bietet gleich zwei Erinnerungsorte der »nationalen Demütigung«: das Museum der Seeschlacht und das Museum des Opiumkrieges, beide amtlich als »Stützpunkte der patriotischen Erziehung« ausgewiesen.

Der fliegende Wechsel in den Kapitalismus hat etwas hervorgebracht, was keine autoritäre Staatspartei gern sieht: ein ideologisches Vakuum und Menschen, die sich so ihre eigenen Gedanken machen.

Also hat Chinas starker Mann, Präsident Xi Jinping, ein Konzept aus den Zeiten der Kulturrevolution wiederbelebt, den »Roten Tourismus« mit einer Kette von Reisezielen im ganzen Land.

Am Tag meines Besuches in Humen stauen sich die Autos schon um zehn Uhr morgens einen Kilometer vor dem Eingang. Maggie und ich reihen uns in den Strom der Besucher ein und betreten das museale Kriegsgetümmel. In der schummrigen Eingangshalle stürzen sich, in Öl gemalt oder in Gips modelliert, muskulöse Chinesen auf britische Soldaten, während Queen Victoria notorisch missgelaunt von einem Bild auf das Geschehen herabblickt. Auf kleinen Modellbühnen werden Gefechtsszenen nachgestellt, an den Wänden hängen Schlachtgemälde, Schiffslisten, Mobilisierungsbefehle und – auf Chinesisch und Englisch – Schilderungen über den heldenhaften, aber vergeblichen Widerstand der Chinesen.

»Nicht stehen bleiben, weitergehen, nicht stehen bleiben!«, rufen die Museumswärter, um die Masse in Bewegung zu halten. Ich bin die einzige Ausländerin weit und breit und komme mir vor wie ein Eindringling bei einer Prozession, deren Ablauf ich nicht verstehe. Maggie flüstert mir immer wieder Verhaltensregeln zu.

»Nicht fotografieren, nicht fotografieren!«

»Wieso nicht?«

»Sagt der Museumswärter, damit die Leute nicht zu lange stehen bleiben.«

Wenn Chinesen sich eines nicht verbieten lassen, dann das Fotografieren. Das Geräusch der Smartphone-Kameras verdichtet sich zu einem anhaltenden Schnarren. Menschentrauben bilden sich vor den Glasvitrinen mit Schwertern und Musketen der hoffnungslos unterlegenen kaiserlichen Armee. Rüstungstechnisch hatte China nach Erfindung der Feuerlanze einiges verschlafen. Ein Kalligraph genoss in der Qing-Dynastie weit mehr Ansehen als ein Kanonengießer. Europas Waffenschmiede hatten umso eifriger getüftelt. Es war für die britische Flotte ein Leichtes, des Kaisers

Dschunken in Trümmer zu schießen. Der erste Opiumkrieg endete nach zweieinhalb Jahren. Auf britischer Seite waren 69 Soldaten, auf chinesischer mehrere tausend Soldaten und Zivilisten getötet worden.[18]

Der »Vertrag über Frieden, Freundschaft und Handel zwischen Ihrer Majestät, der Königin von Großbritannien und Irland, und dem Kaiser von China«, den Letzterer nach der Niederlage unterzeichnen musste, hängt im Museum hinter Glas. »Weitergehen, nicht stehen bleiben!«, ruft der nächste Aufpasser, was es dem Publikum unmöglich macht, die Details dieses Schriftstücks zu studieren: Das Kaiserreich musste neben Kanton vier weitere Häfen für westliche Handelsschiffe öffnen, ausländischen Händlern Immunität garantieren, 21 Millionen Silberdollar Entschädigung für Kriegskosten und konfisziertes Opium bezahlen sowie Hongkong an Großbritannien abtreten.

Das war die erste frontale Begegnung Chinas mit dem Westen.

»So wird das nichts mit der patriotischen Erziehung«, sage ich zu Maggie, als wir mit der Masse der roten Touristen wieder ins Freie schwappen. Sie zuckt mit den Achseln. »Außerhalb der Feiertage ist hier eh kaum jemand. Bloß Schulklassen. Ich bin in der Schulzeit bestimmt jedes Jahr einmal hier gewesen.« Draußen haben fliegende Händler ein Spalier mit Klapptischen gebildet, auf denen sie Sonnenbrillen, rosa lackierte Muscheln, Spielzeugschiffe, Vogelpfeifen, blinkende Plastikschwerter, Fladenbrot, aufblasbare Gummi-Delfine, DVDs, Handy-Accessoires, daumengroße Mundharmonikas, Jeans, Billiguhren, heiße Süßkartoffeln und, für die Wohnzimmervitrine, Chinakohl aus Glas anbieten. Kinder klettern auf die Mauern der alten Hafenfestung, die britische Schiffe mehrfach zerstört haben, und balancieren auf den gusseisernen Kanonen. Die Botschaft der nationalen Demütigung und der patriotischen Empörung über den Westen scheint sich im Duft von Grillbuden und Zuckerwatte aufzulösen. Bei der zweiten Station, dem Opiumkrieg-Museum, in dem unter anderem kunstvoll die Vernichtung der britischen Drogenvorräte nachgestellt wurde, wirken die Besucher andächtiger. Vor allem Frauen stehen geduldig Schlange, um sich vor dem Denkmal für Lin Zexu fotografieren zu lassen, der wie auf einem Thron sitzend würdevoll und ernst in die Ferne blickt. Kurz nach Ausbruch des ersten Opiumkrieges hatte der panische Kaiser ihn zum Sündenbock erklärt und in die hinterste Provinz versetzt. Heute ist er ein Nationalheld. Weil er sich gegen die Briten gewehrt hat? »Sagen wir mal so,« meint Maggie und lässt für einen Moment ihren Sarkasmus aus der Deckung. »Er ist Chinas populärster Beamter. Einfach nicht zu bestechen.«

Lieber Mauro, es wird Sie interessieren, dass die Britische Ostindien-Kompanie im Jahr 1804 Ihre *mappa mundi* kopiert hat. Man glaubte, Sie hätten mit Ihrem Werk dem portugiesischen König und seiner Flotte huldigen wollen. Da Großbritannien sich als neue globale Seemacht und damit auch als Nachfolger der iberischen Kolonialmächte betrachtete, sahen die Herrschaften in London in Ihrer Karte offenbar eine Art Bärenfell, das von Weltherrscher zu Weltherrscher weitergegeben wird. Hätten sie sich die Mühe gemacht, Ihre Notizen zu entziffern, hätten sie festgestellt, dass es zwischen Europa und China Zeiten der gegenseitigen Wertschätzung und Neugier gegeben hat. »Wollte man die Vornehmheit und feinen Sitten dieser noblen und wunderbaren Stadt beschreiben, würde man Ungläubigkeit hervorrufen«, notierten Sie über Chansay, das heutige Hangzhou, unter Berufung auf Ihren Landsmann Marco Polo, der Ende des 13. Jahrhunderts dort gelebt hatte.[19]

Das Kaiserreich faszinierte Europas Gelehrte bis ins 18. Jahrhundert. Immanuel Kant hielt die Chinesen für das »kultivierteste Reich der Welt«, Voltaire sah in China den Beweis, dass eine Gesellschaft auch ohne Christentum und katholischen Klerus eine Hochzivilisation entwickeln konnte.[20]

Als die Ostindien-Kompanie die kopierte *mappa mundi* in London aufhängte, gerieten solche Ansichten in Europa bereits aus der Mode, weil unvereinbar mit dem Weltbild des Kolonialismus. Die Chinesen zählten nun zu den »Völkern des ewigen Stillstandes«, deren Zwangsmodernisierung Europas nobelste Pflicht und Bürde war. Oder eine zwangsläufige Station des historischen Materialismus. Georg Wilhelm Friedrich Hegel attestierte den Chinesen, aus der Weltgeschichte gefallen zu sein.[21] Friedrich Engels bezeichnete China in einem Zeitungskommentar 1857 als »verrottende Halbzivilisation«, deren »Todesstunde sich rapide nähert«.[22] Mit Letzterem hatte er recht.

Ziemlich verwirrt von meinem Ausflug nach Humen und dem Massenerlebnis zwischen patriotischer Erziehung und vergnügtem Konsumrausch suche ich am nächsten Tag in Guangzhou ein europäisch anmutendes Café, für mich der beste Ort, um der Welt und meinen Gedanken eine Ordnung zu geben. Das geeignetste, was ich finden kann, ist eine Starbucks-Filiale in einem Einkaufszentrum unweit von Shisanhang Lu, wo ich meinen Atlas auspacke und durch das Jahrhundert der Demütigungen blättere: vom Ersten zum Zweiten Opiumkrieg, in dem die chinesische Armee von einer britisch-französisch-amerikanischen Allianz zerrieben, der kaiserliche Sommerpalast niedergebrannt wurde und Großbritannien sich nicht nur die Legalisierung des Opiumhandels, sondern auch das Recht garantieren ließ, chinesische Zwangsarbeiter nach Amerika zu verschiffen.[23]

Weiter zur ersten von zwei Invasionen des kleinen Nachbarn Japans 1895, der von allen asiatischen Reichen am schnellsten das Erfolgsgeheimnis der europäischen Übermacht gelernt hatte: eine effiziente Staatsverwaltung, ein schlagkräftiges Militär und den Anspruch, ein Volk von Herrenmenschen zu sein.

Weiter zur Invasion 1900, als eine europäisch-japanische Allianz den Aufstand der Boxer niederschlug, ein Netz nationalistischer

Geheimbünde, das Ausländer in China ermordete. An der folgenden Strafexpedition beteiligte sich das Deutsche Kaiserreich, das inzwischen in die Ausbeutung chinesischer Rohstoffe investiert hatte. Nie wieder solle ein Chinese es wagen, »einen Deutschen auch nur scheel anzusehen«, gab Wilhelm II. seinen Soldaten auf den Weg samt dem Befehl, keine Gefangenen zu machen. Das Bild Chinas in Europa war damit ziemlich genau auf den Punkt gebracht.

Und das Bild des Westens in China? Wie muss es damals einem chinesischen Journalisten ergangen sein? Wie schrieb man über die Serie von Niederlagen des eigenen Reiches gegen Mächte, die auf einer Weltkarte im Vergleich zu China aussahen wie ein Haufen Brotkrümel?

Mit einer Mischung aus Verzweiflung und Bewunderung.

Die europäische Unterjochung Asiens, schreibt der indische Autor Pankaj Mishra in seinem Buch *Aus den Ruinen des Empires*, sei ökonomischer, politischer wie auch geistiger und moralischer Natur gewesen. »Eine völlig andere Art von Eroberung, als man sie bislang gekannt hatte, eine Eroberung, deren Opfer nicht nur zornig, sondern auch neidisch auf ihre Eroberer waren und letztlich auch begierig, in die Geheimnisse ihrer nahezu magischen Kräfte eingeweiht zu werden.«[24]

Liang Qichao hieß Chinas wichtigster Reformer, Herausgeber und Journalist, der seine Landsleute um die Wende zum 20. Jahrhundert mit europäischen Philosophen und Staatsmännern vertraut machte. Mit Begeisterung schrieb er über Rousseau und Locke, Bismarck und Washington, während deren Landsleute alle paar Jahre sein Land angriffen. Liang glaubte, dass Chinas marodes, in Traditionen erstarrtes System radikal reformiert werden musste und sein Land in dieser neuen Welt nur überleben würde, wenn es vom Westen lernte. Er war – zunächst – fest überzeugt, dass die Prinzipien von individueller Freiheit, wissenschaftlichem Aufbruch und ökonomischer Modernisierung universale Wirkung entfachen würden, egal wie verlogen ihre westlichen Verfechter sie auch einsetzten.

Über den vergessenen Eunuchen-Admiral Zheng He verfasste Liang eine Biographie, um bei chinesischen Lesern jenen Nationalstolz zu wecken, den er an den Amerikanern so bewunderte. *Der neue Bürger* hieß eine seiner Zeitungen, die er mit Sätzen füllte wie: »Die Freiheit des Gewissens, der Meinung und der Presse ist die Mutter aller Zivilisation.« Weg mit dem alten Untertanengeist, weg mit dem Glauben an das himmlische Mandat, her mit dem neuen Gedanken der Freiheit.

Das Alte, das Kaiserreich, brach 1911 zusammen. Es war von außen durch die Invasionen geschwächt, von innen durch eine Rebellion. Ein gescheiterter Kandidat für den Beamtendienst hatte sie losgetreten. Nach einem Nervenzusammenbruch war er zum Christentum konvertiert, erklärte sich zum zweiten Sohn Gottes und wollte China mit dem Schwert von allen Übeln reinigen: Korruption, Armut, Privatbesitz, Opiumkonsum. Vielen verzweifelten Bauern erschien dieser Mann namens Hong Xiuquan tatsächlich wie ein Erlöser. Aber seinen Milizen eilte bald ein Ruf voraus wie anderthalb Jahrhunderte später den Kämpfern des »Islamischen Staates«. Diszipliniert, fanatisch, effizient in ihrem Terror wie anfangs auch in ihrem Versuch, einen eigenen Staat aufzubauen. Wahrscheinlich zwanzig Millionen Menschen starben in den Jahren des Taiping-Aufstands durch Massaker von Rebellen und kaiserlicher Armee, durch Hunger und Seuchen. Im »Atlas der Demütigung« findet man darüber keine Karte und kein Wort.

Das Neue kam in China nach dem Kollaps des Kaiserreiches in Gestalt einer kurzlebigen Republik, gefolgt von einem Bürgerkrieg, abermals mit mehreren Millionen Toten. Gefolgt von der Staatsgründung durch einen ehemaligen Bibliothekar namens Mao Zedong, der die Schriften von Liang Qichao begierig gelesen hatte. Nur interessierte ihn weniger Liangs Bewunderung für europäische

Philosophie als dessen Thesen zur reinigenden Zerstörung des Bestehenden, um Neues zu schaffen.

Bei Maos erstem Versuch, Land und Gesellschaft radikal zu erneuern, starben rund 40 Millionen Menschen an Hunger. »Der große Sprung nach vorn« hieß diese katastrophale Agrarreform. Bei der nächsten großen »reinigenden« Zerstörung, der Kulturrevolution, kamen geschätzte zehn Millionen Chinesen ums Leben.[25] Auch das steht nicht im »Atlas des Jahrhunderts der nationalen Demütigung des modernen China«, denn dieses Jahrhundert ist nach offizieller Lesart mit Maos Ausrufung der Volksrepublik China am 1. Oktober 1949 zu Ende und in eine ruhmreiche Ära übergegangen.

Beim Bezahlen meines zweiten Kaffees merke ich an der Starbucks-Kasse, dass ich den Großen Vorsitzenden die ganze Zeit in der Hosentasche trage. Sein Konterfei ziert den 100-Yuan-Schein, den ich über die Theke schiebe.

Wahrscheinlich ist es keine gute Idee, sich in einem chinesischen Einkaufszentrum voller aufgekratzter junger Leute mit den Massengräbern zu beschäftigen, die nach offizieller Meinung gar nicht existieren. Mich überfällt das dringende Bedürfnis nach Stille. Die ist in Guangzhou nicht so einfach zu finden. Am nächsten Morgen will ich mit der U-Bahn zum Yuexiu-Park, der auf dem Stadtplan aussieht wie die grüne Lunge der Stadt. Aber ich verfahre mich, steige am »Märtyrer-Park« aus und stehe, umgeben von Vogelgezwitscher, vor einer zehn Meter hohen Faust aus Stein, die eine Kalaschnikow umfasst. Die vier Seiten des Sockels sind mit Reliefs verziert: Arbeiterhelden beim Planen der Revolution, beim Schwenken der Fahne, beim Angriff auf den Klassenfeind. Im Park gibt es außerdem einen »Pavillon des chinesisch-russischen Blutopfers« und einen »Pavillon des chinesisch-nordkoreanischen Blutopfers«. Märtyrerkult und Heldengedenken sind genau das, was ich an diesem Morgen nicht brauche, und fast höre ich sie marschieren, die Rotgardisten mit ihren Schiebermützen, ihren kerzengeraden

Rücken und ihrer tödlichen Begeisterung. Aber dann geschieht etwas Wundersames.

Hinter der Faust mit der Kalaschnikow hat sich ein Mann die Schuhe ausgezogen und beginnt in Seidenstrümpfen eine Tai-Chi-Übung. Am chinesisch-russischen Pavillon versammelt sich ein kleiner Chor rund um einen Musiker mit einem Saiteninstrument. Sie spielen und singen und stören sich weder an den beiden Kung-Fu-Kämpfern, die unter demselben Pagodendach üben, noch an dem Mann, der mit einer Schar Kinder auf einem mitgebrachten E-Piano musiziert. Im Schatten des Denkmals für das chinesisch-nordkoreanische Blutopfer tanzt eine Frau zur Musik ihres DVD-Players ein Ballett-Solo so konzentriert und versunken, dass weder die vergnügte Kakophonie um sie herum noch mein Fotografieren sie aus der Ruhe bringen.

Mit einem Mal ist der »Märtyrer-Park« auf wunderschöne Weise seiner Bestimmung beraubt und verzaubert. Ich sehe und höre mich satt und gehe leise weg.

Liang Qichao ist die Begeisterung für den Westen in seinen späteren Jahren übrigens gründlich vergangen. 1903 begab er sich auf eine Reise in die USA – und war geschockt. In dem Land, das er sich als ein Paradies der Freiheit und Selbstbestimmung vorgestellt hatte, las er von Lynchmorden an Schwarzen, sah die öffentliche Misshandlung von chinesischen Arbeitern und die Kluft zwischen enormem Reichtum und bitterster Armut.

In Europa besichtigte er 1919 die Schlachtfelder des Ersten Weltkriegs und fragte sich, ob die von ihm so bewunderte westliche Wissenschaftskultur und Philosophie zu dieser Katastrophe beigetragen haben könnte. Der Westen war für Liang von nun an ein gebrochenes Versprechen, aber ganz aufgeben wollte er dieses Versprechen nie. Seine Landsleute, befand er schließlich, seien noch lange nicht reif für Freiheit, sie müssten für die nächsten Jahrzehnte eine autoritäre

Herrschaft akzeptieren. Erst »dann werden wir ihnen Rousseau zu lesen geben und ihnen von Washington erzählen«.[26]

1979, genau 50 Jahre nach Liangs und drei Jahre nach Maos Tod, bekam China nicht Rousseau, sondern die ersten legal importierten 20 000 Kisten Coca-Cola. Unter Deng Xiaoping öffnete sich das Land nach den Opiumkriegen zum zweiten Mal dem westlichen Wirtschaftssystem. Dieses Mal freiwillig. Die Coca-Cola wurde in Guangzhou, dem ehemaligen Kanton, ausgeladen. Wo auch sonst?[27]

Wieder zehn Jahre später, im Juni 1989, walzte die Rote Armee in Peking die erste große und gewaltfreie Protestbewegung nieder. Abertausende hatten auf dem Tian'anmen-Platz zunächst gegen Inflation und Korruption und dann immer lauter auch für bürgerliche Freiheiten demonstriert. Mit dem Blutbad gewann die KP die Kontrolle über die Straßen wieder, nicht aber über die Köpfe der eigenen Bevölkerung. Dafür brauchte es einen neuen ideologischen Kraftakt.

China als ewiges Opfer ausländischer Intervention, die Demonstranten des Tian'anmen als Handlanger westlicher Interessen – daraus ließ sich eine neue Kampagne entwickeln. Dass sich 1990 der Beginn des Ersten Opiumkrieges zum 150. Mal jährte, muss der KP wie ein Geschenk des Himmels erschienen sein. Die Museen in Humen wurden restauriert, der »Atlas des Jahrhunderts der nationalen Demütigung des modernen China« herausgegeben. Die Spielfilme mit Lin Zexu als Held kamen in die Kinos. Mitten im fliegenden Wechsel zur Marktwirtschaft wurden die Chinesen eingehüllt in die Botschaft, dass der Kapitalismus gut, dem Westen aber nie zu trauen sei. William Jardine, der größte Opiumhändler in »Factory Town«, tauchte auf der Leinwand als der Schurke und Imperialist auf, der er war. Was seine Nachfahren, die Besitzer der »Jardine Matheson Holdings«, eines Konsortiums von Bau-, Rohstoff- und Finanzunternehmen, nicht davon abgehalten hat, mit voller Kraft in den bald boomenden chinesischen Markt einzusteigen.

Das, lieber Mauro, ist in sehr groben Zügen der Nachspann zu jener Geschichte, deren Spuren ich in Kanton gesucht habe. Natürlich ist sie damit nicht zu Ende.

Wenige Monate nach meiner Abreise aus Guangzhou entdeckte ich in einer Zeitung ein Bild von Chinas Präsident Xi Jinping beim Staatsbesuch in London. Er saß neben der britischen Königin Elisabeth, die ihn in ihrer Kutsche zum Buckingham-Palast bringt. Das wirtschaftlich angeschlagene Großbritannien braucht heute dringend chinesische Investoren, also wurde dem Gast aus Peking ein königlicher Empfang bereitet. 175 Jahre nach den ersten britischen Kanonenkugeln auf chinesische Kriegsschiffe im Perlfluss ist Großbritannien wieder Bittsteller und China eine ökonomische Weltmacht. Die Queen dachte in diesem Moment in der Kutsche vermutlich nicht an Lord Palmerston und die Opiumkriege, Xi wahrscheinlich schon. Vielleicht nicht unbedingt mit einem Gefühl des Triumphes.

Das größte Experiment der Menschheitsgeschichte, der gigantische Sprung vom kommunistischen Bauernstaat zur Industriemacht, von der Armut in die Konsumgesellschaft, ist gelungen. Aber um den Preis, dass der »perfect storm« jederzeit wieder heraufziehen kann, der das Ende des alten China und der Qing-Dynastie einleitete. Währungs- und Rohstoffkrisen, Korruption, massive soziale Ungleichheit, ein unruhiges, männlich dominiertes Staatsvolk und vor allem Umweltkatastrophen beschreiben auch das China zu Beginn des 21. Jahrhunderts.

Das Volk solle nicht nur kaufen, sondern auch träumen, hat die KP nun verkündet, wohl wissend, dass »roter Tourismus« allein die ideologische Leere nicht füllt. Ein »Chinese Dream« ist ausgerufen worden: Wohlstand, kollektive Anstrengung, Sozialismus, nationaler Ruhm. Weil viele dabei an den »American Dream« denken, hat die Partei gleich mit auflistet, wovon nicht geträumt werden darf: von konstitutioneller Demokratie, universalen Werten, Zivilgesell-

schaft und »historischem Nihilismus«, womit die Geschichts-
forschung über die Verbrechen der Mao-Zeit gemeint ist.[28]

Dabei verblasst der »American Dream« gerade jetzt an jenen
Stellen, die Chinas Machthaber so sehr fürchten. In den USA kön-
nen inzwischen Politiker Wahlen gewinnen, die die chinesische
Liste der verbotenen Träume bedenkenlos unterschreiben würden.
Ihr »American Dream« hat nie aus mehr bestanden als dem Credo
»Reichtum ist glorreich«. Dieser Satz stammt nicht von Donald
Trump. Er wird Deng Xiaoping zugeschrieben. Vermutlich hat der
ihn so nie gesagt, aber das ändert nichts an seiner magischen Wir-
kung. Weder im Westen noch in China.

Mauro, wenn Sie wissen wollen, wie heute eine chinesische *mappa
mundi* aussieht – ich habe mir in Guangzhou eine gekauft. Erschei-
nungsjahr 2015. Jedes Mal, wenn ich sie ansehe, kommt es mir vor,
als sei mein alter Kontinent Europa, der ja auch der Ihre ist, im
Meer versunken. Durch die Mitte dieser Karte zieht sich nicht der
Nullmeridian, der durch das britische Greenwich verläuft, sondern
der Längengrad 150° Ost durch den Pazifik und Australien. China
rückt so ins Zentrum, Amerika an den rechten Rand, und Europa
schrumpft zu einer Ansammlung bunter Kleckse in der linken obe-
ren Ecke. Immer wieder suche ich unwillkürlich nach Wellen und
Dschunken. Aber die Ozeane auf diesen modernen Karten sind
langweilig. Hellblau und glatt.

KAPITEL 5

Seidenstraße 2.0

Mauro, eine kleine Kritik sei erlaubt: Kanton ist auf Ihrer *mappa mundi* nicht zu finden. Auch nicht unter dem Namen »Panyu«, wie die Stadt im Altertum hieß, oder unter »Khanfu«, wie die Araber sie nannten, die mit China einige Jahrhunderte früher in Berührung kamen als die Europäer. Wovon noch zu reden sein wird.

Ihre Quellenlage zu China war ja nicht schlecht. Sie schöpften reichlich aus dem Reisebericht Ihres Landsmannes Marco Polo, allerdings ohne seinen Namen ein einziges Mal zu erwähnen.[1] Der Kaufmann war 1271 in Venedig aufgebrochen und auf der Seidenstraße über Syrien, Persien, Afghanistan und das heutige Tadschikistan nach China gereist, er war in Cambaluc gewesen, dem heutigen Peking, in Quanzhou, Hangzhou, Suzhou. Kanton, den Ausgangspunkt der »Seidenstraße auf dem Meer«, erreichte er offenbar nie.

Die Stadt hätte Ihnen gefallen, Mauro. Inseln, Flussarme, Kanäle, Werften, Händler, Seeleute – ein Hauch von Venedig. Nur zu Ihrer Zeit noch ohne Kirchen. Vom frühen Mittelalter an waren christliche Missionare am kaiserlichen Hof mal freundlich aufgenommen und dann, in Zeiten von politischen Krisen, wieder aus dem Land gejagt worden. Erst die Jesuiten setzten sich im 16. Jahrhundert richtig fest. Sie erforschten China wie eine Expedition von Elite-Wissenschaftlern und ließen sich gleichzeitig in das Netz der Macht am Hofe einweben. Sie mischten das Christentum mit konfuzianischen Lehren und Ahnenkult, lehrten Mathematik, Astronomie und europäische Handwerkskunst, halfen bei der Formulierung diplomatischer Verträge.[2] Sie sprachen chinesisch und kleideten sich chinesisch. Kulturelle Mimikry, in der frommen Hoffnung, einer der Herrscher werde irgendwann hinter seinem himmlischen Mandat die christliche Dreifaltigkeit erkennen. Was ein allzu vermessener Wunsch war. Die Kaiser nahmen sich von den Jesuiten, was sie brauchten, und Jesus brauchten sie nicht. Stattdessen befahl der Kangxi-Kaiser 1673 seinen europäischen Gästen, 500 Kanonen zu gießen, weil das rüstungstechnisch verschlafene Imperium wieder einmal eine Rebellion niederschlagen musste. Die Patres gehorchten, segneten jedes Exemplar und versahen es mit dem Namen eines Heiligen.[3]

Mauro, habe ich Ihnen schon gesagt, dass ich nicht an Gott glaube? Die Vorstellung eines gütigen Allmächtigen hat mich nie überzeugt in Anbetracht der menschlichen Fähigkeit, das Leben zur Hölle zu machen. Trotzdem besuche ich gerne Kirchen. Kantons Kathedrale ist eine Augenweide.

Ein Bau im neugotischen Stil an der Yide-Straße nahe dem Perlfluss, die beiden Türme 58 Meter hoch, das Kirchenschiff über 70 Meter lang, die Mauern aus Granit. Sie haben sogar Maos Kulturrevolution überstanden. Es ist eine Siegerkirche der Europäer, errichtet auf dem Grundstück eines hohen Beamten der Qing-Dynastie, dessen Amtssitz im Zweiten Opiumkrieg zerstört worden war. Über ein Vierteljahrhundert schufteten chinesische Kulis unter dem Kommando französischer Architekten, bis die »Cathédrale du Sacré-Cœur de Jésus«, die Herz-Jesu-Kathedrale, 1888 fertiggestellt war. Wahrscheinlich ballten die Kantonesen ihre Fäuste, als ihre Würdenträger europäische Diplomaten und Kirchenfürsten untertänig zur Eröffnung empfingen. In den Augen der Einheimischen war dies kein spiritueller Ort, sondern ein westliches Monstrum mit zwei arrogant in den Himmel ragenden Zeigefingern. Schlechtes Feng-Shui. Sie nannten es einfach Shishi. Steinhaus. Was mir herzlich egal ist. Auf dieser Reise durch die Stationen alter und neuer Ordnungen fühle ich mich nirgendwo so fremd wie in Guangzhou. Dabei ist auf den ersten Blick alles vertraut. Skyline, Metro, Autobahnen, Shopping Malls sind austauschbar mit jenen aller anderen Metropolen in der Welt. Aber die Dimensionen von Menschenmassen, Warenströmen, Wohnblöcken in Guangzhou vermitteln ein Gefühl von Verlorenheit. Als ich an diesem Vormittag vor der Kathedrale ankomme, wirkt sie so überschaubar, so wunderbar vertraut, dass ich einige Minuten andächtig auf dem Vorplatz stehe und einen heftigen Anfall von Sehnsucht nach Europa bekomme.

Im Gegensatz zu den Jesuiten des 16. und 17. Jahrhunderts hielt sich der Erfolg europäischer und amerikanischer Missionare im 20. Jahrhundert in Grenzen, nach dem Machtantritt Maos mussten sie das Land verlassen, in der Kulturrevolution wurde die Ausübung einer Religion ganz verboten. Anfang der 1980er Jahre erholten sich die christlichen Kirchen langsam von der maoistischen Repression. Chinas KP und der Vatikan stecken zwar in einem anhaltenden Machtkampf um die Ernennung von Bischöfen und damit um die Kontrolle der katholischen Gemeinden.[4] Aber in Guangzhou haben Rom und Peking größere Konflikte immer vermieden.

Die Kirche ist halb voll, als ich eintrete, obwohl gerade kein Gottesdienst stattfindet. Auf der linken Seite sitzen Chinesen, manche ins Gebet versunken, andere eifrig fotografierend. Hinten rechts haben um die fünfzig Afrikaner Platz genommen. Sie begrüßen sich leise, sprechen ein kurzes Gebet, gehen in kleinen Gruppen hinaus und wieder hinein. Von draußen, aus einem der Nebengebäude, dringen die Wortfetzen einer englischen Predigt herein, die sehr viel leidenschaftlicher klingt, als man es aus einem katholischen Gottesdienst gewohnt ist. Laute »Amen«- und »Oh Lord!«-Rufe, Klatschen, Singen, Raunen. In der Shishi-Kathedrale trifft sich jedes Wochenende Guangzhous jüngste Gemeinde: Migranten aus Nigeria, dem Kongo, Ghana, Senegal, Kamerun, Sierra Leone. Während die einen beten und singen, gehen andere vor der Kirche spazieren, telefonieren mit ihren Familien in der Heimat, schleppen Essen und Getränke heran, tratschen.

Sie kommen mir vor wie alte Bekannte. Nach über einer Woche ohne Kontakt zu Nicht-Chinesen sehe ich endlich wieder Menschen, deren Sprache, Mimik, Musik und Gebaren mir vertraut sind. Sie mustern mich, ich mustere sie, nach einem beiläufigen »Hallo-darf-ich-fragen-woher-Sie-kommen?« ergibt das eine das andere. Sie sind erfreut, dass ich schon einmal in Kinshasa und Dakar gewesen bin. Ich stelle fest, dass einige von ihnen halb so alt sind wie ich und auf der Suche nach dem großen Glück oder dem besseren Job doppelt so viel von der Welt gesehen haben. Nach einer Viertelstunde habe ich mehrere Einladungen zum Essen sowie das Angebot, günstig und en gros Jeans, Flachbildfernseher oder Kinderfahrräder zu kaufen. Ich müsse nur, so sagen sie, zum Tianxiu-Gebäude kommen.

Der Name löst beim Taxifahrer am nächsten Morgen ratloses Schulterzucken aus. Vielleicht liegt es an meiner Aussprache. Als ich auf Englisch und politisch inkorrekt »Chocolate City« sage, weiß er sofort, wohin ich will.

Das Tianxiu-Gebäude bildet das Herz des Viertels der Afrikaner. Ein rosafarbenes Hochhaus mit 35 Stockwerken und blau verspiegelten Fenstern im Stadtteil Yuexiu. Die unteren Etagen bestehen aus einem Labyrinth kleiner Glaskabinen, in deren Warenwust man sich kaum umdrehen kann. Blinkendes und fiependes Plastikspielzeug, Waschpulver, Büstenhalter, Haarnadeln, Dschellabahs, indische Saris, Bibeln, Potenzmittel, muslimische Gebetsuhren, Taschenrechner. »Keine gefälschten oder minderwertigen Produkte« steht auf Chinesisch, Englisch und Arabisch auf einem Schild zwischen rotbackigen Weihnachtsmann-Masken aus Plastik.

Die letzten Tage des Frühlingsfestes sind angebrochen. Einige afrikanische Händler haben noch geschlossen, andere packen neue Ware aus. In einem Flur herrscht offenbar ständig Hochbetrieb: der Ladenzeile für Haare. Ein Shop neben dem anderen bietet hier Perücken, Zöpfe und Strähnen an. Diese Branche ist fest in der

Hand der Chinesen, Afrikaner sind die Einkäufer. »Brazilian Hair«, »Malayan Hair«, »Peruvian Hair« steht auf den Preisschildern. Abgeschnitten angeblich in São Paulo, Mumbai, Lima oder vielleicht doch in chinesischen Dörfern. Gereinigt und abgewogen in Fabriken in Guangzhou, versehen mit exotischen Labels für den Export nach Lubumbashi, Dakar und Luanda. Haarteile und Cremes zur Hautaufhellung sind die begehrtesten Schönheitsartikel in »Little Africa«. Die chinesische Verkäuferin verhandelt gerade mit einem Ghanaer über den Preis von drei Kartons »Brasilian Hair« und drückt mir einen Schopf »Indian Virgin« in die Hand. »Top quality«, sagt sie aufmunternd. »100 percent human!« Ich blicke mich um und bekomme einen akuten Anfall von Haar-Allergie. Die Wände sind bis auf den letzten Zentimeter mit schwarzen Mähnen bedeckt, als hätte jemand das Fell eines Mammut aufgehängt. Mit spitzen Fingern gebe ich ihr das Stück zurück, stolpere aus dem Laden und geradewegs in die Arme eines kleinen, drahtigen Mannes, der seine Visitenkarte zückt. »Pape Mass – Import/Export« steht darauf. »Baumaterial und Innendekoration«, sagt er. »Brauchen Sie etwas?« Zehn Minuten später erklärt mir Monsieur Mass bei einem Kaffee »Little Africa« in China. Und damit auch sein Leben.

Pape Mass, Senegalese, hat sechs Jahre Schulbildung und Träume, die weit über sein Gehalt als Verkäufer in einem Mobilfunk-Shop in Dakar hinausgingen. Aber es wäre ihm nie eingefallen, sich für 5000 Dollar von Schleppern durch die Wüste und dann übers Mittelmeer bringen zu lassen. Für die afrikanischen Bootsflüchtlinge, die sich seit Jahren über das Mittelmeer auf den Weg nach Europa machen und dabei ihr Leben riskieren, zeigt er wenig Mitleid. »So etwas habe ich nicht nötig. Und die haben das eigentlich auch nicht nötig.« Es gibt, wie er findet, würdigere und ungefährlichere Wege in ein besseres Leben.

Ein Freund, der in Dakar bei der spanischen Botschaft arbeitete, gab ihm 2007 den entscheidenden Tipp. »Ein Visum für

Spanien kriegst du nie. Versuch's bei den Chinesen. Die stellen sich nicht so an.« Die Zukunft, so erkannte Pape Mass, lag nicht in Europa. Jedenfalls nicht seine.

Wenige Wochen später landete er mit einem Koffer, einigen hundert Dollar und einem Touristenvisum auf dem Flughafen von Guangzhou. Über die Stadt wusste er nur eines: Hier machten Afrikaner ihr Glück.

Die ersten afrikanischen Händler in Guangzhou waren Studenten, die nach Ablauf ihres Stipendiums geblieben waren. Ende der 90er Jahre stießen Afrikaner dazu, die in Thailand und Malaysia Geschäfte gemacht hatten, bis der Markt dort aufgrund einer Finanzkrise eingebrochen war. Guangzhou bot sich als neuer Standort an: Es ist umgeben von Tausenden Fabriken, deren Produkte billig sind und deren Ausschussware noch billiger ist. Und es liegt nahe an Hongkong und Macau, wo Ausländer problemlos ihr Monatsvisum erneuern können. Im Jahr 2000 wurden offiziell 5000 Afrikaner in der Stadt gezählt, 2006 waren es bereits über 30 000. 2014 registrierten die chinesischen Behörden 16 000 Afrikaner mit einer Aufenthaltsgenehmigung. Zehntausende mehr halten sich mit einem Touristenvisum in Guangzhou auf, das sie entweder erneuern oder überziehen. Im Vergleich zu afrikanischen Communities in Paris oder New York sind diese Zahlen ein Witz, für Guangzhou waren sie zunächst eine Sensation. Die Afrikaner bildeten ihre eigenen Enklaven, ihre eigenen Factory Towns, wenn auch informell und unter sehr anderen Vorzeichen als einst am »Jackass Point«.

Pape Mass fand nach seiner Ankunft ein Bett in einer Wohnung mit sechs anderen Afrikanern. »Laute Musik bis spät in die Nacht, verqualmte Räume, leere Bierflaschen auf dem Boden – nach ein paar Wochen bin ich da weg.« Als Muslim trinkt er keinen Alkohol und braucht seinen Schlaf vor dem Morgengebet. »Afrikaner ist nicht gleich Afrikaner«, sagt er und setzt zu einer naserümpfenden

Ethnologie des Kontinents an. »Die Kongolesen stehen um elf oder zwölf Uhr auf, trinken um eins das erste Bier und feiern dann bis in die Nacht. Die Malier sind in Ordnung. Von den Nigerianern hält man sich am besten fern. Die hängen ständig in krummen Geschäften, schmuggeln sogar Drogen. Wenn die Chinesen eines hassen, dann Drogen.« Mass macht eine dramatische Pause. »Dafür gibt es die Todesstrafe. Hier gab's früher mal ein riesiges Problem mit Opium. Kennst du die Geschichte?«

Ich kenne die Geschichte.

Sein erstes Geld verdiente Pape Mass in Guangzhou als Waren-Scout. Ein paar Brocken Kantonesisch hatte er schnell gelernt. Er setzte sich morgens in den Bus, klapperte die chinesischen Billigmärkte ab – den Elektronikmarkt, die Kleidermärkte, den Ledermarkt, die Schuhmärkte –, notierte Bestände, horchte, wer unter den afrikanischen Händlern gerade einen Ballen gewachsten Stoff mit Kente-Muster, eine Ladung Deckenventilatoren oder billige Computerbildschirme suchte. Dann besorgte er die Ware und kassierte eine Kommission.

»Das funktionierte gut«, sagt er, »bis vor ungefähr vier Jahren.« Da fanden seine afrikanischen Abnehmer Wege, selbst nach gewünschten Produkten zu suchen. Die meisten kommunizieren inzwischen über Chat-Dienste wie Viber oder das chinesische Wechat. 200 Barcelona-Trikots mit dem Namenszug von Lionel Messi, 100 Kilogramm Langkornreis oder zehn Kartons mit Plastikvasen sind nun binnen Minuten aufzutreiben.

Also hat Pape Mass sein eigenes Unternehmen eröffnet, bestehend aus ihm, seinem Smartphone und seinen guten Kontakten in die umliegenden Fabriken. Er spricht mittlerweile leidlich Kantonesisch und hat sich auf Baumaterial, vor allem Boden- und Wandkacheln, 60 mal 60, 30 mal 30 oder Mosaik, spezialisiert. Aus Keramik in den Preisklassen »ganz billig, billig, medium, teuer und Top-Qualität«. Glatt, gemasert, gestreift, gepunktet.

Er exportiert in alle Welt, hauptsächlich aber nach Afrika. Journalisten wie ich sehen dort vor allem Kriege und Krisen. Pape Mass sieht eine wachsende Mittelschicht und Kenianer, die ihr Badezimmer fliesen wollen, Ivorer, die Mischbatterien bestellen, Senegalesen, die preiswerte Kühlschränke suchen. Oder was man sonst noch braucht für den globalen Traum vom eigenen Heim.

»Hast du Kunden in Mogadischu?«, frage ich.

»Klar. Die bauen da wie verrückt.«

»Hat mal ein Mohamud Ali Diriye was bestellt?« Ich sehe Mahdi vor mir, wie er für seine Häuser »in bester Lage« in Mogadischu im Internet die Couchgarnitur aussucht. Mass scrollt auf seinem Laptop.

»Sagt mir nichts.«

Pape Mass' Geschäft läuft gut. Gut genug, um jeden Monat 600 Dollar an seine Frau, die vier Kinder, Brüder, Schwestern, Tanten, Onkel zu überweisen. Das eigene Haus in Dakar ist fast fertig, inzwischen gehört ihm dort auch ein Elektronik-Shop, in dem Cousins von ihm arbeiten. Regelmäßig legt er außerdem auf seinem chinesischen Konto Geld zurück für Steuern und den monatlichen Kurztrip nach Macau, um sein Visum zu erneuern.

Pape Mass ist jetzt 42 Jahre alt und ein gemachter Mann.

Sein Smartphone vibriert. Ein senegalesischer Bekannter in New Jersey braucht Klebeband und Verpackungsmaterial – und zwar einen ganzen Container. Pape kalkuliert die Höhe seiner Kommission: umgerechnet rund 1300 Euro. Kein grandioser Deal, aber auch kein schlechter.

In den Tagen, die mir in Guangzhou bleiben, hangele ich mich in »Little Africa« von einem Kontakt zum nächsten. Ich treffe die malische Betreiberin eines Schnellrestaurants, die während der jährlichen Handelsmessen in Guangzhou rund um die Uhr afrikanische Besucher mit Foufou, Fisch, Pili-Pili-Soße, Jollof-Reis und frittierten Bananen beliefert. Eine Boutique-Besitzerin, zu Besuch aus Kinshasa, rechnet mir die hauchdünne Gewinnspanne aus, mit der sie in Europa entsorgte Alt- und Billigkleider in Guangzhou einkauft und per Container in den Kongo schickt. Ein nigerianischer Grafikdesigner zeigt mir auf seinem Computer seine »Modern Igbo Art«, bei der er Masken aus seinem Heimatland mit Neonfarben kombiniert. Seine Entwürfe will er demnächst in Dafen malen lassen, einer Künstlerkolonie außerhalb von Guangzhou, die sich auf das massenhafte Kopieren spezialisiert hat. Rembrandt, van Gogh, Dalí, Warhol, Picasso und nun auch giftgrüne Igbo-Masken.

Ich lerne, dass »Chocolate City« keineswegs die gesamte afrikanische Händlerschaft umfasst; dass es einen eigenen nigerianischen Bezirk – »Igbouezo« – gibt; dass die frankophonen und anglophonen Afrikaner Distanz zueinander wahren; und dass die ersten Ökonomen aufgetaucht sind, um »Little Africa« zu studieren. Sie haben einen Namen für dieses Phänomen gefunden: *Low-end globalization.*[5]

Es ist ein Armutszeugnis, dass Afrikas Volkswirtschaften im 21. Jahrhundert immer noch Badezimmerkacheln und nun auch ihre eigene Kunst importieren müssen. Und dass europäische Altkleider über Südchina in den Kongo verschifft werden.

Aber mich faszinieren diese Geschichten über die Weltwirtschaft von unten, über die mäandernden Rinnsale neben den großen Geld- und Warenströmen. Vor mir entfaltet sich das Kapitel einer Globalisierung, in der mein Kontinent ausnahmsweise nicht als Profiteur oder Ausbeuter auftritt. Um genau zu sein: Abgesehen vom Altkleidermarkt kommt der Westen überhaupt nicht vor. Was mich prompt irritiert. Gibt es doch einen »Chinese Dream«? Einen der Immigranten? Suchen die Afrikaner in Guangzhou einen »chinesischen Traum«, der anziehender ist als die Sehnsucht nach den USA oder Europa?

Pape Mass runzelt die Stirn. »Hier träumt keiner. Den Chinesen geht's ums Geld, mir geht's ums Geld. Ansonsten haben wir nichts miteinander zu tun.«

Aber es hat auch keiner behauptet, dass der Traum vom besseren Leben in einem neuen Land auf der Liebe zwischen Einheimischen und Fremden beruht.

Kunlun. So heißt eine Bergkette in China, und niemand weiß, ab wann und warum dieser Name benutzt wurde, um Menschen mit dunkler Hautfarbe zu bezeichnen. Erst dunkelhäutige Chinesen, dann südostasiatische Völker. Dann, ab dem 7. Jahrhundert, afrikanische Sklaven, von arabischen Händlern an die südchinesische Küste verschleppt. Chinesen wussten von der Existenz Afrikas und seiner Völker, lange bevor die Schatzflotte des Zheng He in Mogadischu anlegte. Einige wenige Afrikaner gelangten über die Jahrhunderte offenbar in die höheren Ränge chinesischer Armeen, andere endeten in chinesischer Leibeigenschaft. Im 19. Jahrhundert kamen wieder *Kunlun* ins Land – als Diener der Händler in Factory Town.[6]

Chinas Reformer in der ausgehenden Kaiserzeit verurteilten Leibeigenschaft. Mao umarmte Afrikas Völker als Geschwister im Kampf gegen den Imperialismus. Aber der Glaube an die Überlegenheit der Chinesen ist kollektives ideelles Erbgut, und nach chinesischer Weltsicht waren die *Kunlun* minderwertiger als die anderen »Barbaren«. »Man nennt sie Wilde«, schrieb ein gewisser Zhu Yu, der im 12. Jahrhundert in Guangzhou eine Klatsch-und-Tratsch-Gesellschaftskolumne über das Leben der Ausländer und ihrer schwarzen Diener veröffentlichte. »Ihre Haut ist schwarz wie Tinte, ihre Lippen sind rot, die Zähne weiß. … Diejenigen, die schon länger gezähmt sind, können die menschliche Sprache verstehen, aber selbst nicht sprechen.«[7]

China beteiligte sich nie am westlichen Menschheitsverbrechen des Sklavenhandels, und der seltene Handel mit afrikanischen Männern und Frauen als Haussklaven in südchinesischen Hafenstädten wurde vom kaiserlichen Hof immer wieder verboten. Aber dunkle Hautfarbe ist ein Stigma geblieben. Anfang des 20. Jahrhunderts kursierten unter Chinas intellektuellen Reformern nicht nur Appelle zur Befreiung des eigenen Volkes, sondern auch Vorschläge zur Aufhellung der »monströs hässlichen Schwarzen« durch Sterilisation oder Mischehen.[8]

Spult man die Geschichte im Schnelldurchlauf hundert Jahre vor, dann sieht man Pape Mass, der von Chinesen auf der Straße angehalten wird, um seine Haut heller zu reiben.

»Es kommt nicht mehr so oft vor«, bemerkt er trocken. »Langsam kapieren auch die Letzten, dass ich nicht weiß werde.«

Es sind die Senegalesen, Nigerianer, Malier, die mir Guangzhou am Ende doch vertrauter machen. Ihre kleinen Gemeinden erinnern mich daran, dass jede Großstadt eine faszinierende Sammlung von Dörfern ist, von überschaubaren *communities*, in denen sich die Bewohner vor dem Horror Vacui einer urbanen Endlosigkeit schützen. Niemand weiß das besser als die Migranten. Ein großer Teil der Bewohner dieser zusammengeschmolzenen Megacity am Perlfluss-Delta gehörte zur ersten oder zweiten Generation der größten Wanderungsbewegung unserer Zeit: den Trecks von Abermillionen Chinesen aus den Dörfern in die Städte. Permanente Entwurzelung, permanenter Neuanfang. Und wenn sich Senegalesen, Kongolesen oder Malier mit einem auskennen, dann mit Entwurzelung und Neuanfang.

Von allen Afrikanern, die ich in Guangzhou treffe, kennt Sultane Barry China am besten. Mit seinen 62 Jahren, seinem pfeffergrauen Haar, dem leuchtend blauem Dashiki-Hemd und einem »Ich-rede-nicht-mit-jedem«-Ausdruck im Gesicht strahlt er eine Selbstsicherheit aus, die auch Chinesen in seiner Gegenwart zuvorkommend werden lässt. Man trifft ihn nicht auf einem Markt, sondern in der Lobby eines teuren Hotels.

Barry handelt mit Werkzeugmaschinen und Baumaterial. »Managing Director, GZ Hajami Trading Company – Africa Best Connection« steht auf seiner Visitenkarte. Die Rückseite weist ihn als Präsidenten der Guineischen Gemeinde in Guangzhou aus. In beiden Eigenschaften hat er harte Zeiten hinter sich. Guinea, sein Heimatland, war der Ursprungsort der Ebola-Epidemie, die sich in den Jahren 2014 und 2015 in Westafrika ausgebreitet hatte. Barrys wichtigste Absatzmärkte in Guinea, Liberia und Sierra Leone waren danach eingebrochen. In China wiederum reagieren die Behörden an den Flughäfen seither auf Afrikaner wie auf einen Angriff von Außerirdischen. Die afrikanischen Passagiere wurden bei meiner Ankunft in Guangzhou von Männern in biologischen Schutzanzügen in Empfang genommen und zum Gesundheitstest abgeführt. In Guangzhou hatten sich Hotelbesitzer lange geweigert, Zimmer an Afrikaner zu vermieten. In »Little Africa« wuchs die Wut, manche wollten Proteste organisieren. Die hatte es schon öfter gegeben, wenn Händler sich von den Behörden drangsaliert fühlten. Straßenbarrikaden, Demonstrationen, Schlägereien mit Polizisten.

»So etwas bringt überhaupt nichts«, sagt Barry. »Chinesen schalten auf stur, wenn wir auf der Straße herumbrüllen.«

Barry und die Vorsitzenden der anderen afrikanischen Gemeinden verordneten ihren Landsleuten Stillhalten und wurden stattdessen bei der Stadtverwaltung vorstellig. Man verhandelte einige Tage und einigte sich auf eine Lösung. Afrikaner aus Ebola-Gebieten durften weiter einreisen, mussten sich aber in freigeräumten Etagen des »Kanton«, eines der größeren Hotels der Stadt, einmieten, sich dort für die Zeit ihres Aufenthalts einem täglichen Gesundheitscheck unterziehen und ein Protokoll über ihre Kontakte in der Stadt anlegen. So wurde der Vorsorge einigermaßen Genüge getan, die Afrikaner konnten weiter ihren Geschäften nachgehen, »und die Chinesen«, sagt Sultane Barry, »hatten ihr Gesicht gewahrt. So funktioniert das hier.«

So muss es auch zu den guten Zeiten von Factory Town funktioniert haben, wo jede Nationalität in der Handelskammer von einem Sprecher vertreten wurde. So funktionierte und funktioniert es noch heute in den großen Einwanderungsländern wie den USA, wo die *prominenti* in Little Italy und die *kiu ling*, die »big men«, in den Chinatowns als informelle Bürgermeister, Streitschlichter und Vertreter nach außen fungieren. Chinatowns gibt es längst auch in Dakar, Kinshasa, Lagos oder Conakry.

Aus China sind zu fast allen Zeiten Abertausende ausgewandert. Seit Deng Xiaopings Marschbefehl zum Kapitalismus hat es immer mehr Chinesen nach Afrika gezogen. Viele kommen für einige Jahre als Bauarbeiter und Ingenieure für Straßen, Krankenhäuser, Universitäten, Kraftwerke und andere Großprojekte, mit denen China seine Ausbeutung afrikanischer Rohstoffe bezahlt.

Andere arbeiten als Straßenverkäufer, als Restaurant- oder Nachtclub-Besitzer, als Prostituierte. Das Verhältnis zwischen Immigranten und Einheimischen ist in Afrikas Städten oft angespannter als in Guangzhou. Anfangs hatte man die Chinesen willkommen geheißen. Viele Afrikaner bewunderten Chinas rapiden Aufstieg von einem bitterarmen Bauernstaat zu einer Wirtschaftsmacht. Bis sie merkten, dass das auch auf ihre Kosten gehen kann. Chinesische Firmen nutzen die Korrumpierbarkeit afrikanischer Eliten ebenso wie das Fehlen effektiver Gewerkschaften und sozialer Standards. Warum auch nicht – zu Hause gibt es ja auch keine.

Im Senegal hatten chinesische Immigranten Ende der 90er Jahre Teile des Einzelhandels in der Hauptstadt Dakar übernommen, weil sie die Preise der einheimischen Anbieter unterboten. 2004, drei Jahre bevor Pape Mass nach Guangzhou aufbrach, kam es in Dakar zu Protesten gegen die »Chinetoques«, wie die Chinesen im frankophonen Afrika abfällig genannt werden. Das war nicht die erste und nicht die letzte Konfrontation im neuen chinesisch-afrikanischen Zeitalter.[9]

»Wenn man nicht aufpasst, essen die Chinesen den Kuchen, den sie einem anbieten«, sagt Sultane Barry. Mit einer ebenso lässigen wie bestimmten Handbewegung holt er den Kellner des Hotelrestaurants herbei und weist ihn auf Englisch an, heißeres Wasser für seinen Tee zu bringen.

Barry hat in den 80er Jahren deutsche Werkzeugmaschinen nach Afrika importiert. Dann war er auf billigere Produkte made in Taiwan und Südkorea umgestiegen und 2003 schließlich in Guangzhou gelandet. Anders als der Norden Chinas hatte das alte Kanton beim Schnelldurchlauf vom Sozialismus zum Kapitalismus seine Tradition des Hafenstadt-Bazars wieder aufleben lassen. In den feineren Hotels wurden Millionen- und Milliardendeals abgeschlossen, auf der Straße Konsumgüter und kleine Maschinen angeboten. »Afrikaner«, sagt Barry, »kaufen in kleinen Stückzahlen.« Eine Anlage für Zahnpasta- oder Saftproduktion, die nur ein paar tausend Dollar kostete und die man in den eigenen vier Wänden aufstellen kann – das bekam man nur im Süden Chinas. Guangzhous Angebot an Maschinen und Werkzeug war wie geschaffen für afrikanische Kleinstunternehmer.

Als einer der ersten Afrikaner überhaupt hatte sich Barry im Tanxiu-Gebäude ein Büro und eine Wohnung gemietet und mit einem chinesischen Partner seine Firma gegründet. Drei Jahre später kamen seine Frau und seine drei Kinder nach – zwei Söhne, der eine damals 15, der andere drei, die Tochter zehn Jahre alt. Der Älteste hat inzwischen sein Business-Studium an der Universität von Guangzhou abgeschlossen, die Tochter steht kurz vor dem Examen, der Jüngste geht noch auf das Gymnasium. Alle drei sprechen fließend Fulani, Englisch, Französisch und Chinesisch, der Älteste auch leidlich Arabisch. Es klingt nach der Erfolgsgeschichte eines perfekt integrierten Einwanderers. »Das könnte man so sehen«, sagt Barry. »Vor allem, wenn man bedenkt, dass bei meinem ersten China-Besuch die Kellner im Restaurant bei meinem Anblick davongelaufen sind.« Das war 1988, auf einer Handelsmission in einer Kleinstadt, und er war der erste Schwarze, den die Bewohner zu Gesicht bekommen hatten. »Aber integriert?« Seine Kinder haben in all den Jahren nie einen chinesischen Klassenkameraden mit nach Hause gebracht, sie sind nie in eine chinesische Familie eingeladen worden. Auch Barry und seine Frau haben keine privaten Kontakte mit Einheimischen.

Türkische Immigranten der ersten Generation können Ähnliches über das Deutschland der 50er und 60er erzählen. Geschichten über eine abweisende, kühl bis kalte Geschäftstüchtigkeit, in der die Fremden so lange erwünscht waren, wie sich ihre Anwesenheit rechnete. Die Verwandlung in eine Einwanderungsgesellschaft hat das am Ende nicht aufgehalten. China braucht Afrika mehr, als Deutschland die Türkei je gebraucht hat. Nicht als Lieferant billiger Arbeitskräfte, davon hat China mit einem Heer an Wanderarbeitern genug. Sondern als Rohstoffreservoir, um die eigene Wirtschaft am Laufen zu halten. Das kleine Guinea hat Bauxit und Eisenerz, der Kongo Kupfer und Gold, in Somalia und Somaliland treffen seit der Entdeckung von Erdölvorkommen immer mehr Chinesen ein. »Unsere zweite Chance«, nennt das Sultane Barry. Entweder lassen sich die Afrikaner noch einmal wie damals zur europäischen Kolonialzeit ausbeuten, »oder wir machen es dieses Mal richtig«. Vier, fünf Jahre will er noch in Guangzhou bleiben, dann soll sein Sohn ins Unternehmen einsteigen, und er kehrt mit seiner Frau nach Conakry zurück. Und dann? »Eine Beratungsfirma aufmachen und meinen Leuten beibringen, wie man mit den Chinesen Geschäfte macht«, sagt er. »Ohne sich übers Ohr hauen zu lassen.«

Vielleicht ist China ja schon der Traum von gestern. Jedenfalls für die afrikanischen Händler-Migranten, die irgendwo ihr Glück machen wollen. »Chocolate City,« »Igbuezo«, die Läden im Tanxiu-Haus erscheinen flüchtig, temporär, alles ließe sich binnen weniger Stunden verpacken, verschiffen in die nächste Boom-Town.

Guangzhou ist nicht mehr die Billigwerkstatt der Welt. Die Löhne und Produktionskosten sind gestiegen, Unternehmen investieren jetzt in Hightech-Innovation, Shenzen träumt davon, zum Zentrum eines »Silicon-Delta« zu werden. Im Tanxiu-Haus höre ich, wie die Händler neue, attraktivere Märkte diskutieren. Manche wollen ins Landesinnere, andere nach Vietnam, Bangladesh, Laos, wohin nun auch chinesische Firmen die Produktion von Billigprodukten ausgelagert haben. Keiner von ihnen wirkt zerknirscht oder besorgt. Die Welt ist groß und voller Möglichkeiten. Man muss nur wissen, auf welchen Zug man aufspringen muss. Bis auf weiteres ist es der chinesische.

Auch Pape Mass will in zwei Jahren gehen, aber nicht nach Vietnam oder Laos, sondern zurück nach Dakar. Einige seiner Landsleute wollen bleiben, manche haben Chinesinnen geheiratet oder mit ihren chinesischen Freundinnen ein Kind bekommen. Bis auf weiteres ist die afrikanische Community in Guangzhou noch groß genug, um bei Auftritten von Bands aus Nigeria oder dem Senegal Konzerthallen zu füllen und im Yuexiushan-Sportstadion einen eigenen Fanblock zu besetzen. Dort spielt die Mannschaft des Erstligisten »Guangzhou R&F« um die Spitzenränge, dank ihrer Stürmer aus Nigeria und dem Kongo. Ein *Kunlun* ist jetzt auch einer, der Tore schießt, viel Geld verdient und von vielen Chinesen bejubelt wird.

Mauro, nun kennen Sie Kanton. Genauer gesagt: meine flüchtige Momentaufnahme. An meinem letzten Tag in der Stadt habe ich noch einmal ein Gotteshaus besucht. Nicht die Shishi-Kathedrale, so sehr ich es auch genossen hatte, dort zu sitzen und die Ruhe einzuatmen. Ich ging die Yide-Straße ein Stück weiter, bog rechts ab in die Mittlere Haizhu-Straße, verschwand im Gassenlabyrinth eines der letzten alten Viertel, in denen jeder Innenhof ein verlängertes Wohnzimmer ist und die Bewohner keinen Furz voreinander geheim halten können, und kam am anderen Ende an der Guangta-Straße wieder heraus. Schräg gegenüber ragte das Minarett der Huaisheng-Moschee empor – das Gebetshaus von Pape Mass und Sultane Barry. Die Moschee, für Nicht-Muslime nur eingeschränkt zugänglich, ist eine Mischung aus arabischer Kunst, asiatischer Architektur und maritimer Logistik. Pagodendächer über den Gebetsräumen, kunstvoll kalligraphierte Suren an den Wänden und ein Minarett, das früher als Leuchtturm für einlaufende Schiffe auf dem Perlfluss genutzt wurde. Aus über 30 Meter Höhe blickte man von dort einst auf das Wasser und das benachbarte Fanfang-Viertel der arabischen Händler.

Die Muslime in Guangzhou sind überzeugt, dass die Grundfeste der Moschee Anfang des 7. Jahrhunderts von Sa'd ibn Abi Waqqas erbaut wurden, einem Weggefährten des Propheten Mohammed. Bewiesen ist das nicht. Sicher ist, dass Abi Waqqas um diese Zeit tatsächlich mit dem Auftrag der Missionierung in Kanton eintraf.

Es dauerte nach Abi Waqqas' erstem Besuch nur wenige Jahrzehnte, und Kanton erlebte eine Einwanderungswelle aus dem Westen. Händler und Handwerker aus dem persischen Siraf, aus der Hafenstadt Basra, aus Mosul und Bagdad, Mekka und Damaskus strömten in die Stadt, welche die Araber Khanfu nannten.[10] Mit ihnen kamen die Geschichtenerzähler, die aufschrieben, was sie in der Fremde beobachteten und erfragten. Bis zu meinem Besuch in Guangzhou dachte ich, die venezianische *Gazzetta* wäre die erste Zeitung gewesen. Aber schon mehrere hundert Jahre zuvor gab es die arabischen Verfasser der *akhbar*, der Neuigkeiten. Abu Zayd al-Sirafi hieß einer von ihnen, und ihn beeindruckte einiges, was er in Khanfu sah. Gutes Regieren, ein einfaches, aber effektives Steuersystem und eine große Wertschätzung für Bildung. »Alle Chinesen, ob arm oder reich, lernen, Wörter zu bilden und zu schreiben.« Sogar ein öffentliches Gesundheitssystem gebe es. Werde ein Mittelloser krank, schrieb Al-Sirafi um 851, »wird seine Medizin aus dem öffentlichen Haushalt bezahlt«. Im Übrigen seien Chinesen verrückt nach einem Getränk aus heißem Wasser und Blättern. Er ahnte nicht, dass auch Araber bald verrückt nach Tee sein würden. Die Engländer wussten zu diesem Zeitpunkt weder etwas von China noch von seinen pflanzlichen Heißgetränken. Sie wurden gerade von den Wikingern erobert.

Es waren zwei blühende Reiche, die sich zu Al-Sirafis Zeiten in Khanfu begegneten. Das China der Tang-Dynastie, die Poesie und Wissenschaft förderte und so ziemlich jede Religion tolerierte. Und das Kalifat der Abbasiden, das sich von Nordafrika bis Westasien ausdehnte, Bagdad gegründet und zu seiner kosmopolitischen Hauptstadt gemacht hatte. Erst bekriegten sich beide um die Vormacht in Zentralasien, dann folgten Annäherung, Austausch und die Verbreitung von Nachrichten übereinander. Nicht alle waren positiv. Al-Sirafi fand es bizarr, dass männliche Chinesen der gehobeneren Stände beim Pinkeln ein edles Holzrohr benutzten. Die chinesische Praxis, sich den Hintern mit Papier abzuwischen, gefiel ihm ebenso wenig wie die staatliche Lizenzierung von Prostituierten, die »in aller erdenklichen Kleidung und unverschleiert« einheimische wie ausländische Kunden besuchten. »Wir preisen Allah für die Führung, mit der Er uns von solchen Versuchungen gereinigt hat.«

Ich gäbe viel für die Notizen einer Hure aus dem Khanfu des 9. Jahrhunderts und ihre Einträge über arabische Freier. Aber sie wurden vielleicht nie geschrieben. Jedenfalls hat man sie bislang nicht gefunden.

Die erste arabische-chinesische Begegnung in Khanfu fand ein jähes, horrendes Ende. Korruption und der Verfall der Verwaltung brachten die Tang-Dynastie ins Wanken. Der typische Niedergang eben. Organisierte Kriminalität machte sich breit, Banditen terrorisierten Städte und Transportwege. Im Jahr 878 eroberten Rebellen die Stadt in einem Tag und massakrierten Tausende ausländische

Händler – überwiegend Araber und Perser. Khanfu am Ende der Seidenstraße auf dem Meer war plötzlich feindliches Territorium. Die Dynastie versank in Anarchie und Blutvergießen. Oder, wie Abu Zayd Al-Sirafi es formulierte: »Deswegen entzog Allah – gesegnet sei sein Name – den Chinesen seinen Segen.«[11]

Sie kamen irgendwann zurück, die Araber und Muslime. Die Huaisheng-Moschee ist alle paar Jahrhunderte restauriert, erweitert, verschönert und nach einem Feuer ganz neu aufgebaut worden. »Eine Religion, die die Lehren aus dem Westen in hohem Ansehen hält«, steht heute über dem Eingang. In chinesischer Schrift, als wollte man den Nicht-Muslimen in Guangzhou erklären, was sich hinter diesen Mauern abspielt. Mit »Westen« ist in diesem Fall die arabische Welt gemeint.

Anfang des 21. Jahrhunderts legt China wieder neue »Seidenstraßen« an. Auf See und über Land zum Transport von Menschen, Waren und Rohstoffen. Die grandiosesten Entwürfe sehen vor, zwei Drittel der Weltbevölkerung und drei Viertel aller bekannten Energie-Reserven an dieses Netz anzuschließen.[12] »Perlenketten«, bestehend aus chinesisch kontrollierten Häfen in ganz Asien, sollen geknüpft, Pipelines bis nach Europa, Straßen durch Zentralasien und den Nahen Osten gebaut werden. Und eine neue Eisenbahnlinie: von Peking nach Bagdad.[13]

Vielleicht muss man größenwahnsinnig sein, um in diesen Zeiten eine Zugverbindung in die Hauptstadt eines Landes zu planen, das auseinanderzufallen droht. Vielleicht ist es auch vorausschauend, sich in einer Region auszubreiten, in der der westliche Einfluss rasant schwindet. Vielleicht assoziiert man in China mit dem Namen Bagdad nicht nur Krieg und Krise, sondern auch Zukunft.

Auf Ihrer *mappa mundi*, Mauro, nimmt Bagdad jedenfalls einen prominenten Platz ein. Es ist die Mitte Ihrer Welt.

KAPITEL 6

In der Mitte der Welt

Mauro, meine Karte für diese nächste Etappe hätte Ihnen gefallen.
»Tourist Map of Iraq« steht rechts oben. Sie ist 544 Jahre jünger als
Ihre *mappa mundi*, viel kleiner, schlichter und gröber gezeichnet und
steckt doch wie die Ihre voller Geschichten.

Ein irakischer Verlag hat sie 2003 herausgegeben – kurz nach
dem Sturz des Diktators Saddam Hussein. Das Land sieht darauf
aus wie ein Märchenpark. Pittoreske Symbole markieren archäologische Ausgrabungsstätten und Naturwunder. In der westlichen
Wüste wandern Karawanen zwischen Oasen. Figuren in antiken
Gewändern stehen neben Ölbohrtürmen, islamische Heiligtümer
neben babylonischen Tempeln. Alles ein wenig schief gezeichnet wie
von Kinderhand. Eingebettet in das saftige Grün zwischen Euphrat
und Tigris liegt Bagdad. Ein rosafarbener Klecks, dick genug, um
mit spitzem Stift den Punkt zu markieren, den ich suche. Was für
mich in Kanton der »Jackass Point« und in Mogadischu das Abdi-
Haus war, ist in Bagdad Khuld Hall, ein Versammlungs- und Kon-
zertsaal. Wieder ein Ort, an dem der Westen eine markante Spur
hinterlassen hat. Wenn auch auf ganz andere Weise als in Somalia
und China. Es war kein mörderischer Angriff, kein Zusammenprall,
sondern eine wunderbare Begegnung, die sich da im Jahr 1963 ereig-
net hat. Jedenfalls stelle ich mir das so vor.

Bagdad ist nicht meine erste Station in diesem Land. Ich breche
im Süden auf, dort, wo auf der »Tourist Map« blaue Seen leuchten
und Reiseführer jenes biblische Paradies vermuten, das Sie, Mauro,
auf Ihrer *mappa mundi* aus der Welt in die Kartenecke links unten
geschoben haben.

Man muss betrunken oder Selbstmordattentäter sein, um heute die Worte »Paradies« und »Irak« im selben Satz zu erwähnen. Kaum ein Tag vergeht ohne Meldungen über Autobomben und über hoffnungslos Verblendete, die sich und möglichst viele Mitmenschen in die Luft sprengen. Aber Grauen und Schönheit liegen oft eng beieinander. Und ich möchte in diesem Land etwas Schönes sehen.

Chibaish im Süden ist mein Ausgangspunkt und wirkt nicht gerade verheißungsvoll. Eine unscheinbare Stadt mit einigen zehntausend Einwohnern, schiitisch und stockkonservativ, die Frauen ausnahmslos in schwarze Tschadors oder Abayas gehüllt, die Männer meist mit bärtigen Gesichtern. Zum Zeitpunkt meiner Ankunft befindet sich Chibaish im religiösen Ausnahmezustand. *Arbaeen* hat begonnen, der jährliche Pilgerzug von Millionen Schiiten nach Kerbala in Gedenken an den Märtyrertod des Imam Hussein, eines Enkels des Propheten Mohammed und einer der wichtigsten Figuren des schiitischen Islam. Über die Hauptstraße Richtung Norden, Richtung Kerbala, bewegt sich ein kilometerlanger Zug von Menschen, Autos kommen nur im Kriechtempo vorbei, aus Lautsprechern am Straßenrand ertönen Gesänge, in die Pilger immer wieder einstimmen.

Hier wohnt Jassim Alasadi, Wasserbauingenieur von Beruf, Hüter des Wassers aus Berufung, immer glatt rasiert, weil ihm die fromme Hingabe seiner Landsleute unheimlich ist. Für Fußmärsche nach Kerbala hat er keine Zeit. Er muss sich um das Paradies kümmern, das hinter seiner Haustür beginnt, und wer es sehen möchte, den führt er hinein.

Gleich am Morgen nach meiner Ankunft sitzen wir zusammen in einem *mashouf*, einem schmalen, langen Boot mit Außenbordmotor. Alasadi und der junge Bootsführer haben Kopf und Hals mit Schals vermummt, als seien sie auf dem Weg zur Intifada, ich habe nicht einmal eine Mütze dabei. Es ist Dezember. Der Gedanke, man könnte im Irak frieren, ist mir nicht gekommen. Neun Grad, die

Luft ist feucht. So wunderschön der Anblick der aufgehenden Sonne über dem Euphrat ist, sie könnte sich etwas beeilen.

Nach einigen Kilometern flussabwärts biegen wir links in ein Labyrinth von Kanälen. Das Wasser ist lehmig grau, der Müll am Ufer stinkt, ich zähle alte Autoreifen und stoße bei dem Versuch, im Boot eine bequemere Sitzhaltung zu finden, mit dem Fuß auf einen schmutzig weißen Lappen, in den eine Kalaschnikow eingewickelt ist. »So was hat hier jeder«, sagt Alasadi. »Für Notfälle.«

Dann verzieht sich der Gestank, statt Müllhaufen ragen am Ufer nun meterhohe Schilfrohre aus dem Wasser. Die Kanäle verengen sich. Wir scheuchen Reiher, Strandläufer und Gänse auf. Büffel, bis zum Hals im Wasser, fressen Schilfgras, glotzen uns an, fressen weiter.

Die ersten Boote kommen uns entgegen. Büffelhirten mit Kannen voller Milch auf dem Weg zum Markt nach Chibaish. Am Ufer zeichnen sich die Umrisse ihrer Behausungen ab. Große, stabile Hütten, geflochten aus Schilf, so wie die *ma'dan*, die Marsch-Araber, sie seit über tausend Jahren bauen.[1] Im 21. Jahrhundert sind Plastikplanen, Dieselgeneratoren und rostige Satellitenschüsseln dazugekommen.

Plötzlich öffnet sich die Landschaft. Das Wasser ist kaum einen Meter tief, unser Bootsführer zieht den Außenbordmotor hoch. Wir gleiten auf einen See. Hören nur noch die Bugwellen und das rhythmische Eintauchen des Stocks, mit dem er das *mashouf* vorantreibt. Starren wie hypnotisiert auf das Wasser, blinzeln kurz, wenn ein Eisvogel seine leuchtenden türkisfarbenen Flügel ausbreitet und dann im Sturzflug einen Fisch aus dem See erbeutet. Silbrige Fischschwärme gleiten am Boot vorbei. Ein schwacher Wind raut den See leicht auf. Die Welt, die sich im Wasser spiegelt, scheint zu schwingen. Nicht weit von uns entfernt sitzen ein Mann und eine Frau fast regungslos in ihrem *mashouf*, nur ihre Hände bewegen sich, um die Netze einzuholen. Ein leichtes Zappeln ihrer Beute, mehr ist nicht zu hören. Wir lassen unser Boot treiben. Sind einfach nur still und kosten jedes Geräusch aus. Ein Ausdruck leisen Triumphes huscht über Alasadis Gesicht. Er weiß, welchen Rausch diese Landschaft bei Neuankömmlingen auslöst. Und wie man sie mit wenigen Worten wieder aus der Verzückung reißt.

»Vor ein paar Jahren«, sagt er, »war das alles eine Salzwüste. Saddams Wüste.«

Jassim Alasadi, geboren 1957, ist ein kleiner, drahtiger Mann und, wenn er nicht gerade mit seinen Gästen Andacht in der Natur hält, unentwegt in Bewegung und am Reden. Er ist in den Marschen geboren. Als Kind fuhr er mit dem *mashouf* zur Schule, lernte vormittags Mathematik, Geschichte, Physik, nachmittags fischen und Schilf schneiden. Manchmal brachte er Tonscherben nach Hause, die er aus dem Schlamm gebuddelt hatte. Dann erzählten ihm die Erwachsenen von Babyloniern und Sumerern, die hier früher gelebt hatten. Von Eridu, Uruk und Ur, den ersten Städten der Menschheit, deren Ruinen sich nur wenige Kilometer entfernt befinden.

Alasadi bereitete sich gerade auf sein Diplom als Wasser-Ingenieur vor, als 1979 ein Offizier namens Saddam Hussein an die Macht kam. Ein Jahr später war Alasadi in der Armee und diese im Aufmarsch gegen den Iran des Ayatollah Khomeini. Es folgte der längste konventionelle Krieg des 20. Jahrhunderts, eine Massenschlächterei mit Giftgaswolken, Minenfeldern und Luftangriffen. Sie endete 1988 mit horrenden Zerstörungen in beiden Ländern, zwei gefestigten Diktaturen und Hunderttausenden, womöglich über einer Million Toten. Alasadi überlebte als Armee-Ingenieur nahe der Front.

Zwei Jahre lang herrschte Frieden. Alasadi, inzwischen verheiratet und Vater dreier Kinder, trat in Bagdad eine Stelle im Wasserministerium an. Dann marschierte Saddam Hussein in Kuwait ein. Die USA und eine Koalition von über 20 weiteren Nationen schickten Cruise Missiles und rund eine Million Soldaten, eroberten

Kuwait binnen weniger Wochen und legten Teile von Bagdad in Schutt und Asche. Vor *regime change* schreckte man damals noch zurück. Stattdessen ermunterte Washington die Kurden im Norden und die Schiiten im Süden des Landes zum Aufstand und sah dann zu, wie Saddam die Rebellen massakrieren, Flüchtlinge mit Napalm übergießen und aus der Luft bombardieren ließ. Weil die Marsch-Araber den Aufständischen Zuflucht gewährt hatten, befahl der Diktator, die Sumpfgebiete mit Dämmen und Ufermauern auszutrocknen, die Dörfer und Hütten niederzuwalzen, die Bewohner zu vertreiben. Alasadis Verwandte flohen Richtung Bagdad und strandeten in Babylon.

All das erzählt er beiläufig zwischen unseren Bootsausflügen und gemeinsamen Mahlzeiten in seinem Büro in Chibaish. Man kann dem Krieg im Irak nicht entkommen, das ist mir nach einem Tag klar. Jeder Iraker trägt ihn mit sich herum. Und jeder versucht auf seine Weise, die Spuren des Krieges zu beseitigen.

Jassim Alasadi tat es, indem er Saddams Wüste wieder zum Blühen brachte. Am 17. Dezember 2003, acht Monate nachdem die USA den Irak zum zweiten Mal angegriffen und den Diktator dieses Mal tatsächlich gestürzt hatten, mietete er mit Freunden für 400 Dollar einen Bagger, riss ein Loch in die Ufermauer und sah zu, wie das Wasser des Euphrat auf den knochentrockenen Boden lief. Die Rinnsale schwollen zu Bächen und Flussarmen, machten die Erde dunkel und weich. So bohrten und baggerten sie an Dutzenden anderen Stellen. Ohne Plan, ohne Erlaubnis der amerikanischen Besatzungstruppen oder von sonst jemandem aus Bagdad. Ein halbes Jahr später wuchs wieder Schilf. Die ersten Marsch-Araber kehrten zurück.

Ingenieure glauben nicht an Wunder. Jassim Alasadi glaubt an die Gesetze der Mechanik und Hydraulik, er glaubt an die Macht des Menschen und seiner Maschinen, die Welt zu formen. Alasadis Nachbarn in den Marschen halten die Wiederauferstehung ihrer

Welt für das Werk Gottes. »Allah, er ist gepriesen und erhaben, hat uns erhört«, sagt Haidar Kadar.

Fast jeder Bootsführer, jeder Büffelhirte, an dem wir während unserer Exkursionen in den Marschen vorbeigleiten, lädt uns zum Tee ein. Wir legen immer wieder an, spähen in Schilfhütten, wo auf feuchtem Boden sieben, acht, neun Familienmitglieder wohnen, weichen mit schmatzenden Schritten den Büffel-Dunghaufen aus, schauen den Jungen beim Spielen zu und den Mädchen beim Abwaschen, Wasserschleppen, Holzsammeln, Kühemelken. Wenn überhaupt eines der Kinder zur Schule geht, dann ein Sohn. Die Töchter sind kostenlose Arbeitskräfte und Ware auf dem Heiratsmarkt der Großfamilien. So paradiesisch das Marschland sein mag, man wünscht es keinem Mädchen als Heimat.

Bei Haider Kadar und seinem Bruder Bascher sind die Hütten etwas geräumiger, die Satellitenschüssel ist nicht ganz so verbeult, an einer Schilfwand hängt ein Sonnenkollektor. Mit dem Verkauf von Schilf und der Milch ihrer 30 Büffelkühe haben sie ein leidliches Auskommen. Vor dem Eingang zur Hütte liegen Schulhefte, verziert mit den Vereinswappen von Bayern München, Manchester United und dem FC Barcelona. Die Kadars sind Barcelona-Fans.

Wie viele andere Hirten in den Marschen ist die Familie Mitte der 2000er Jahre mithilfe von Alasadi aus dem Norden zurückgekehrt. Nach seiner spontanen Bagger-Aktion war er erneut vom Wasserministerium in Bagdad angestellt worden, um die Bewässerung der Marschen und die Rückkehr der *ma'dan* zu organisieren. Während in Bagdad der Aufstand gegen die US-Truppen losbrach und Al Kaida sich im Irak festsetzte, überwachte er den Wasserspiegel von Euphrat und Tigris, verteilte Kredite für den Kauf von Büffeln, zählte Vogelarten, kartographierte archäologisch wertvolle Stätten und brachte eine der ersten irakischen Umweltorganisationen mit auf den Weg, »Tabi'aht al iraq«. »Natur Irak«.

Wenige Jahre nach Saddams Sturz waren große Teile des Marschgebietes wieder geflutet, die Fischer hatten volle Netze, die Büffelhirten neue Herden, auf dem Euphrat fanden wieder Rennen mit dem *mashouf* statt. Aus dem Westen kamen Journalisten und schrieben vom »neuen Leben in Iraks Garten Eden«.[2]

Ein Paradies auf Erden währt nie ewig. Die größte Gefahr für die Marschen droht nun vom nördlichen Nachbarn des Irak. Weil beide Flüsse auf türkischem Boden entspringen, steht die Türkei auf dem Standpunkt, dass sie über die Fluten von Euphrat und Tigris entscheiden kann. Eine Kette von Staudämmen hat das Wasservolumen für die Anrainerstaaten dramatisch reduziert. Der Pegel der Flüsse sinkt, Salzwasser aus dem Persischen Golf drängt in die Marschen. Die Büffel werden krank.

Aus dem Wasser ist alles Lebendige entstanden, heißt es im Koran. Gott werde es den Gerechten nie daran mangeln lassen. Büffelzüchter wie die Kadars hätten allen Grund, an ihrem Gott zu zweifeln. Die türkischen Staudämme könnten vollenden, was Dürre-Perioden und Saddam Hussein nicht geschafft haben: ihre jahrtausendealte Kultur endgültig zerstören. Die Kadars beten weiter zu Allah und hoffen auf die Welt: »Schreiben Sie, dass wir Wasser brauchen. Das Ausland muss uns helfen.«

Die Welt hat andere Sorgen. Wo auf meiner Touristenkarte Kamele und Palmen eingezeichnet sind, haben sich die Dschihadisten des »Islamischen Staats« (IS) festgesetzt. Gut ein Jahrzehnt nachdem die USA im Irak zwar keine »New World Order«, wohl aber eine neue Ordnung im Nahen Osten schaffen wollten, ist dieses Land zum Dauerschlachtfeld des »Krieges gegen den Terror« geworden. Dass die Büffel der *ma'dan* das versalzene Wasser nicht vertragen, interessiert außerhalb der Marschen niemanden.

Am nächsten Morgen fahren wir in Saddams Wüste. Wenige Kilometer von Chibaish liegen Gebiete, die nach 2003 nicht mehr bewässert worden sind. Alasadi nimmt für diesen Landausflug zwei Polizisten mit. Was abseits der Sümpfe und Flüsse liegt, gehört nicht mehr zu seinem Revier. Er fühlt sich dort nicht so sicher wie in den Marschen. Wir biegen von der Hauptstraße rechts auf eine Schotterpiste ab. Der Boden wird heller, verschwimmt mit dem milchigen Himmel. Wir stehen mitten in einer Ebene aus getrocknetem Schlamm und Salz, übersät mit kleinen Hügeln aus niedergebranntem Schilf. Skelettierte Fischköpfe ragen winzigen Skulpturen gleich aus dem Boden. Saddams Zerstörung hat eine feindselige und faszinierende Landschaft hinterlassen.

Die Spuren der niedergewalzten Dörfer sind leicht zu finden. Nach all den Jahren ist der Boden immer noch durchsetzt mit Kleiderfetzen, verkrusteten Arzneidosen, verrosteten Löffeln und Geschirrscherben. Die meisten *ma'dan* waren geflohen, bevor die Armee mit ihren Panzern anrückte. Wer zurückblieb, liegt hier verscharrt.

Ein Schuss ertönt. Und noch einer. Unseren Beschützern ist langweilig, einer feuert mit der Kalaschnikow auf eine Flasche. Alasadi zuckt nicht mit der Wimper, sammelt einen von der Sonne gebleichten Kinderschuh ein, redet und redet, als müsse er Geister vertreiben. Erzählt, welche Käferarten auf dem salzigen Boden herumkrabbeln, wo Saddams Armee ihre Lager errichtet hatte, wo die Panzer entlangrollten und wie er früher mit seinen Schulfreunden die Frauen heimlich bei der Schilfernte beobachtet hat, deren Rundungen man durch ihre nassen Kleider sehen konnte.

Auf dem Rückweg nach Chibaish taucht am Himmel ein Vogel auf, dessen Flügelspannweite selbst einer ornithologischen Analphabetin wie mir auffällt. »Houbara«, sagt Alasadi andächtig, reckt den Hals aus dem Autofenster und brüllt plötzlich los. Ich verstehe nur »La! La! – Nein! Nein!« Einer der beiden Polizisten im Wagen vor uns hat seine Kalaschnikow auf den Vogel angelegt. Alasadi schreit mit einer Verzweiflung, als stünde er selbst vor dem Exekutionskommando. Der Polizist zögert, rollt genervt die Augen und packt das Gewehr weg. Alasadi sinkt erschöpft im Beifahrersitz zurück und schnappt nach Luft.

Wieder in Chibaish, google ich »Houbara«. Es handelt sich um die vom Aussterben bedrohte *Chlamydotis undulata*, die Kragentrappe, eine von Falknern bevorzugte Beute, deren Jagd laut Wikipedia »eng verbunden mit der arabischen Identität und Lebensweise« ist.

Ich weiß nicht, was Wikipedia unter »arabischer Lebensweise« versteht. Alasadis Schrei klingt immer noch in meinen Ohren. Der Mann hat mehrere Kriege und eine Diktatur überstanden und legt sich für eine Kragentrappe mit kalaschnikowbewehrten Polizisten an. Ich könnte ihn küssen.

Méso potamós. Zwischen den Flüssen. Zieht man die Silben zu einem Wort zusammen, erhält diese nüchterne griechische Ortsangabe einen poetischen Klang. Mauro, auf Ihrer *mappa mundi* rekeln sich Euphrat und Tigris wie zwei satte Riesenschlangen um *Mesopotamia*. Das Land dazwischen ist voller Häuser, Türme, Brücken, Namen und Anmerkungen. Im Süden, wo der Euphrat eine Kurve Richtung Osten, Richtung Tigris nimmt, kann man einen Ort namens »Chobeis« erkennen. Wahrscheinlich das heutige Chibaish.[3]

Bei aller Liebe zu Venedig, Mauro: Die Wasserlandschaft von Euphrat und Tigris ist etwas beeindruckender als die Lagune von *La Serenissima*. Auch wenn Letztere vermutlich sauberer ist. In Venedig steht man auf dem historischen Boden einer mittelalterlichen Macht. Hier steht man auf den Küchenscherben von Sumerern und Babyloniern, auf den Bühnen des Alten Testaments oder zwischen Mauerresten, in denen schon vor Jahrtausenden viel von dem erfunden und praktiziert wurde, was heute unverzichtbar erscheint: die Stadt, die Schrift, die Buchführung, das geschriebene Recht, der Schadensersatz, die mehrspurige Schnellstraße.

Eridu, Ur und Uruk zählten vor über 4000 Jahren zu den ersten Ansiedlungen, welche die Kriterien urbanen Lebens erfüllten. Von den Sumerern sind Abrechnungen über Bier und Brot sowie Gesetze in Keilschrift auf Ton erhalten. Weiter nördlich in Babylon im zweiten Jahrtausend vor Christus legte König Hammurabi Strafen für Pfusch am Bau und ärztliche Kunstfehler fest.[4]

Jassim Alasadi fährt mich am Morgen nach der Rettung der Kragentrappe ins 90 Kilometer entfernte Ur, vorbei am Strom der schiitischen Pilger. Nach der Stille der Marschen ist dieser Ausflug ein kleiner Schock. Stop-and-go-Verkehr durch Kleinstädte und Dörfer, Autohupen, Marktstände, Abgasgestank. Wie aus dem Nichts taucht eine 25 Meter hohe, einschüchternde Festung auf. Die Zikkurat, der »Himmelshügel« von Ur, ein über 4000 Jahre alter Tempel für Nanna, den Mondgott der Sumerer.

Nammu und Sulgi hießen seine Erbauer, Vater und Sohn, beide Könige der dritten Dynastie in dieser Stadt. Sulgi, angeblich wenig ehrfürchtig gegenüber den Göttern, weil er sich selbst für einen hielt, machte außerdem durch den Ausbau des Straßennetzes von sich reden. Und durch die löbliche Einrichtung der ersten Raststätten in der Geschichte der Menschheit.

Die Zikkurat ist nicht eingezäunt, kein Wachmann hindert uns daran, sie zu betreten. Jedem Archäologen müssen sich beim Anblick herumkraxelnder Besucher auf dem »Himmelshügel« die Haare sträuben, ich werde bei der kurzen Klettertour euphorisch. Zu meinen Füßen erstrecken sich die Umrisse von Sulgis Königsgrab und jene der einstigen Stadt. In einem Labyrinth von Gruben klettern Menschen herum, hieven mit Erde beladene Eimer nach oben, legen mit Schaufeln, Spachteln und Bürsten vorsichtig Tongefäße, Kochstellen und weitere Gräber frei. Englische und arabische Sprachfetzen sind zu hören. Ein Team irakischer, britischer und amerikanischer Archäologen ist bei der Arbeit. Ihre Chefin ist eine amerikanische Professorin mit weißgrauen Haaren und sonnengegerbtem Gesicht namens Elisabeth Stone, die uns sichtlich entzückt ihre neuesten Funde zeigt: Tierknochen, womöglich mehrere tausend Jahre alt.

Stone ist 2011 das erste Mal nach Ur gekommen. Es war der 18. Dezember, sie erinnert das Datum genau. An diesem Tag beendeten die USA ihren Militäreinsatz und ihren weitgehend gescheiterten Staatsaufbau im Irak. Auf dem Weg nach Ur begegnete sie dem letzten Konvoi der abziehenden amerikanischen Truppen. »Soldaten raus, Wissenschaftler rein«, sagt sie. »Das war cool.«

Weder sie noch ihre Kollegen scheinen sich um die Sicherheitslage im Land zu sorgen, um die Spaltung in ethnische und konfessionelle Territorien, um das Risiko, entführt zu werden. Vielleicht blickt man gelassener auf die Welt, wenn man täglich vom 21. Jahrhundert nach Christus ins 21. Jahrhundert vor Christus pendelt. So viele Reiche sind in diesem Zeitraum entstanden und wieder zerfallen. Nun ist eben vielleicht dieser Staat an der Reihe. Aus archäologischer Perspektive liegt der entscheidende Unterschied zwischen Sulgis Ur und dem modernen Irak vermutlich darin, dass Letzterer maßgeblich von einer Frau erschaffen wurde.

»The excavations this year, without being quite so sensationally exciting as they were last year, have been extremely good (...). I had one night at Ur between two bad nights in the train, but it was a very good night – it was so peaceful and restful out there in the desert.« Diese Zeilen aus einem Brief von Gertrude Bell habe ich im Gepäck, dazu ein Foto, aufgenommen vermutlich 1925 in Ur. Da sitzt sie mit übereinandergeschlagenen Beinen auf einem Stuhl, die rechte Hand zum Schutz vor der Sonne erhoben. Die britischen Archäologen und Offiziere neben ihr wirken in ihren kurzen Hosen und Kniestrümpfen wie Schuljungen.[5]

Die Geschichte dieser Frau liest sich so phantastisch und aber-
witzig wie die Entstehung des Staates Irak, dessen Grenzen sie nach
dem Ersten Weltkrieg maßgeblich mitgezogen hat. »Ein amüsantes
Spiel«, schrieb sie über dieses Unternehmen, »wenn man sich im
Land auskennt.« Was auf sie zutraf wie auf keinen anderen Ausländer, von Ausländerinnen ganz zu schweigen.

Geboren 1868 als Tochter einer wohlhabenden britischen Indus-
triellenfamilie, zeit ihres Lebens unverheiratet, Studentin in Oxford,
wo Frauen eigentlich noch keine Examen ablegen durften, anerkannte Alpinistin, Autorin von Büchern über Reisen in den Nahen
Osten, Leiterin haarsträubender Expeditionen in die Wüstengebiete.
Mit Ende vierzig sprach sie fließend Arabisch und Persisch, kannte
fast jeden Scheich und jeden Stamm zwischen Damaskus und
Basra.[6] Zusammen mit ihrem Landsmann T. E. Lawrence wurde sie
während des Ersten Weltkriegs in das »Arab Bureau« nach Kairo
geschickt, eine britische Station für Auslandsspionage. Das Osmanische Reich, damals noch Herrscher über weite Teile der arabischen Welt, hatte sich auf die Seite Österreichs und Deutschlands
geschlagen. Wilhelm II. fühlte sich prompt zum »Beschützer« aller
Muslime berufen, ließ Waffen und Geld an arabische Stämme verteilen und auf Flugblättern das Töten der »Ungläubigen« im All-
gemeinen und der Briten im Besonderen zur »heiligen Pflicht«
erklären. Er war nicht der erste und auch nicht der letzte westliche
Machthaber, der den Dschihadismus instrumentalisieren wollte.
Aber er war einer der wortgewaltigsten. Al Kaida hätte seine Freude
gehabt an diesem deutschen Kaiser.

Bell und Lawrence sollten die Araber zum Aufstand gegen
die Türken anstiften. Die Hilfe, so das britische Versprechen an
den damaligen Groß-Scherif von Mekka, Hussein ibn Ali, würde
belohnt werden: mit einem unabhängigen arabischen Staat.

Die – wenn auch kleine – Revolte gegen die Türken fand statt,
die Staatsgründung nicht. Großbritannien und Frankreich hatten in

einem Geheimpakt die Erbmasse des Osmanischen Reiches bereits unter sich aufgeteilt. Die von den Unterhändlern Mark Sykes und François Georges-Picot festgelegte Grenzlinie wurden auf Nachkriegskonferenzen etwas variiert und durch Mandate des Völkerbunds zementiert: Frankreich erhielt die Kontrolle über Syrien und den Libanon, Großbritannien über Mesopotamien und Palästina, was das heutige Jordanien einschloss.

Man kann lange darüber spekulieren, ob Hussein tatsächlich einen Staat von Mekka bis Damaskus hätte errichten können. Jedenfalls war er nach dem französisch-britischen Deal desavouiert. Frankreichs Armee erstickte Unabhängigkeitsbestrebungen in Syrien. Die Briten schlugen Aufstände in Mesopotamien mit Panzerwagen und Luftangriffen nieder. Kurden wie Araber machten die gleiche prägende Bekanntschaft mit europäischer Waffentechnologie wie rund 80 Jahre zuvor die Chinesen in Kanton.

T. E. Lawrence versank nach dem britischen Wortbruch gegenüber den arabischen Verbündeten in Scham, Gertrude Bell krempelte die Ärmel hoch. Die Araber, so ihr Vorsatz, sollten einen Staat bekommen – auch wenn es nur noch ein kleinerer im Zweistromland werden würde. Dieses Mal spielte London mit. Dort war man nicht über die Toten der Aufstände, wohl aber über die Kosten ihrer Niederschlagung erschrocken. Eine Mandatsverwaltung erschien dem damaligen Kolonialminister Winston Churchill zu teuer. Gleichzeitig brauchte Großbritannien den ungehinderten Zugang zu den Ölfeldern der Region. Die Epoche des Petroleums hatte begonnen, die britische Flotte hatte von Kohle- auf Ölantrieb umgestellt. Die Araber sollten ihren Staat bekommen. Aber an der Leine Londons.

Also debattierte Bell, inzwischen rechte Hand des britischen Hochkommissars in Bagdad, mit sunnitischen Scheichs, jüdischen Geschäftsleuten, christlichen Bischöfen, kurdischen Klan-Führern über Grenzverläufe, hörte sich die Polemiken der anti-britischen

Nationalisten an und versuchte herauszufinden, was die schiitischen Geistlichen in Kerbala und Nadschaf aussheckten. Sie hatte ein ausgeprägtes Faible für die Minderheit der Sunniten und eine ebenso ausgeprägte Abneigung gegen der Mehrheit der Schiiten, die sie für fanatisch religiös und rückständig hielt. Und sie unterschätzte den Widerstand der Kurden dagegen, in einen mehrheitlich arabischen Staat eingemeindet zu werden.

1921 war das neue Land, bestehend aus den ehemaligen osmanischen Provinzen Mosul, Bagdad und Basra, beschlossene Sache. Kurden und Araber, Sunniten und Schiiten, dazu Turkmenen, Chaldäer, Juden, Jesiden, Assyrer, Armenier, sollten ein Volk unter einem König bilden. Der war gefunden: Faisal, der Sohn von Hussein ibn Ali. Ein Name für den neuen Staat ebenfalls: Irak. Ein Referendum, das der neuen Monarchie den Anschein der Legitimation verleihen sollte, wurde von den Briten dreist manipuliert, Faisal am 23. August 1921 in Bagdad gekrönt. Weil es noch keine irakische Nationalhymne gab, ertönte »God Save the King«. Der Thron soll in aller Eile aus Bretterkisten einer Bierlieferung für die britische Verwaltung gezimmert worden sein.[7] So kam der Irak in die Welt. »Ich werde mich nie wieder mit der Erschaffung von Königen beschäftigen«, schrieb Bell kurz danach. »Es ist einfach zu anstrengend.«[8]

Sie blieb in Bagdad. Zunächst als enge Vertraute Faisals, dann, als ihr politischer Einfluss zurückging, als Hüterin der Schätze des Landes. Dass ihre Landsleute die archäologische Ausbeute aus Stätten wie Ur nicht sämtlich nach London schleppten, war ihr Verdienst. Sie hatte durchgesetzt, dass zumindest ein Teil der Schätze in das von ihr gegründete irakische Nationalmuseum nach Bagdad gebracht werden musste.

Am 12. Juli 1926, kurz vor ihrem 58. Geburtstag, starb sie in ihrem Haus in Bagdad an einer Überdosis Schlaftabletten. Und an Einsamkeit – dem Preis, den sie für dieses Leben als alleinstehende Frau in einer Männerwelt zu zahlen hatte.

Über die ehemalige Mandatsmacht Großbritannien haben Iraker heute wenig Freundliches zu sagen. Aber »Miss Bell« halten viele in Ehren. Auch Jassim Alasadi, Angehöriger der von ihr verachteten schiitischen Bevölkerungsgruppe. Er bewundert jeden, der Iraks archäologische Stätten gehütet hat.

In der Ferne hinter dem Mondtempel von Ur kann man die Zäune und Gebäude des Luftwaffenstützpunktes ausmachen, in dem Alasadi während des irakisch-iranischen Krieges stationiert war. Der Krieg kam nie bis Ur, der Tempel und die Militäreinrichtungen blieben unversehrt, ebenso die Gebäudemauern gleich neben den sumerischen Ruinen, bei denen es sich um die Geburtsstätte Abrahams handeln soll.

Vermutlich haben die Verfasser des alten Testaments Ur mit einem anderen Ort in der heutigen Türkei verwechselt.[9] Was Saddam Hussein nicht davon abhielt, die Grundfesten restaurieren zu lassen. Die Archäologen, die wir in Ur treffen, würdigen »Abrahams Haus« keines Blickes. Ich klettere hinauf und spaziere auf den vermeintlichen oder tatsächlichen Mauern des Geburtshauses des Stammvaters dreier Weltreligionen. Mir wird leicht schwindelig. Entweder war ich zu lange in der Sonne, oder die sechs Jahrtausende Menschheitsgeschichte um mich herum sind einfach zu viel.

Am nächsten Morgen in Chibaish haben mich Schüttelfrost und Durchfall gepackt – ausgerechnet kurz vor meiner geplanten Abfahrt nach Bagdad. Ich bleibe einige Stunden länger im Bett, werde von mürrischen Helfern des Bürgermeisters versorgt, in dessen Gästehaus Alasadi mich untergebracht hat. Alle paar Stunden steckt einer sein bärtiges Gesicht durch den Türspalt, um zu sehen, ob ich Tee, Klopapier oder Brot brauche. Sie sind nicht zu beneiden. In einer streng religiösen Kleinstadt, in der sich Tratsch schneller als das Licht verbreitet, ist die Versorgung einer Ausländerin ohne männliche Begleitung eine heikle Angelegenheit.

Gegen zehn Uhr Morgens bin ich transportfähig und steige mit wackeligen Beinen, eingehüllt in Kopfschal und Abaya, in einen »Obama«. So nennt man im Irak die gelben Taxis vom Typ Chrysler 300C, die aussehen wie eine Kreuzung aus Leichenwagen und Limousine. Der junge Fahrer bekommt von Jassim Alasadi Anweisung, alle halbe Stunde anzurufen, mich mit Wasser zu versorgen und bei Straßenkontrollen als Ingenieurin auszugeben, weil die Auskunft »Journalistin« zu viel Misstrauen erwecken würde. Ich halte das für keine gute Idee, bin aber zu schlapp, um Einspruch zu erheben.

Gemäß meiner »Tourist Map of Iraq« müssten wir bis Bagdad durch saftige grüne Landschaften fahren. Stattdessen dehnt sich links und rechts der Straße eine staubige Einöde aus, durchsetzt mit ärmlichen Dörfern, vereinzelten Palmen, Kamel- und Schafherden und den Spuren des Krieges. Ausgebrannte Tanklaster, zersprengte Container, zerschossene Autowracks. Unwillkürlich suchen meine Augen nach geduckt laufenden US-Soldaten in ihren roboterähnlichen Ausrüstungen mit dem Gewehr im Anschlag. Aber die Amerikaner sind weg. Irakische Soldaten stehen jetzt in der exakt gleichen Ausstattung an den Kontrollposten. Wir passieren sieben Checkpoints zwischen Chibaish und Bagdad. Spürhunde beschnüffeln sieben Mal unseren »Obama« auf der Suche nach Sprengstoff, sieben Mal wird der Kofferraum durchsucht, und sieben Mal kommt glücklicherweise niemand auf die Idee, zu fragen, was genau ich als Ingenieurin eigentlich mache. Je näher wir an Bagdad kommen, desto dichter wird das Spalier der gepanzerten Fahrzeuge am Straßenrand. Ein Land belagert sich selbst.

Im Al-Mansour-Hotel, einst eine der besten Adressen in Bagdad, läuft der Fernseher in der menschenleeren Lobby. Livebilder vom Krieg gegen den »Islamischen Staat«. Explosionen, Rauchsäulen, Blutlachen, brennende Autos. Der Ton ist abgestellt. Aus den Lautsprechern ertönt Musik von Richard Clayderman. Der

Portier trägt meine Tasche in den siebten Stock, reißt im Zimmer die Balkontür auf und zeigt triumphierend auf den Tigris. »Baghdad is beautiful«, ruft er.

Mauro, auf Ihrer Karte haben Sie die gut 100 Kilometer zwischen Bagdad und Babylon verschwinden lassen und die Städte vereinigt. »Babylonia over bagadat« haben Sie die Mitte Ihrer Welt genannt. »Babylon oder Bagdad«. Dieser geographische Irrtum war zu Ihrer Zeit weit verbreitet, was Ihrer Begeisterung keinen Abbruch getan hat. »Eine edelste Stadt unter der Herrschaft von Nebukadnezar, wie man bei Daniel, dem Propheten, nachlesen kann. Sie befindet sich in einer herrlichen und überaus angenehmen Landschaft und ist in der Form eines Quadrats gebaut: Die Mauern bestehen aus Backsteinen und sind 50 Ellen dick und 200 Ellen hoch, und sie haben 100 Kupfertore. Sie messen einen Umfang von 60 Meilen. Wie Orosius sagt, war es fast unvorstellbar, dass dies durch menschliche Fähigkeit und Macht so bewundernswert gebaut werden konnte.«[10]

Es ist Babylon mit seiner Blütezeit im sechsten Jahrhundert vor Christus, das Sie da beschreiben. Bagdad ist um einiges jünger, und Mansur, der Namensgeber meines Hotels, hätte solche Fehler vermutlich hart bestraft. Abu Jafar Abdallah ibn Muhammad ibn Ali al-Mansur bi-llah lautete sein voller Name, zweiter Kalif in der Dynastie der Abbasiden. Er gründete Bagdad im Jahr 762. Als er dreizehn Jahre später starb, war eine völlig neuartige Metropole mit Moscheen, Schulen, Märkten entstanden, in deren Mitte sich ein rundes ummauertes Zentrum, eine für die Untertanen verbotene Zone mit prachtvollen Palästen befand, bewacht von den loyalsten Truppen des Kalifen. Mansur hatte den Grundstein für eine islamische Blütezeit gelegt, deren berühmteste Einrichtung einige Jahrzehnte später das »Haus der Weisheit« werden sollte. Dort wurden alle Werke aus der griechischen Antike, derer man habhaft werden konnte, ins Arabische übersetzt und somit ins Mittelalter hinübergerettet. Hippokrates, Ptolemäus, Aristoteles, Platon, Archimedes fanden auf diese Weise Verbreitung in der Welt.[11] Ohne diese Leistung, ohne die arabischen Mathematiker, Astronomen, Alchemisten und Philosophen, die damals in Bagdad lehrten und forschten, hätte es zu Beginn der europäischen Renaissance in den Bibliotheken und in den Köpfen von Venedig, Genua oder Florenz sehr viel leerer ausgesehen. Auch in denen des Kamaldulenser Klosters von San Michele.

Außer architektonischer Pracht und einer üppig gefüllten Staatskasse hinterließ Bagdads Gründer große Elendsviertel und Palastkammern, in denen die Leichen politischer Gegner und ihrer Familien gestapelt waren – alle versehen mit akribisch beschrifteten Identitätskarten. Der Spitzname Bagdads, »Medinat as-Salam«, Stadt des Friedens, traf selbst in ihren besten Zeiten nur bedingt zu.

Das Kalifat und seine Hauptstadt fielen 1258 einer neuen globalen Expansionsmacht zum Opfer. Das Heer der Mongolen nahm Bagdad nach kurzer Belagerung ein, tötete bis zu einer Million Menschen, zerstörte die Paläste, Moscheen, Bewässerungskanäle und das »Haus der Weisheit«.

Der nächste asiatische Eroberer fiel rund 150 Jahre später über die Stadt her. Tamerlan hinterließ außer Schutt und Asche eine Pyramide mit den Schädeln seiner Opfer. Bagdad versank fürs Erste in der kulturellen Bedeutungslosigkeit. Seine Einwohner hielten es trotzdem für ratsam, neue, stärkere Mauern zu ziehen, was in den folgenden Jahrhunderten weder Perser noch Mamluken oder Osmanen von der Eroberung abhielt.[12] Jetzt stehen wieder Mauern um einzelne Stadtviertel. Sie sollen Sunniten und Schiiten trennen, Terroranschläge und Rachefeldzüge verhindern.

Ich habe Yousifs Telefonnummer in der Tasche, als ich in Bagdad ankomme. Yousif und seine Bagdader Clique waren während meiner Touren durch die südlichen Marschen in Chibaish aufgetaucht.

Ein Trupp aufgekratzter Studenten, die mit ihren Jeans, Hipster-Brillen und Tattoos in der Provinz auffielen wie Außerirdische. »Rettet den Tigris« stand auf ihren T-Shirts. Sie hatten sich bei Jassim Alasadi angemeldet, um Aktionen zum Schutz der beiden großen Flüsse zu diskutieren. Dem Tigris geht es kaum besser als dem Euphrat.

Yousif, ein 25-jähriger Englischstudent mit rötlich blonden Haaren, joggte jeden Morgen zum Entzücken der in Abaya und Hidschab gehüllten Schulmädchen durch Chibaish. Er bereitete sich gerade auf einen Marathon vor. Den ersten in Bagdad. Er war, wie sich herausstellte, auch Mitorganisator des Ereignisses.

»Dauerlaufen in Bagdad?«, fragte ich skeptisch.

»Komm und schau dir die Stadt an«, sagte er. »Ich zeige dir alles.«

»Ich suche aber etwas ganz Bestimmtes. Khuld Hall, den Ort eines Jazzkonzerts vor über 50 Jahren.«

Dieses etwas schräge Anliegen schien ihn überhaupt nicht zu verwundern.

»Kein Problem. Ich kenne eine Menge Musiker.«

»Wie sieht denn die aktuelle Sicherheitslage aus?«

»Man gewöhnt sich dran«, antwortete er lächelnd.

Zwei Tage später sitze ich in Bagdad in seinem Auto.

Wir fahren Richtung Al Zawra Park mit seinem Riesenrad und dem Zoo, dann vorbei am Hauptbahnhof, einem Bau aus den 50er Jahren mit Domkuppel und Art-déco-Wänden. Durch Karada mit seinen Einkaufsstraßen, zur Universität von Bagdad. Und immer wieder vorbei an Sprengschutzmauern, Stacheldrahtrollen, Sandsack-Barrikaden und Checkpoints, an denen sich vermummte Polizisten über unsere Ausweise beugen. Beim Anblick meines deutschen Passes werden sie ausgemacht freundlich. »Wie komme ich am besten nach Deutschland?«, fragt einer. »Mein Cousin ist schon in Darmstadt.«

An der nächsten Straßensperre wird Yousif unruhig, murmelt nur: »Miliz.« Mit seinen hellen Haaren hält man ihn oft für einen Amerikaner oder Briten, was in Bagdad nicht von Vorteil ist. Vor allem dann, wenn an den Checkpoints nicht Polizisten und Soldaten stehen, sondern schiitische Milizen. »Kata'ib Hisbollah, Mahdi-Armee, Badr-Brigaden, Asa'ib Ahl al-Haqq …« Yousif gibt mir eine unvollständige Aufzählung bewaffneter Fraktionen, die Stadtviertel, Straßen und Brücken kontrollieren. Er kennt die Geographie des Ausnahmezustands, die auf keinem Stadtplan eingezeichnet ist. Er hat Bagdad überhaupt nie anders erlebt.

Yousif Alazzawi ist ein »Embargokind«, geboren 1990 in der irakischen Hauptstadt. Also zum falschen Zeitpunkt am falschen Ort. In diesem Jahr marschierte Saddam Hussein in Kuwait ein, worauf die UN drakonische Sanktionen verhängten. Sie blieben auch nach »Operation Desert Storm« und der Befreiung Kuwaits in Kraft.

Als die USA und ihre »Koalition der Willigen« den Irak 2003 erneut angriffen, war Yousif dreizehn und die Infrastruktur seines Landes durch das Embargo bereits zerrüttet. Ich wohnte zu diesem Zeitpunkt wieder in den USA, nicht weit von New York City entfernt, und hatte dort den 11. September 2001 miterlebt. Der Schock, angegriffen zu werden, sich angegriffen zu fühlen, hat sich mir körperlich eingeprägt. Jedes Mal, wenn ich Bilder von diesem Tag sehe, wiederholt sich die Kette meiner Empfindungen jener Wochen. Die Minuten nach dem Anschlag, als ich vor dem Fernseher nichts begreifen konnte und wollte und doch gestochen klar wusste, dass dieses Ereignis diese Welt verändern würde. Dann die Verblüffung über die zunächst stille Trauer um mich herum und die anfangs noch hörbaren Stimmen in den USA, die bei aller Wut und allem Entsetzen etwas eingestanden, was der Rest der Welt sehr gut kannte: Verwundbarkeit. Schließlich meine eigene Resignation angesichts der anschwellenden Propaganda des »War on Terror«, abgelöst wieder von Erstaunen über den Protest dagegen. Zehntausende hatten zuerst gegen den Krieg in Afghanistan, Hunderttausende dann gegen den Angriff auf den Irak demonstriert. Ich, die ich eigentlich nur aus diesem Land berichten sollte, demonstrierte mit. Als am 20. März 2003 »Operation Iraqi Freedom« begann, saß ich wieder vor CNN wie damals zum Auftakt von »Operation Restore Hope« in Somalia. Nur war ich dieses Mal nicht begeistert, sondern entsetzt. Auch von der neuen Kartographie des Krieges, die einen buchstäblich mit in die Schlacht reißen sollte. CNN hatte die Software eines Vorläufers von Google Earth gekauft. Erstmals konnte man den Krieg wie in einer Simulation erleben, über die irakische Landschaft gleiten, Luftangriffe »mitfliegen«. Yousif lag zur selben Zeit in seinem Schlafzimmer in Bagdad und wachte von der Druckwelle der ersten 800-Kilo-Bombe auf.

»Das muss der blanke Horror gewesen sein«, sage ich, während wir durch die Stadt fahren. Yousif schaut mich verdattert an. »Horror? Mensch, ich war glücklich! Total glücklich!« Die amerikanischen Bomben und Raketen, inzwischen deutlich zielgenauer als beim letzten Krieg, waren wie eine Verheißung für ihn. Als würde endlich jemand die Bleikammer aufbrechen, in die er hineingeboren worden war.

Der Irak in den Jahren der Sanktionen war ein surreales, gespenstisches und für viele tödliches Land gewesen. Es gab Waren zu kaufen. Nur konnten die meisten Iraker sie nicht mehr bezahlen. Obst kostete ein Fünftel eines Monatsgehalts. Fleisch war so teuer, dass sich angeblich sogar die Löwen im Zoo mit Bohnen begnügen mussten. Elektrogeräte bekamen antiquarischen Wert, weil nichts Neues importiert werden durfte. Universitäten, Straßen, Museen, Kraftwerke, Kläranlagen verfielen, weil für ihre Instandhaltung Kabel, Motoren, Batterien und Chemikalien aus dem Ausland benötigt wurden. Alles Produkte, die man auch für militärische Zwecke einsetzen kann – und die damit auf der Sanktionsliste standen.

Während der Rest der Welt das Internet entdeckte, saßen die Iraker am Kurzwellensender. In den Krankenhäusern gab es Ärzte, aber kaum Insulin, Antibiotika oder Morphium. Eltern versetzten Trauringe, um Medikamente zu bezahlen. Frauen prostituierten sich, um die Familie über die Runden zu bringen. Der Schwarzmarkt unter Kontrolle des Diktators und seiner Entourage boomte. Ebenso jene Unternehmen, die Aufträge für Saddams neue Paläste ergattert hatten, von denen er während der Sanktionszeit einige bauen ließ.[13] So entstanden in einem erstarrten Land immer neue Kulissen für die Orwell'sche Selbstinszenierung des Regimes. »Im Fernsehen«, sagt Yousif, »gab es fast nur Propaganda der Baath-Partei.« Saddam Hussein in der Dauerschleife und in wechselnden Rollen als »Vater der Beduinen«, »Hüter der Wissenschaften«, »neuer Saladin«, »unersetzlicher Führer« oder »Herr der zwei Flüsse«.

Yousif überquert den Tigris, biegt am Ufer rechts ab Richtung Firdos-Platz. Dort wurden am 9. April 2003 US-Marines fotografiert, als sie mit jubelnden Irakern eine große Statue Saddams vom Sockel rissen. Die Szene war, wie sich später herausstellte, gestellt, die Iraker über Lautsprecher zum Jubeln herangeholt worden.[14] Nicht dass sie den Fall des Diktators bedauert hätten. Aber sie misstrauten den Amerikanern. Viele skandierten nicht »USA, USA!«, sondern die Namen schiitischer Prediger. Die Marines wussten nicht, wer gemeint war. Noch nicht.

Mauro, gut 500 Jahre nach Ihrer *mappa mundi* wurde Ihr »Bagadat« tatsächlich wieder zur Mitte der Welt, und noch kann keiner die Tragweite des Umbruchs abschätzen, der 2003 hier begonnen hat. Läutete Mogadischu 1993 das schnelle Ende der »Neuen Weltordnung« ein, so markierte Bagdad zehn Jahre später den Ort, an dem die Ära des westlichen hegemonialen »state building« zu Ende ging.

Imperien verlieren irgendwann immer die Welt aus dem Blick, die sie zu beherrschen meinen. Das rächt sich umso mehr, wenn sie so dramatisch herausgefordert werden wie die USA am 11. September 2001 durch das Terrornetzwerk Al Kaida. Ich stelle mir manchmal vor, wie Osama Bin Laden beim Anblick der Fotos des toten US-Soldaten in den Straßen von Mogadischu aus dem Jahr 1993 überlegte, welche Bilder der Gewalt er erzeugen muss, um eine solche Militärmacht statt zum trotzig gekränkten Rückzug zur größtmöglichen Überreaktion zu provozieren: der Kriegserklärung gegen ein entgrenztes und fluides Netzwerk, das seine Gegner damit in den permanenten Ausnahmezustand gelockt hat. Vielleicht kann eine Supermacht auf einen solchen Angriff nur militärisch reagieren. Würde sie es nicht tun, geriete ihr Status in Zweifel. Bloß beließen es die USA nicht bei einem kurzen Krieg in Afghanistan, dem Rückzugsort Al Kaidas. Washington beschloss, den Irak und den ganzen Nahen Osten neu zu gestalten. Als wäre ausgerechnet diese Region ein weißer Fleck ohne Geschichte. Und ohne amerikanische Spuren.

»Diese Halle, die du suchst«, sagt Yousif, »diese Khuld Hall liegt leider mitten in der Green Zone. Da kommst du nicht so einfach rein.« Die Green Zone war das Machtzentrum der amerikanischen Besatzung gewesen, ummauert und militärisch abgesichert wie einst Mansours »Runde Stadt«. Heute befinden sich dort Regierungsgebäude, Parlament und einige Botschaften. Ein Hochsicherheitstrakt für die politische Elite. Und nur mit Einladung und Sicherheitscheck zugänglich. Angesichts meines Anliegens ist es unwahrscheinlich, eine Einladung zu ergattern.

»Wieso interessiert dich das überhaupt?« fragt er.

»Weil 1963 Duke Ellington dort gespielt hat.«

»Cool.«

»Du kennst Ellington?«

»Klar. Und Louis Armstrong, Artie Shaw, Dizzy Gillespie …«

Amerikanische Big Bands im Irak. Swing und Bebop in Bagdad. Cocktails an der Bar im Al Mansour, James Dean in den Kinos,

Doppeldecker-Busse in den Straßen. Das ist fünfzig, sechzig Jahre her. Die Erdölfelder hatten damals Geld in die Staatskasse geschwemmt, Bagdad erlebte eine neue, kleine Blütezeit. Dieses Mal kamen nicht die besten arabischen Architekten und Gelehrten, sondern die großen Namen aus Europa und den USA. Le Corbusier, Walter Gropius und Frank Lloyd Wright entwarfen Pläne für Opernhäuser, Sportstadien und Universitäten. Eine Bewerbung um Olympische Sommerspiele war im Gespräch. Internationale Stars setzten die Stadt auf ihre Tourneepläne. 1958 gab Dave Brubeck in Bagdad eines der ersten Jazz-Konzerte.

Und schließlich kam der Duke.

Von dem Konzert in der Khuld Hall gibt es eine Filmaufzeichnung, aufgenommen am 14. November 1963.[15] »Der König des amerikanischen Jazz und sein Orchester« heißt der Titel. Schwarz-weiß, etwas grobkörnig, was den Nostalgie-Effekt verstärkt. Da steht Ellington wie immer unendlich elegant, lässig und souverän, begrüßt das Publikum und eröffnet das Konzert mit »Afro Bossa«. Er stellt seine Solisten vor, spielt die Klassiker »Take the A-Train« und »Mood Indigo«, flirtet mit dem hörbar begeisterten Konzertbesuchern in der ausverkauften Halle.

Es war ein Wunder, dass Ellington und seine Musiker im November 1963 überhaupt noch einen Ton herausbrachten. Der Irak war das neunte Land einer Mammut-Tournee, die in Syrien begonnen und über den Libanon und Jordanien nach Afghanistan, Indien, Pakistan, Sri Lanka und den Iran geführt hatte. Und zwar im Auftrag des US State Department.

Der Kalte Krieg war voll im Gang. Die beiden Supermächte kämpften um Einfluss in den jungen, postkolonialen Staaten Afrikas und Asiens. Auf allen Feldern, auch dem der Kultur. Moskau schickte das Bolschoi-Ballett um die Welt, um die Überlegenheit des Sozialismus zu demonstrieren. Die USA konterten zunächst mit den New Yorker Philharmonikern. Doch dass ältere weiße Amerikaner die Musik toter weißer Europäer aufführen können, beeindruckte niemanden so recht.

Im US-Außenministerium beschloss man, Amerikas ureigenste Musik für die Propaganda-Schlacht einzuspannen: Jazz. Rechte Politiker im Kongress spuckten Gift und Galle gegen die »abartige Negermusik«, die nun Werbung für ihr Land machen sollte. Die Strategen im Ministerium kalkulierten ganz kühl, dass sie mit den überwiegend afroamerikanischen Jazz-Bands nicht nur das Bolschoi ausstechen, sondern auch ein massives Imageproblem lösen könnten: Die USA galten in diesen Jahren nicht als Garant von »freedom and democracy«, sondern als Land der Heuchelei, in dem Schwarze von weißen Mobs gelyncht und Bürgerrechtler von weißen Polizisten zusammengeschlagen wurden.

Dizzy Gillespie machte sich 1956 als Erster im Auftrag der Regierung nach Südosteuropa und in den Nahen Osten auf mit seiner Big Band und einem weißen Aufpasser des State Department.[16] Die Musiker, so die Maßgabe aus Washington, sollten spielen, lächeln und den Mund halten.

Die wussten um ihre Instrumentalisierung durch einen Staat, der daheim Rassensegregation zuließ und in der Welt Gleichheit predigte. Aber keiner wollte sich die Chance entgehen lassen, auf Tournee zu gehen, gut Geld zu verdienen – und über Freiheit zu reden, wie es nicht im Regiebuch des State Department stand. Gillespie, der Vorreiter, arrangierte seine Konzerte wie eine Geschichtsstunde. Jeder Auftritt begann mit Soli am Schlagzeug und an den Bongos in Erinnerung an die afrikanischen Ursprünge des Jazz. Es folgten Gospel- und Blues-Nummern mit ihren Reminiszensen an Versklavung und Freiheitskampf. Dann Hits aus der Swing-Ära und schließlich Bebop mit hohen Tempi, komplizierten Harmonien und viel Improvisation – die musikalische Aufforderung, Grenzen und Konventionen immer wieder zu sprengen. Viele der Zuhörer hatten noch nie in ihrem Leben Jazz gehört. Doch überall passierte, was ein amerikanischer Reporter den Lesern daheim als »Wunder« beschrieb: Nach drei oder vier Nummern wippten die Leute mit den Füßen, ihre Finger trommelten den Rhythmus, die Skepsis wandelte sich in Staunen über diese einzigartige musikalische Mischung aus Disziplin und Anarchie, aus Zusammenhalt der Gruppe und Freiheit für den einzelnen Musiker.

Wie viel Gillespie, Armstrong oder Ellington zu diesem Zeitpunkt über die Außenpolitik ihres Landes wussten, ist schwer zu sagen. Jedenfalls bekamen sie sie zu spüren.

Als Gillespie seine Tournee im iranischen Abadan begann, stand dieses Land immer noch im Zeichen des Militärputsches von 1953, bei dem mithilfe der CIA der demokratisch gewählte Premierminister Mohammed Mossadegh gestürzt worden war. In Abadan rochen die Musiker nicht nur das Erdöl, das dort für den Export in die USA und nach Europa gefördert wurde. Sie hörten auch Schüsse auf der anderen Seite der Grenze im Irak, wo Massenproteste gegen die von Großbritannien kontrollierte Monarchie stattfanden.

Als Dave Brubeck im Mai 1958 in Bagdad auftrat, braute sich dort gerade der Putsch nationalistischer Offiziere zum Sturz des Königs zusammen.

Als fünf Jahre später Ellington zu seiner Mammutreise aufbricht, ist die postkoloniale Aufbruchsstimmung im Nahen Osten bereits verflogen. Der Tourneeplan liest sich wie ein Präludium zu den großen Krisen der kommenden Jahrzehnte.

Seine Auftritte in den iranischen Städten Abadan und Isfahan finden wenige Monate nach Demonstrationen gegen das US-gestützte Schah-Regime und gegen die Verhaftung eines Klerikers statt, dessen Namen im Westen damals noch niemand kennt: Ayatollah Ruhollah Khomeini.

In Bagdad haben fast zur gleichen Zeit Putschisten mit amerikanischer Rückendeckung Premierminister Abdel Karim Qasim hingerichtet. Der hatte fünf Jahre zuvor die pro-westliche Monarchie blutig beendet, autoritär regiert, mit den Kommunisten paktiert und westlichen Ölkonzernen fast sämtliche Fördergebiete abgenommen.

Der nächste Putschversuch ist schon im Gang, als Ellington wenig später mit seinem Orchester eintrifft. Das Chaos auf den Straßen hält seine Bandmitglieder nicht davon ab, in ihrer freien Zeit die Bagdader Nachtclubs abzuklappern. Der Duke selbst bleibt ebenfalls gelassen, hört sich wie zuvor schon in Kabul, Isfahan, Lahore und Delhi in der lokalen Musikszene um, veranstaltet Jam Sessions, verurteilt den Rassismus in den USA und beteuert seinen Glauben an die Bürgerrechtsbewegung. Bei seinen Zuhörern löst das Verwunderung und Faszination aus. Da steht einer, der sein Land hassen müsste und doch Patriot ist, einer, der daheim aufgrund seiner Hautfarbe diskriminiert wird, aber in seinem Orchester schwarze und weiße Musiker dirigiert – und außerdem mit einer bildschönen weißen Geliebten auftaucht.

Mehr noch als die anderen Jazz-Botschafter vor ihm transzendierte Ellington in diesen Jahren die Grenzen von Politik, Kunst und Nation. Sein Jazz wurde in diesen Monaten des Jahres 1963 für die, die ihn hörten und sahen, zum Synonym für einen verwirrenden amerikanischen Freiheitsdrang. Verwirrend, weil er nicht nur den klaffenden Widerspruch zwischen propagierten Idealen und politischer Praxis offenbarte, sondern auch die Fähigkeit der amerikanischen Gesellschaft, sich selbst in Frage zu stellen.

Für die urbane Studentengeneration von Bagdad und anderen Tourneestädten bot die junge Supermacht Ende der 50er, Anfang der 60er Jahre alles, um sie zu hassen und zu bewundern. Der Jazz war die passende Musik zu diesem Wechselbad der Gefühle. Ellingtons Tournee endete vorzeitig, als am 22. November 1963 die Nachricht von der Ermordung John F. Kennedys über den Ticker lief. Der Duke kehrte heim und verarbeitete seine Tournee in dem Album *Far East Suite*, das eigentlich *Middle East Suite* hätte heißen müssen. Der Jazz blieb in Bagdads Clubs, bekam in den 70ern Konkurrenz durch Rock, Funk und Disco. Dann begannen militante Trupps in den Straßen und Universitäten, Kassetten mit westlicher Musik zu konfiszieren, Frauen in kurzen Röcken und Männer mit langen Haaren zu verprügeln.[17] Zum »Schutz der nationalen Identität« und vor der »Verweiblichung des Landes«, wie es hieß. Die Schläger gehörten der inzwischen regierenden Baath-Partei an, deren Aufstieg auch von den USA unterstützt worden war. In ihren Reihen befand sich ein junger Funktionär namens Saddam Hussein. Khuld Hall wurde bald darauf zum Schauplatz einer ganz anderen Aufführung.

»Die Dame ist Schriftstellerin«, sagt Yousif an der Sperre vor der Mutanabbi-Straße, weil die Polizisten Ausländer grundsätzlich für Journalisten, und Journalisten grundsätzlich für verdächtig halten. Einer Schriftstellerin können sie den Zugang zur Mutanabbi-Straße, zum Markt der Bücher, nicht verwehren. Das käme in Bagdad einem Sakrileg gleich. »Markt« ist nicht das richtige Wort für das, was sich da vor meinen Augen auftut. Es ist ein wahres Meer der Bücher mit einer schmalen Gasse für Kunden und Flaneure.

»Kairo schreibt, Beirut druckt, Bagdad liest«, hieß es in den 50er und 60er Jahren. Damals dominierten Ägyptens Literaten den arabischen Raum, im liberalen Libanon konnten sie veröffentlichen, was die Zensur andernorts nicht durchgehen ließ, und die Iraker sogen begierig auf, was immer sie an Gedrucktem in die Finger bekamen. Von dieser Arbeitsteilung ist nur der Bagdader Lesehunger übrig geblieben.

Scheinbar alles ist auf der Mutanabbi-Straße ausgebreitet. Freud, Shakespeares gesammelte Stücke, Koran-Ausgaben in allen Größen, Camus' *La Peste* und die Werke von Ibn Khaldoun, dem großen arabischen Historiker des 14. Jahrhunderts. »Computer for Dummies« liegt zwischen dem Gilgamesch-Epos und Paolo Coelhos *The Alchemist*, eine Machiavelli-Biographie neben den Memoiren von Hillary Clinton. Dazwischen Kochbücher, Edward Saids *Orientalism*, Agatha Christies Krimis und Fatima Mernissis Essays, die Romane von Nagib Mahfouz und die Gedichte des Abu Nuwas, der im Mittelalter von Wein und Liebe schrieb. Das meiste auf Arabisch, vieles auch auf Englisch und Französisch. Der nächste Händler einen halben Meter weiter bietet zehn Jahre alte Ausgaben von *National Geographic*, antiquarische Reiseberichte, Fotobände über Euphrat und Tigris, Flauberts *Madame Bovary* und Briefmarkenalben, die Iraker in den schlechten Zeiten versetzt haben. Weil die Zeiten seit über 30 Jahren schlecht sind, hat er einen stattlichen Vorrat an Sammlungen.

Am 5. März 2007 explodierte wenige Meter von hier eine Autobombe. Es war einer der schlimmsten Anschläge in Bagdad. Nicht wegen der Zahl der Toten. Bei anderen Attentaten sind weit mehr als 30 Menschen gestorben. Sondern weil er der Straße der Bücher galt. Die zerstörten Häuser sind wieder aufgebaut, eine Bibliothek bietet jetzt Räume für Lesungen, im berühmten Shahbandar-Café diskutieren die Intellektuellen der Stadt und alle, die sich dafür halten, Zeitung in der einen, Zigarette in der anderen Hand. Einige deklamieren arabische Verse, andere singen, wenn auch nicht immer zur Freude ihrer Tischnachbarn. Baskenmützen, Ziegenbärtchen, Nickelbrillen und eloquentes Pfauengehabe sind die Mode. Der intellektuelle Charme der 60er und 70er Jahre.

Damals gab es in der Mutanabbi-Straße an jeder Ecke auch ein dünnes Buch zu lesen mit dem Titel *Drei, die Gott nicht hätte schaffen dürfen: Juden, Perser, Fliegen*. Autor war ein gewisser Chairallah Talfach, Gouverneur von Bagdad, Onkel, Ziehvater und schließlich auch Schwiegervater Saddam Husseins. Das Pamphlet wurde mit dem Aufstieg der Baath-Partei zur Pflichtlektüre im Staatsdienst – und mit der Machtübernahme von Talfachs Neffen zur Staatsdoktrin.[18] Wobei die Fliegen am wenigsten zu fürchten hatten. Der Hass konzentrierte sich ganz auf Israel und den Iran.

Die zweite Filmaufzeichnung aus der Khuld-Hall, die ich gefunden habe, stammt vom 22. Juli 1979. Wieder ist der Saal bis auf den letzten Platz gefüllt, dieses Mal mit hohen Funktionären der Partei. Saddam, gerade frisch zum Präsidenten gekürt, hat sie zu einer außerordentlichen Sitzung einbestellt. Er betritt Zigarre rauchend die Bühne, erklärt den Versammelten, er habe eine Verschwörung aufgedeckt, deren Teilnehmer sich alle in der Halle befänden. Die Namen der Verräter würden nun vorgelesen, die Betreffenden sollten sich erheben und abführen lassen. Man spürt beim Betrachten des Videos die eisige Panik, die den Anwesenden unter die Haut kriecht. Es gibt keine Verschwörung, also kann es jeden treffen. 55 Männer werden aufgerufen, alle lassen sich wie betäubt abführen. Als der letzte Name verlesen ist, kippt die Todesangst der Anwesenden in hysterische Jubelrufe auf Saddam. Die Iraker können diese Machtdemonstration des neuen Präsidenten im Fernsehen und in der Kino-Wochenschau verfolgen, wie wenige Tage später auch die »demokratische Hinrichtung« der »Verräter« im Hof der Khuld Hall.[19]

Es ist ein Lehrstück des Totalitarismus, eine komprimierte Mischung aus Hitlers »Röhm-Putsch« und Stalins Schauprozessen. Die Hinrichtung der eigenen Genossen garantiert von da an die absolute Loyalität des Parteiapparates und signalisiert jedem Iraker, dass Opposition tödlich ist.

Zählt man die irakischen Opfer der von Saddam angezettelten Kriege, der Massenexekutionen, Folterkeller und niedergeschlagenen Aufstände zusammen, ergibt sich nach 24 Jahren Herrschaft eine geschätzte Bilanz von rund einer Million Toten, die iranischen und kuwaitischen nicht mitgerechnet.[20]

Viele wurden mit Waffen ermordet, die westliche Länder geliefert hatten. Kampfbomber aus Frankreich, Komponenten für Giftgas aus West-Deutschland, Raketen aus den USA. »He is a son of a bitch, but he is our son of a bitch«, soll Donald Rumsfeld, Anfang der 80er als Sondergesandter des US-Präsidenten Ronald

Reagan, nach einem Treffen mit Saddam gesagt haben, als der mitten im Krieg gegen Khomeinis Iran steckte. »Er ist ein Hurensohn, aber er ist *unser* Hurensohn.«

Im historischen Vergleich war der »Hurensohn« eher ein zweiter Tamerlan. Mit ähnlich sadistischen Methoden des Tötens.

Mauro, haben Sie jemals die Weltkarte eines Jahres zu zeichnen versucht? Welche Brennpunkte, welche Weichenstellungen haben sich 1401 ergeben, in dem Jahr, in dem Tamerlans Heer Bagdads Abstieg endgültig besiegelte? In England werden die Anhänger des Theologen John Wyclif gejagt, weil sie Prunksucht und Machtanspruch der katholischen Kirche ablehnen. Auf sie wird sich später Martin Luther berufen. Tamerlan zerstört nicht nur Bagdad, sondern auch Damaskus, was ihn offenbar zu imperialer Hybris und einem Feldzug Richtung China verleitet, der schließlich scheitern wird, wie Sie auf Ihrer *mappa mundi* notiert haben. Die Königreiche Japan und Korea unterwerfen sich der Ming-Dynastie, deren Oberhaupt kurz darauf von seinem Onkel gestürzt wird, jenem Yongle-Kaiser, der die Flotte des Zheng He in die Welt schickt.

Was zeichnet man auf einer Weltkarte des Jahres 1979 ein? Die Khuld-Halle in Bagdad. Teheran, wohin am 1. Februar Ayatollah Khomeini nach 15 Jahren Exil zurückkehrt und wenig später die »Islamische Republik« ausruft. Peking, wo Deng Xiao Ping sein gigantisches Experiment der ökonomischen Umrüstung von Kommunismus auf Kapitalismus in Angriff nimmt. Kabul, wo im Dezember die Rote Armee einmarschiert, um ein pro-sowjetisches Regime gegen islamistische Aufständische zu stützen.

Aus westlicher Sicht sind der Fall der Mauer 1989 und die Terroranschläge vom 11. September 2001 die großen historischen Zäsuren, die unsere Gegenwart bestimmen. Vielleicht waren es aber mehr noch die Ereignisse dieses Jahres 1979. Wobei nichts unausweichlich war, was in diesem Jahr seinen Ausgang nahm. Geschichte ist am Ende immer die Verkettung menschlicher Entscheidungen. Es ist das Jahr, in dem die Supermacht Sowjetunion auf dem Schlachtfeld Afghanistan ihren Abstieg einleitet; in dem die USA radikale Islamisten als »Freiheitskämpfer« am Hindukusch aufrüsten. Es ist auch das Jahr, in dem die beiden großen islamischen Kontrahenten Saudi-Arabien und Iran mit dem Export ihrer religiösen Ideologien beginnen; und in dem ein sunnitischer Diktator sein Land auf Kollisionskurs mit dem Rest der Welt setzt. Und damit Richtung Abgrund. Diesen Abgrund hat er akribisch archivieren lassen. Eine »Abteilung für Sonderbehandlung« war für die Videoaufnahmen zuständig, mit denen Folter und Exekutionen dokumentiert wurden. In Saddams Folterkammern wurden Opfern die Köpfe zerquetscht, sie wurden in Eimern ertränkt, zu Tode geprügelt, enthauptet, in siedend heißes Öl geworfen.[21]

Vielleicht hätte man doch nicht demonstrieren sollen, damals im Frühjahr 2003, kurz vor Beginn von »Operation Iraqi Freedom«. Vielleicht hätte man nur hoffen sollen, dass dieser Völkerrechtsbruch, dieser Diktatorensturz samt folgender Okkupation für die Iraker gut ausgehen würde.

Es ging bekanntlich nicht gut aus.

Man muss auf der imaginären Karte des Jahres 1979 noch einen Punkt markieren: das Kapitol in Washington. In jenem Jahr nahmen dort die ersten Vertreter einer neuen fundamentalistischen Bewegung Platz: Republikaner, die den amerikanischen Staat nicht mit gestalten, sondern bekämpfen wollten. Vorboten der sogenannten »Reagan-Revolution«, der sozialen und politischen Gegenreaktion auf die 60er Jahre und jene Bürgerrechtsbewegung, die Ellington, Gillespie und Armstrong damals auf ihren Tourneen als ihre amerikanische Geschichte erzählt hatten.

Es ist eine Erfolgsgeschichte, die Menschen weltweit inspirierte und die in den USA Niederschlag in Gesetzen zu Gleichberechtigung und zum Schutz von Minderheiten und Frauen fand.

Gesetze, die von konservativen Lobbys als Washingtoner Diktat denunziert wurden, was dem alten amerikanischen Anti-Etatismus neuen Auftrieb verlieh. Der Staat ist das Problem, nicht die Lösung, hieß ihre Parole. Diese Konterrevolution erfasste schließlich auch den politischen Mainstream. Das Amerika, das im Irak eine der schlimmsten Diktaturen nach 1945 stürzte, war zum Staatsaufbau gar nicht fähig, weil es nicht mehr an den Staat glaubte. Es glaubte allein an die Macht des Marktes. Und an dessen reinigende Kraft der Zerstörung.

In den ersten Monaten der US-geführten Besatzung wurden staatliche Betriebe privatisiert und weit unter Wert an ausländische Investoren verkauft, Importzölle und Steuern abgeschafft, über 500 000 Angestellte des Staatsapparats, allen voran Soldaten und Offiziere, entlassen. Mit ihren Waffen. Dass das Land wirtschaftlich dringend reformiert werden und hohe Baath-Funktionäre ausgemustert werden mussten, stand außer Zweifel. Aber das Letzte, was der Irak nach dem militärischen »Shock and Awe«-Angriff der USA brauchte, war eine ökonomische Schockstrategie. Genau die war der Plan: den Staat so weit wie möglich zu schrumpfen, die Wirtschaft komplett zu deregulieren, um dann im Ausland zu verkünden: »Iraq is open for business.«

Es dauerte nicht lange, und die ersten von der Entlassung betroffenen Arbeiter drohten offen mit Gewalt. Entlassene Armeeangehörige und sunnitische Baath-Kämpfer begannen Anschläge zu verüben – manchmal finanziert durch einheimische Geschäftsleute, die ihre Unternehmen gefährdet sahen. Gleichzeitig drängte die einst unterdrückte und nun mächtige schiitische Mehrheit die Sunniten aus den Behörden und Universitäten, erschoss oder vertrieb sunnitische Anwälte, Professoren, Ärzte, »säuberte« mit Todesschwadronen ehemals gemischte Stadtteile in Bagdad. Das eskalierende Chaos bot ein ideales neues Schlachtfeld für Al Kaida. Über die Landesgrenzen sickerten Dschihadisten ein, ehemalige Baath-

Funktionäre und sunnitische Stämme schlossen sich ihnen an und fanden zusammen eine neue Rolle: als Beschützer der Sunniten vor den »ungläubigen« Amerikanern und den »abtrünnigen« Schiiten. Was amerikanische Geheimdienste 2003 zur Legitimierung der Invasion erlogen hatten, existierte nun tatsächlich: die Kollaboration zwischen Saddam-Anhängern und Dschihadisten.

Keine zwei Jahre nach Saddams Sturz hatte sich der Aufstand gegen die Amerikaner mit einem sunnitisch-schiitischen Bürgerkrieg, krimineller Gewalt und immer brutaleren Anschlägen von Al Kaida und ihrem späteren Ableger, dem »Islamischen Staat«, vermischt. Die Besatzungsverwaltung hatte sich da längst hinter den Mauern der Green Zone in einer Parallelwelt mit klimatisierten Konferenzräumen, Poolpartys, Fastfood-Restaurants, Supermärkten und Golfplatz verbarrikadiert. Sie schanzte die amerikanischen Steuergelder für Wiederaufbauprojekte US-Konzernen mit guten Beziehungen zur Bush-Administration zu. Was zur Versorgung dieser Festung benötigt wurde, ließ sie aus den USA oder den benachbarten Golfländern einfliegen. Als Bauarbeiter, Köche, Putzkräfte, Klempner, Elektriker, Kellner heuerte sie Billiglohnarbeiter aus Indien, den Philippinen oder Uganda an. Für Iraker wurde die »Green Zone« zum Synonym einer Besatzungsmacht, der es nicht um den Wiederaufbau des Landes ging, sondern um den Profit, den sie aus seiner Zerstörung ziehen konnte.

Kontakt mit der Bevölkerung hatten fast nur die übers Land verteilten Soldaten der US-geführten Koalition, vor allem Amerikaner und Briten. Sie wurden zunehmend zum Angriffsziel und schlugen ihrerseits zurück.

123 000 Menschen, so die konservativste Schätzung, starben in den Jahren nach der US-Invasion 2003 durch Terroranschläge, Todesschwadronen und amerikanische Militäreinsätze.[22] Fast ein Jahrhundert nachdem die Briten den Irak zum ersten Mal erschaffen hatten und anderthalb Jahrzehnte nachdem die USA ihn zum zwei-

ten Mal erschaffen wollten, ist das Land zerfallen in einen kurdischen Norden, einen schiitischen Süden, einen fragmentierten sunnitischen Westen, wandernde dschihadistische Enklaven und eine Hauptstadt, die von Berliner Mauern durchzogen wird. Vielleicht muss man wirklich einen chinesischen Blick auf die Zeiten haben, um sich das Bagdad von heute als Station einer neuen Seidenstraße von morgen vorzustellen.

Yousif bekam nach Saddams Ende zunächst keine Freiheit, sondern Gewichtsprobleme. »Ich wurde fett«, sagt er und formt mit den Händen einen üppigen Hüftring. Keine Bewegung, keine frische Luft mehr, freiwilliger Hausarrest aus Angst vor Terroranschlägen und Entführungen. Er kam in die Pubertät, saß vor dem Fernseher und aß. Das TV-Programm war jetzt vielfältiger: iranische Religionssender, Hollywood- und Bollywood-Filme, Shopping-Kanäle, CNN. Eines Tages steckte ein Zettel im Briefkasten: »Verschwindet. Ihr gehört hier nicht her.« Yousifs Vater ist sunnitischer Araber, seine Mutter sunnitische Kurdin, und in ihrem Viertel trieben sich schiitische Milizen herum. Gerade siebzehn geworden, floh er zusammen mit Vater und Bruder nach Syrien, das 2007 noch Flüchtlinge aufnahm, anstatt selbst welche zu schaffen. Die Mutter blieb zurück, um auf die Wohnung aufzupassen. »Meistens«, sagt Yousif, »erschießen sie ja nur die Männer.« Nach zwei Monaten schien die Drohung verpufft. Vater und Söhne kehrten nach Bagdad zurück.

Gegen den Willen seiner Eltern begann Yousif auf einem nahe gelegenen Basketballplatz zu trainieren, verlor sein Übergewicht und eroberte sich durch tägliches Joggen die Freiheit zurück, sich in seiner Stadt zu bewegen.

Seither besteht sein Leben aus Studieren, Demonstrieren – gegen die Korruption, für die Rettung des Tigris, gegen Stromausfälle, für ein besseres Arbeitsrecht – und Laufen. Mit Freunden hat er bereits den ersten Halbmarathon organisiert. Als nächstes sind ein Open-Air-Konzert und ein Marathon über die volle Strecke geplant. 42 Kilometer zwischen Mauern, Stacheldraht und Wachtürmen.

Auf unseren Stadtrundfahrten kommt er mir abwechselnd verrückt, heroisch und grenzenlos naiv vor. Ein Idealist, der an Gemeinwohl, Bürgerrechte und die Überlegenheit des Wortes über die Kalaschnikow glaubt. Bis mir am nächsten Checkpoint beim Anblick der breitbeinigen Milizionäre und Soldaten wieder einfällt, dass ich daran eigentlich auch glaube und dass mein Hirn inzwischen durch meinen Beruf professionell deformiert ist. Ich sehe die Handlungsmacht in einem Land wie dem Irak nur noch bei jenen, die eine Waffe in der Hand halten.

Und ich muss mir etwas eingestehen: Ich, die deutsche Mittfünfzigerin, die unendlich viel von den Folgen einer erfolgreichen amerikanischen Befreiung und Besatzung profitiert hat, hätte nicht die Kraft und Courage dieses irakischen Mittzwanzigers, der nach einer gründlich misslungenen amerikanischen Besatzung weiter im Ausnahmezustand lebt.

Das sage ich ihm nicht. Aber offenbar liest der Kerl meine Gedanken, als wir in der Mutanabbi-Straße einen Kaffee trinken. »Die Amerikaner haben totalen Mist gebaut«, sagt Yousif. »Aber glaub' bloß nicht, die USA seien an alldem schuld. Wir hatten 2003 eine riesige Chance. Und wir Iraker haben es verschissen.«

Jetzt wartet er auf die nächste Chance, die irgendwann kommen wird. Denn kein Wahnsinn währt ewig.

Einige Monate nach meinem Besuch in Bagdad stürmen Demonstranten bei Protesten gegen Korruption, Stromausfälle, kaputte Straßen und all die anderen zermürbenden Folgen von Staatsversagen die »Green Zone«. Für kurze Zeit besetzen sie das Parlament, laufen durch das Zentrum der Macht, das gleichzeitig ein Zentrum des Stillstands ist, probieren die Sessel der Abgeordneten aus, staunen über das exquisite Mobiliar, über die Hallen, in denen die

Klimaanlagen immer funktionieren, und über das saubere Wasser, das aus den Hähnen kommt. Dann ziehen sie wieder ab. Es ist wahrscheinlich das erste Mal in der Geschichte des Zweistromlandes, dass das Volk in die »Verbotene Zone«, in die Paläste vordringt, ohne dass jemand getötet, verwundet oder verhaftet wird.

Ich hätte einfach etwas länger bleiben müssen, um Khuld Hall selbst in Augenschein nehmen zu können. Khuld heißt übrigens »Ewigkeit«. Mansur, der Kalif und Stadtgründer, hatte sich einst den »Kasr al Khuld«[23] bauen lassen, den »Palast der Ewigkeit«. Dessen Gärten sollen so prachtvoll gewesen sein, dass sie an Dschannah erinnerten, die islamische Version des Paradieses.[24]

KAPITEL 7

Garten Eden – 31° 0′57″ N, 47° 25′ 50″ O

Mauro, die Suche nach dem Garten Eden hat sich hingezogen. Der Irak ist kein Land, in dem Reisen wie geplant verlaufen. Aber ich habe endlich einen möglichen Fundort auf meiner »Landkarte für Touristen« eingezeichnet. Meine Informationsquelle kennen Sie ja: Das Alte Testament, erstes Buch Mose.

»Ein Strom entspringt in Eden, der den Garten bewässert; dort teilt er sich und wird zu vier Hauptflüssen. Der eine heißt Pischon; er ist es, der das ganze Land Hawila umfließt, wo es Gold gibt …

Der zweite Strom heißt Gihon; er ist es, der das ganze Land Kusch umfließt. Der dritte Strom heißt Tigris; er ist es, der östlich an Assur vorbeifließt. Der vierte Strom ist der Eufrat.«

Hinter Pischon und Gihon hat man den Ganges, den Nil oder den Amu Darya in Zentralasien vermutet. Euphrat und Tigris sind eindeutig zu identifizieren. Bloß entspringen sie nicht einer gemeinsamen Quelle, sondern vereinen sich am Ende zum Schatt al Arab. Für die Spekulation, im Südirak könnte sich einst eine Landschaft des Überflusses und des Glücks befunden haben, reichen diese Zeilen allemal. So stößt man auf den Namen der Stadt, in der Euphrat und Tigris zusammenfließen: Qurna. Und auf die möglichen Koordinaten für den Garten Eden: 31° 0′ 57″ N, 47° 25′ 50″ O.

Um dorthin zu gelangen, muss ich von Bagdad zurück in den Süden Richtung Basra. »Venedig des Ostens«, »Stadt von Sindbad, dem Seefahrer« – Basra hatte früher verheißungsvolle Spitznamen. Auf meiner Touristenkarte sind Fische eingezeichnet, die reiche Nahrung und saubere Gewässer versprechen. Schwarze Würfel markieren antike Ruinen, gelbe Kuppeln islamische Heiligtümer, Palmen die nahe Grenze zum Iran. »Es ist üppig bewachsen, voller Bäume und Gärten«, schrieb der britische Reiseschriftsteller Gavin Young 1980 über Basra, »und Kanus gleiten über die spiegelglatte Oberfläche ruhiger Lagunen. Man glaubt, dass Löwen, sogar Drachen oder der Vogel Roch aus Tausendundeiner Nacht erscheinen könnten.«[1]

Hussein heißt der Fahrer meines »Obama« von Bagdad in den Süden. Bullige Statur, ausrasierter Nacken, schwarzer Schnauzbart. So stelle ich mir eine Kreuzung aus deutschem Burschenschafter und Saddam Hussein vor. Aber dieser Mann ist die Freundlichkeit in Person und trägt seinen Namen nicht in Andenken an den Diktator, sondern an den von den Schiiten zutiefst verehrten Enkel des Propheten Mohammed, den Imam Hussein ibn Ali. Taxifahrer Hussein wird mir noch sympathischer durch den Umstand, dass er zwecks Aufbesserung seines Einkommens Alkohol aus dem nicht ganz so trockenen Bagdad ins knochentrockene Basra schmuggelt. Was in diesen Tagen einfacher ist als sonst.

Die Straße Richtung Süden ist fast völlig leer, Kontrollen sind spärlich. Wir fahren buchstäblich gegen den Strom. Das Land steckt zwischen den höchsten schiitischen Feiertagen und damit mitten in einer Völkerwanderung. Nach *Aschura*, den Prozessionen im Gedenken an den Tod des Imam Hussein, machen sich die Schiiten auf den Weg nach Kerbala, um dort 40 Tage später zu den Feierlichkeiten von *Arbaeen* an seinem Schrein einzutreffen.

Es ist die klassische Geschichte des David gegen Goliath. Nur verliert in diesem Fall der Schwächere und stirbt den Märtyrertod. Hussein ibn Ali, Enkel des Propheten, Sohn des vierten Kalifen Ali, hat an einem Oktobertag im Jahr 61, was nach christlicher Zeitrechnung das Jahr 680 ist, mit einem kleinen Heer samt Frauen und Kindern sein Lager bei Kerbala aufgeschlagen. Von vielen Muslimen seiner Zeit als moralische Instanz geachtet, bietet er der als tyrannisch geltenden Dynastie der Ummayaden die Stirn. Deren Armee des Kalifen Yazid kesselt ihn ein. Wenige Tage später lässt Yazid die Eingeschlossenen, ausgehungert und halb verdurstet, niedermetzeln.

Diese Schlacht, die eher ein Massaker war, begründet das Schisma des Islam, jedenfalls aus schiitischer Sicht. Kerbala ist seither Wallfahrtsort und Heiligtum der Schiiten. Und für viele unter ihnen auch ein Kampfschrei.

Schon während meiner Bootstouren in den Marschen waren Zehntausende durch Qibaish Richtung Kerbala gepilgert. Jassim al-Asadi, der eher säkulare Naturschützer, hatte die frommen Massen wie anhaltend schlechtes Wetter betrachtet und mich daran erinnert, dass man in diesem Land einst Whisky kaufen konnte, ohne sich eine religiöse Strafpredigt oder Prügel einzuhandeln.

Mich hatte der Pilgerzug neugierig gemacht. An einem Nachmittag war ich eine kurze Strecke mitgelaufen. Niemand störte sich an der Anwesenheit einer barhäuptigen Nicht-Muslimin. Alle paar Meter bot man mir Tee, Kekse, Kebab und Geschichten aus den finsteren alten Zeiten an. Unter der Diktatur des Sunniten Saddam waren *Aschura* und die Pilgerzüge nach Kerbala verboten gewesen. Viele hatten sich trotzdem jedes Jahr aufgemacht, waren allein oder zu zweit nachts über Schleichwege gelaufen, hatten Verhaftung, Schläge und Gefängnis riskiert. Die ersten *Aschura*-Feiern und Pilgerzüge nach Saddams Sturz waren Feste der Befreiung gewesen. Jetzt sind die Massenwanderungen auch Demonstrationen der Macht. Die Mehrheit der Schiiten, von Gertrude Bell einst so gering geschätzt, dominiert nun die Politik in Bagdad.

20 Millionen haben sich dieses Mal zu *Arbaeen* auf den Weg gemacht. So steht es in den irakischen Zeitungen. Vielleicht ist das ein wenig übertrieben, aber der ganze Süden des Irak scheint auf den Beinen zu sein. Außerdem sind Hunderttausende Schiiten aus dem Libanon, dem Iran, Bahrein, Indien und Pakistan angereist. Ein

organisatorischer Albtraum. Doch auf den Straßen funktioniert alles reibungslos. Religiöse Begeisterung garantiert eine effiziente Logistik. Die Bewohner der Dörfer und Städte entlang der Pilger-Routen errichten jedes Jahr ein dichtes Spalier aus Teeküchen, Nachtlagern, Kantinen, Gebetsräumen, Ambulanzen und religiösen Fahnen. Auf dem Weg nach Kerbala hungrig oder durstig zu werden, ist schlicht unmöglich, was die fröhliche Atmosphäre erklärt. Ein bisschen Jakobsweg, ein bisschen Berlin-Marathon. Nur trägt hier niemand Wanderschuhe und Goretex-Jacken. Die Menschen pilgern in Schwarz und tragen bevorzugt Badelatschen, was nach wenigen Kilometern wunde Füße und den selig machenden Schmerz zur Feier eines Martyriums garantiert. Männer haben sich riesige Hussein-Fahnen auf den Rücken geschnallt. Frauen, verhüllt in schwarzen Tschadors, schieben Kinderwagen vor sich her. Von Basra, wo die meisten aufgebrochen waren, bis nach Kerbala sind es rund 500 Kilometer.

Hin und wieder werden Warnungen ausgetauscht. »Seid vorsichtig, der IS hat Bomben als Spielzeug getarnt und an den Straßen ausgelegt« – »Meldet, wenn euch etwas verdächtig erscheint« – »Lasst eure Kinder nicht unbeaufsichtigt herumlaufen.« In den Stimmen klingt keine Angst. Wann und wie das Leben endet, ist Allahs Wille und nicht zu ändern.

Mauro, Kerbala ist auf Ihrer *mappa mundi* nicht verzeichnet. Überhaupt haben Sie gespart mit Erläuterungen über die Gegner der christlichen Kreuzzüge. An zwei Stellen vermerken Sie die Existenz der »Musulmani« oder »Machometani«, der Muslime:[2] in Persien und im Kaukasus. Medina und die Moschee mit dem Grab des Propheten Mohammed haben Sie eingezeichnet. Aber damit hat es sich auch schon. Nicht einmal den Siegeszug der Osmanen und deren Eroberung von Konstantinopel im Jahr 1453 erwähnen Sie. Zu Ihrer Zeit war das ein brandaktuelles Ereignis – und für Europa eine gewaltige Zäsur. Womöglich erschien Ihnen das Thema zu heikel. Der Fall Konstantinopels besiegelte die Vormachtstellung der Osmanen im südöstlichen Mittelmeer. Venedig war den Hilferufen der Stadt, die sie einst selbst gründlich geplündert hatte, zu spät gefolgt.

Auch über die Schlacht von Kerbala und das große Schisma verlieren Sie kein Wort. Kaum vorstellbar, dass die Spaltung der Muslime bei Ihren Debatten im Kloster von San Michele kein Thema war.

Als Venezianer sind Sie mit Machtkämpfen bestens vertraut. Es dürfte Sie also kaum verwundert haben, dass es in Kerbala nicht um ein theologisches Zerwürfnis ging, sondern um einen Erbstreit. Gleich nach dem Tod des Propheten Mohammed im Jahr 632 entzweiten sich seine Anhänger über die Frage, ob der Nachfolger durch Beschluss ernannt werden sollte oder ob der Verstorbene einen Verwandten, seinen Cousin und Schwiegersohn Ali, für diese Rolle ausersehen hatte. Ali verlor – zunächst. Ein Ältestenrat bestimmte Abu Bakr, den engen Weggefährten und Schwiegervater Mohammeds, zum neuen Führer und ersten Kalifen. Auf Abu Bakr folgten Omar, Othman und schließlich doch noch Ali.

Die Amtszeit der ersten vier Kalifen mit der rasanten Ausbreitung des neuen Glaubens gilt in der islamischen Geschichtsschreibung heute als die goldene Ära. Hinter dem Vorhang der Verklärung verbirgt sich reichlich Stoff für Shakespeare'sche Dramen. Omar wurde von einem persischen versklavten Kriegsgefangenen ermordet, Othman von Rebellen aus den eigenen Reihen. Auch Ali fiel einem Attentat zum Opfer. Mit seinem Tod verlagerte sich die Macht über die *Umma*, die Gemeinschaft der Muslime, nach Damaskus, dem Sitz der ersten muslimischen Dynastie der Ummayaden.

Die »Shiat Ali«, die Gefolgsleute Alis, später Shia, Schiiten, genannt, erkannten deren Kalifen nicht an. Wer die *Umma* führen wollte, so ihre Forderung, müsse ein Nachkomme aus der Ehe zwischen Ali und Fatima, der Tochter des Propheten, sein.

Das Massaker an deren gemeinsamem Sohn Hussein und seiner hoffnungslos unterlegenen Truppe bei Kerbala schien den Machtkampf ein für alle Mal entschieden zu haben. Yazid, der Kalif, kehrte mit Husseins Kopf nach Damaskus zurück. Mit dieser triumphalen Erniedrigung des Gegners schuf er einen Mythos, der bis heute den Kern schiitischer Identität bildet: den einer ewig drangsalierten, unendlich leidensfähigen Minderheit, deren Stunde in der Weltgeschichte irgendwann kommen würde. Und sie kam. Allerdings erst über tausend Jahre später.

Es gab kürzere Epochen kleinerer schiitischer Dynastien, doch überwiegend lernten die Schiiten, sich zu ducken. Sie zogen sich ins Spirituelle zurück, schotteten sich entweder ab, assimilierten oder verleugneten sich. Sie erduldeten die Wellen der Hasstiraden und Attacken sunnitischer Herrscher und Hardliner. Von der Ermordung einflussreicher Schiiten im frühen Bagdad, deren Leichen in den Kammern des Kalifen Mansour endeten, über die Angriffe saudischer Wahabiten im 19. Jahrhundert auf die Heiligtümer in Kerbala bis zur Verfolgung unter Saddam. Den »zweiten Yazid« nennen ihn viele Schiiten heute noch. Einiges in der schiitischen Leidensgeschichte erinnert an die jüdische. Aber diesen Vergleich behält man inmitten eines *Arbaeen*-Pilgerzugs besser für sich.

Während meiner Kurzstrecke als Gastpilgerin in Qibaish war ich hin und her gerissen zwischen der seligen Friedfertigkeit der Gläubigen und ihrer Obsession mit einer Schlacht, die über 1300 Jahre zurückliegt. Manche schilderten unter Tränen den Tod des Hussein Ibn Ali, als wären sie dabei gewesen. Geschichte und Gegenwart verschwimmen, wenn man wochenlang nichts anderes tut, als pilgernd das Martyrium zu feiern, und dabei an den Postern schiitischer Milizionäre vorbeizieht, die im Kampf gegen den IS gefallen sind. Martialisch ausstaffiert mit Kalaschnikow und Panzerfaust, die Gesichter weich gezeichnet und eingerahmt von Rosen und den Konterfeis ihrer Imame und Ayatollahs. Es ist die süßliche

Verherrlichung eines Märtyrertodes den sich viele der jungen Pilger sehnlichst wünschen. In ihren Augen geht die Schlacht von Kerbala in eine neue Runde.

Sunni gegen Schia. Der inner-islamische Konflikt hat nie ins Narrativ vom »Krieg gegen den Terror« gepasst, in dem militante Fundamentalisten ihrem Hass auf den Westen freien Lauf lassen. Vielleicht hatten die USA deshalb auf solch dramatische Weise unterschätzt, welche Akteure bereitstanden, um das Machtvakuum nach dem Sturz Saddams zu füllen. Dass der theokratische Iran sehr viel durchdachtere Pläne für einen neuen schiitisch dominierten Irak in der Schublade hatte als die USA für ein neoliberales Wirtschaftsmodell am Golf, merkte man in Washington zu spät. Der schiitische Griff nach der Vormacht im Land schuf nicht nur ein neues Aktionsfeld für Al Kaida und später den IS, er hat auch den Konflikt zwischen den Regionalmächten Saudi-Arabien und Iran dramatisch verschärft, hat ihn in neue Kriege in Syrien und im Jemen getragen. Es geht in erster Linie um Macht, nicht um Religion, doch Letztere war immer schon ein idealer Brandbeschleuniger. Und Kerbala ist ein Schlüsselwort für beide Seiten. Im saudischen Wahabismus gelten Schiiten als »Ketzer«, und deren Verehrung von Grabstätten ist nach wahabitischer Lehre Häresie. Anfang des 19. Jahrhunderts ritt eine kleine wahabitische Streitmacht von der Arabischen Halbinsel bis Kerbala, plünderte den Schrein von Hussein ibn Ali, ermordete mehrere tausend Einwohner und setzte Teile der Stadt in Brand.

In den Augen der meisten Muslime, auch der Mehrheit der Sunniten, war das ein horrendes Verbrechen, in den Augen sunnitischer Fundamentalisten ein heroischer Feldzug für einen »reinen Islam«. Der IS würde ihn im 21. Jahrhundert gern wiederholen. Also stehen entlang der Pilgerrouten nun jedes Jahr schwer bewaffnete Soldaten und Polizisten zwischen Gebetszelten, Teeküchen und riesigen Gemälden, die Husseins abgeschlagenes Haupt mit sanft leidendem Gesichtsausdruck zeigen. Vor solch einem Bild blieb ich in Qibaish wie angewurzelt stehen, starrte auf den bluttriefenden Schädel und hörte die hypnotischen »Ya Hussein – Oh Hussein«-Gesänge. Wie in einem irren Videoschnitt schossen mir plötzlich Bilder von Jesus am Kreuz, vom Schädel Husseins und von enthaupteten IS-Geiseln durch den Kopf. In diesem Moment reichte es mir, ich war genug gepilgert.

Beißender Dunst kündigt Basra an, noch bevor man die Stadt sieht. Rundherum liegen die Felder, die über 90 Prozent der irakischen Öleinnahmen erwirtschaften.[3] Darunter eines der größten der Welt: das Majnoon-Ölfeld. *Majnoon* ist das arabische Wort für »verrückt«, was die Folgen dieses Rohstoffreichtums für das Land sehr gut beschreibt. Was da schwarz und glänzend aus der Erde gepumpt wird, ist das Grundnahrungsmittel der westlichen und inzwischen globalen Ökonomie und Konsumgesellschaft. Als Winston Churchill 1911 die britische Flotte von Kohle- auf Ölantrieb umstellte, wusste er bereits, dass der Nahe Osten eine gigantische Zapfsäule für das Königreich werden würde. Ein paar Jahre später wussten es auch alle anderen europäischen Mächte. Die Gier nach Kolonien mit Ölvorkommen trug zum Ausbruch des Ersten Weltkriegs bei.

Als die USA nach dem Zweiten Weltkrieg erkannten, dass die eigenen Vorkommen in Texas, Oklahoma oder Kalifornien für den »American Dream« nicht ausreichten, verknüpften sie ihr Schicksal auf Jahrzehnte mit dem von Diktaturen in arabischen Ländern. Zu den größten Lieferanten des Westens zählte neben Saudi-Arabien der Irak. Jeder Krieg, jeder Putsch, jede Revolte in diesem Land wurde seitdem vom Erdöl befeuert. Basra traf es fast immer am schlimmsten.

Die Stadt ist bei Tageslicht ein Schock: Rost, Dreck, Schlamm, vergammelnde Denkmäler, kümmerliche Parks, Schlaglöcher in den

Straßen. Von der Altstadt mit ihren Holzhäusern und verzierten Balkonen ist nicht viel mehr übrig als morsche, faulende Fassaden.

»Den Garten Eden suchst du«, sagt Emad Zainal. »Das hier ist eher das Vorzimmer zur Hölle. Gut, dass du nicht im Sommer gekommen bist. Dann hat's hier 50 Grad!«

Nach Jassim Alasadi, dem Hüter der Marschen in Chibaish, und Yousif Alazzawi, dem Bagdader Dauerläufer, wird Emad Zainel mein dritter Kundschafter und Übersetzer im Irak: ein altlinker, sarkastischer Melancholiker, Anfang sechzig, der gut in ein Wiener Kaffeehaus passen würde.

Emad hat es am schwersten von den dreien, weil mich in Basra passend zum äußeren Elend auch das innere gepackt hat. Ich bin nach knapp zwei Wochen zwischen *mashouf*-Booten und »Obama«-Taxis, zwischen Martyrium-süchtigen Pilgern und Bomben suchenden Anti-Terror-Einheiten so ausgewrungen, dass mir die Lust vergangen ist, hinter Basras trostlosen Fassaden nach einer tröstlichen Vergangenheit zu suchen. Also versorgt mich Emad wie ein Arzt eine Patientin, die nicht mehr essen will: behutsam und mit vielen Appetithäppchen. »Sieh mal«, sagt er auf der ersten kurzen Stadtrundfahrt, »da war früher das Rotlichtviertel. Und das hier war mal Basras Venedig.« Damit ich nicht zu lange auf die stinkenden Rinnsale schaue, hält er mir sein Smartphone hin, auf dem er bessere Zeiten gespeichert hat. Sepia-Fotos aus den 30er und 40er Jahren, auf denen Männer Gondolas durch Kanäle manövrieren und die Ufertreppen zu prächtigen Häuserreihen mit Kolonnaden führen. Postkarten aus den 50er Jahren mit Geschäftsvierteln, deren Gebäude den Einfluss der Bauhaus-Architektur verraten. Bilder aus den 70ern vom Schatt al Arab, auf dem Frachtschiffe Richtung Persischer Golf ziehen, vorbei an dichten Palmenwäldern.

Leider ändert Nostalgie nichts an meiner Stimmung. Wäre ich Archäologin, könnte ich mich jetzt mit der Frage ablenken, wo arabische Stämme im siebten Jahrhundert nach Christus an diesem

Ort die erste Siedlung auf den Ruinen einer persischen errichteten. Oder wo in dieser Gegend der Kalif Omar die erste Moschee aus Schilf samt militärischer Festung bauen ließ, um den heutigen Irak und den Iran zu islamisieren.[4] Was ihm gelang. Aber, wie schon erwähnt, seinen Tod von der Hand eines persischen Gefangenen nach sich zog. Und einiges über das zukünftige Verhältnis zwischen Arabern und Persern vorzeichnete. Letztere fühlten sich über die folgenden Jahrhunderte zwangsweise arabisiert, wandten sich schließlich dem kulturell flexibleren Schiitentum zu, expandierten zwischenzeitlich weit in den heutigen Irak – ein wichtiger Grund, weswegen dessen Süden heute schiitisch ist.

Eigentlich könnte Basra das Scharnier zwischen den beiden Konfessionen und Ethnien sein: die Stadt der islamischen Ökumene und des arabisch-persischen Austauschs. Das war es phasenweise auch. Aber dann kam jenes Jahr 1979, dessen Folgen wahrscheinlich nirgendwo so verheerend waren wie im »Venedig des Ostens«. Der nach eigener Überzeugung größte Araber, Sunnit und irakische Präsident aller Zeiten prallte auf den nach eigener Überzeugung größten Iraner, Schiit und von Gott gesandten Revolutionär aller Zeiten. Man soll Geschichte nicht auf die Machtgier einzelner Männer reduzieren. Aber mit Saddam Hussein und Ruhollah Khomeini hatten sich zwei gefunden, die sich an Skrupellosigkeit, Menschenverachtung und Sendungsbewusstsein in nichts nachstanden. Und die sich einiges bei den großen totalitären Systemen Europas, bei Hitler und Stalin, abgeschaut hatten.

Saddam träumte vom Aufstieg des Irak zur Öl- und Regionalmacht, Khomeini vom erdölfinanzierten Export der islamischen Revolution und der Führerschaft über alle Muslime, auch über die Sunniten.[5] In jenem Krieg, der 1980 begann und acht Jahre dauerte, ging es auch um die strategisch wichtigen Schifffahrtsrechte auf dem Schatt al Arab. Und damit um Öl-Export-Routen. Basra befand sich von da an zur falschen Zeit am falschen Ort. Direkt am Schatt al Arab und mit dem Auto weniger als eine Stunde von der iranischen und der kuwaitischen Grenze entfernt. Wann immer die Bomben fielen, brannten hier nicht nur die Häuser, sondern auch die Ölfelder.

Und jetzt, rund anderthalb Jahrzehnte nach dem letzten Krieg? »Stecken wir immer noch in der Scheiße«, sagt Emad. »siehst du ja.«

Die Ölkonzerne sind zurück, aber sie stellen kaum Einheimische ein. Die Öleinnahmen fließen nach Bagdad, es gibt kaum öffentliches Geld für die Infrastruktur, dafür aber privates Kapital für Bürohochhäuser und den Plan, hier den höchsten Wolkenkratzer der Welt zu bauen.[6] Der Reichtum wächst in die Höhe, die Armut in die Breite. Slums dehnen sich immer weiter aus. Lokalpolitiker in Basra sind nicht unglücklich über das Wüten des »Islamischen Staates« im Irak. Die Rekrutierung junger Schiiten für Milizen gegen den IS lindert den Druck auf dem Arbeitsmarkt. In Basras Armenvierteln sieht man die meisten Märtyrerplakate.

Ansonsten boomt die Entführungsindustrie. Weswegen Emad seinen Kumpel Taleb mitbringt, 1,90 groß, ausgestattet mit einer Pistole Marke »Glock« und so ziemlich allen Telefonnummern, die irgendwann einmal wichtig sein könnten.

Es ist Taleb, der den Kontakt zu der Frau herstellt, die in Basra die Menschen aus der Erstarrung holen will.

Dem Treffen mit Kholoud Jabbar geht eine konspirative Vorbereitung voraus. Er ruft erst sie an und bittet um einen Termin, dann ihren Ehemann, der seine Erlaubnis geben muss, wenn seine Frau sich mit Fremden trifft. Eine Stunde später huscht Khuloud Jabbar mit ihrer Tochter zu uns ins Auto, kaum zu erkennen unter ihrer schwarzen Abaya mit dem schwarzen Kopftuch. Als Gesprächsort wählen Emad und Taleb eine kleine Pizzeria, in der sich keine anderen Gäste aufhalten. Ich weiß nicht, was ihnen mehr Sorgen macht: Die Prominenz der Mutter oder das Aussehen der Tochter. Hibba

Jabbar ist 24, trägt eine hellblaue enge Latzhose, hat einen rosaroten Schal um ihre Haare und ihr aufmüpfiges Gesicht gewickelt und reichlich Lippenstift und Lidschatten aufgetragen. In Basra gilt ein solches Outfit als Kampfansage an die schiitischen Tugendhüter. »Die Zeiten sind nicht mehr ganz so schlimm«, sagt die Mutter, »Noch vor ein paar Jahren hätten wir uns mit Ihnen in der Öffentlichkeit gar nicht treffen können.« Jedenfalls nicht ohne Begleitung des Ehemanns, Bruders oder eines anderen männlichen Verwandten. Und schon gar nicht mit engen Hosen und Make-up.

Jabbar ist 48 und als Schauspielerin in Fernsehserien eine kleine Berühmtheit im Irak, was allein schon gefährlich sein kann für eine Frau. »Das hier war eine Hafenstadt, liberal und offen für alles Fremde. Hier gab es früher Freiluftkinos. Können Sie sich das vorstellen?«

Sie dreht inzwischen selbst Filme. Eine weibliche Regisseurin ist eine Provokation, ihre Drehbücher sind es erst recht. *The Swing*, auf Deutsch *Die Schaukel*, ihr Erstlingswerk, erzählt nach einer literarischen Vorlage des irakischen Schriftstellers Muhammad Khudair die Geschichte eines Heimkehrers aus dem iranisch-irakischen Krieg, der der Frau seines Kameraden dessen Tod mitteilen muss. Er spielt schweigend mit der Tochter seines Freundes in der Kinderschaukel und geht schließlich, ohne ein Wort über die Lippen gebracht zu haben.

»Die Schaukel« ist politischer Protest fast ohne Worte. Gegen den Märtyrerkult. Gegen den des Iran, dessen Regime damals junge unbewaffnete Freiwillige mit einem Plastikschlüssel für das Paradies um den Hals als Vorhut in Minenfelder schickte. Und gegen den des Irak, der den Familien von Gefallenen während des Krieges ein neues Auto und 15 000 Dollar schenkte.[7]

The Stick heißt ihr jüngster Film. Der Stock. »Das Instrument«, sagt sie, »das wir Iraker am besten kennen.« Die Geschichte des Stocks im Leben eines Mannes, der als kleiner Junge sieht, wie der

Vater damit die Mutter verprügelt. Der in der Schule damit täglich auf Hände und Rücken geschlagen wird. Dann Hiebe bezieht als Rekrut in der Armee, als Demonstrant auf der Straße, als Häftling in der Folterkammer. Jabbars Mann hat das Drehbuch geschrieben. Dreizehn Minuten dauert dieser Film. Im Irak wird er garantiert nicht ausgestrahlt werden, aber vielleicht werden ihn ein paar Festivals im Ausland zeigen. Sie imitiert mit ihren Fingern winzig kleine, langsame Schritte auf der Tischplatte. Das Leben einer Künstlerin in dieser Stadt ist ein Austesten der Grenzen im Kriechgang.

Sie spielt weiterhin Theater. Bertolt Brecht zählt zu ihren Lieblingsautoren, aber in diesen Zeiten diktiert die Realität, was auf die Bühne kommt. »Es ist 7:30 in der Abdullah-Ben-Ali-Straße« heißt ein Stück, das vor einigen Jahren die ganze Stadt in Bann hielt. Am 7. August 2010 waren abends um halb acht in der Abdullah-Ben-Ali-Straße in Basra mehrere Autobomben neben einem Gastank gezündet worden. Die Explosion tötete über 40 Menschen.[8] Das Stück schilderte die letzten Minuten im Leben einiger Opfer. Die Ehefrau, die das Essen zum Fastenbrechen vorbereitet, denn der Anschlag wurde während des Ramadan verübt. Der Schüler, der noch schnell einkaufen geht. Der alte Mann, der im Wartezimmer des Arztes seine Frau triezt. 7:10. »Ich habe Durst, hol mir Wasser.« 7:15. »Nein, das ist zu kalt, gib mir etwas Warmes zu trinken.« 7:27. »Ich will nicht mehr warten, ich will nach Hause.«

Die Zuschauer, sagt Jabbar, hätten bei dieser Szene gekichert. Die Komik des banalen Alltags kurz vor dem Moment, der alles beendet. »7:30. Meine Hand ist weg. Die Hand, die meinen Sohn gehalten hat.«

Das war ihr Text. Sie spielte eine Mutter, die nach der Explosion auf den blutenden Stumpf ihres Armes und die Leiche ihres Kindes starrte. »Es ist 7:30. Meine Hand ist weg. Die Hand, die meinen Sohn gehalten hat. Es ist 7:30. Meine Hand ...« Sie wiederholt die Zeilen auf Arabisch, auf Englisch, auf Arabisch, schlüpft wieder in ihre Rolle. Wir starren auf die Reste der Pizza auf dem Tisch. Keiner sagt etwas, keiner rührt sich.

Jabbar und ihr Ensemble führten das Stück auch am Tatort in der Abdullah-Ben-Ali-Straße auf. Hunderte von Zuschauern standen um sie herum, viele weinten. »Wir sind die einzigen Trauma-Therapeuten in der ganzen Stadt,« sagt sie.

Sie verabschieden sich, Taleb ruft ihnen ein Taxi, Hibba knipst noch ein Foto für ihre Facebook-Seite. Sie ist Kunststudentin im zweiten Semester. Abaya oder Tschador, die schwarzen Umhänge, die Frauen auf den Straßen das Aussehen unförmiger Fledermäuse verleihen, lehnt sie ab. Man sieht der Mutter den Stolz an, eine Tochter mit Lust zum Widerspruch erzogen zu haben. Und die Angst, dass ihr das zum Verhängnis werden könnte.

Es ist mein letzter Tag im Irak. Emad findet, auf einer solchen Reise müsse man auch einem Scheich einen Besuch abstatten. Nicht aus Gründen der Folklore, sondern weil es zum besseren Verständnis seines Landes beitrage. Da ich ohnehin nach Qurna zum Garten Eden wolle, könne man das mit einem Empfang bei Sabah al Maliki verbinden, Oberhaupt des Stammes der Bani Malik, mit 160 000 Mitgliedern einer der größten im Süden des Irak. Und, wie sich nach kurzer Recherche im Internet herausstellt, auch einer der am besten bewaffneten.

»Keine Sorge«, raunt Emad, als wir nach einer Stunde in Qurna ankommen. »Er ist milder geworden seit dem Tod seines Sohnes.«

Scheich Sabah al Maliki steht, wie es sich gehört, in Socken, Dischdascha, dem hellen, knöchellangen Gewand, und einem Cape im Eingang seines Amtssitzes, das traditionelle Tuch, genannt Kufiya, um den Kopf gewunden. Der gut 30 Meter lange, zehn Meter breite Raum ist ausgelegt mit dicken Teppichen, auf denen ein hölzerner Thron sowie lange Reihen von opulent gepolsterten Sesseln für Gäste und Bittsteller stehen. Von der Decke hängen zwölf Kronleuchter. Emad und Taleb wärmen die Stimmung mit Small Talk auf, da der Gastgeber mich zunächst überhaupt nicht beachtet. Das gibt mir Gelegenheit, die Bildergalerie anzusehen: Der Scheich mit Massoud Barzani, dem Präsidenten der autonomen Region Kurdistan; der Scheich mit Sayyed Amer al Hakim, dem Führer einer schiitischen Partei mit dem Namen »Oberster Islamischer Rat im Irak«, auch »Statthalter Teherans« genannt. Einen prominenten Eckplatz hat ein Foto, das Sabah al Maliki mit Papst Benedikt zeigt. Offenbar hatte er zu dessen Amtszeit eine Audienz in Rom ergattert. Plötzlich richtet er das Wort an mich:

»Sie kommen aus Deutschland? Sehr gut. Ich brauche nämlich ein Visum.«

Sabah al Maliki kränkelt. Das Herz macht Probleme, er möchte in Deutschland in Behandlung. Die nächste halbe Stunde erläutert er den Zustand seiner Krampfadern, seinen Blutdruck und seinen Zuckerspiegel. Außerdem die Vor- und Nachteile der Top-Krankenhäuser in Amman, Casablanca, Dubai und Delhi. Zwischendurch entstehen längere Pausen, in denen Tee serviert wird und er seine Whatsapp-Nachrichten liest.

Ich erkläre, dass es für einen Mann seiner Position ein Leichtes sein müsste, in Bagdad bei der deutschen Botschaft ein Visum zu bekommen. »Sie hatten ja sogar schon eine Audienz im Vatikan.« Dann wird mir klar, dass er jemanden sucht, der ihm das Visum bringt. Ein Mann seines Kalibers stellt keine Anträge.

Die Bani Malik rühmen sich, von einem engen Kampfgefährten des Imam Ali abzustammen, was sie in der islamischen Genealogie als Schiiten der ersten Stunde ausweist. Aber die Konfession war und ist eben nie die einzige Scheidelinie zwischen den Muslimen. Die Allianzen von Stämmen folgen oft anderen Kriterien. In der jüngeren Geschichte hatte das niemand so gut begriffen wie Saddam Hussein, der Stammesführer mit Geld und Privilegien an sich band.

Saddam, den Sunniten, und Sabah al Maliki, den Schiiten, verband eine enge Männerfreundschaft. So eng, dass der Scheich seine Leute 1991 anwies, sich nicht am schiitischen Aufstand gegen den Diktator in Bagdad zu beteiligen. Und so eng, dass er 2003 von britischen Truppen kurze Zeit festgenommen wurde unter dem Verdacht, den damals noch flüchtigen Saddam versteckt zu haben.[9]

Nach dem Sturz des Diktators hatten einige schiitische Glaubensbrüder mit Sabah al Maliki eine Rechnung offen. Es gab kleinere Scharmützel in Basra und Qurna. Die Kontrolle über den Süden hatten die USA nach 2003 ihrem britischen Bündnispartner überlassen. Aber dessen Truppen begriffen meist gar nicht, wer wann und wo gegen wen kämpfte.

»Gewalt ist natürlich ein Problem in diesem Land«, sagt der Scheich gravitätisch. »Deswegen werde ich oft als Vermittler gerufen.« Es gehört zu seinen Pflichten, Konflikte nach Beleidigungen, unziemlichen Liebschaften oder Streit um Gebietsgrenzen durch Schlichtung beizulegen. Solche Sitzungen finden oft in einem *mudheef* statt, den prächtigen Gemeindehäusern aus Schilf. Was dort beschlossen wird, hat größere Autorität als ein Gerichtsurteil, denn die staatliche Justiz gilt ohnehin als korrupt. Das klingt nach gewachsener, ehrwürdiger Tradition. Ich finde die Schilderungen des Scheichs zunächst durchaus sympathisch. Später finde ich heraus, dass zur gütlichen Einigung häufig minderjährige Mädchen an Männer der Gegenseite verheiratet werden. Wie vor hundert Jahren.

Die Gleichzeitigkeit des Ungleichzeitigen. Was in Somaliland bis auf weiteres funktioniert, beschleunigt hier den Zerfall. Whatsapp und *mudheef*. Bröckelnder Nationalstaat und erstarkende Stammesidentität. Parlamentarismus und Kalifat. Gewaltmonopol und Monopol der Gewalt.

Ein junger Mann mit Downsyndrom platzt herein. »Yallah Sheikh«, ruft er dem Alten fröhlich und respektlos zu. »Das Essen ist fertig.« Der winkt uns zu einem Plastiktischtuch auf dem Boden, wo Diener Berge von Reis, gebratenem Huhn, Fladenbrot und Fisch aufgetürmt haben. Beim Essen steigt die Laune von Sabah al Maliki. Da ich, die Hände voller Reis und Fleisch, keine Notizen mehr machen kann, fühlt er sich frei, mit Emad und Taleb über die Politiker und Geistlichen des Landes zu schimpfen.

Ich würde ihn gern nach dem Tod seines Sohnes fragen, aber Emad winkt ab. Eine Blutfehde, erklärt er mir später. Ein Angehöriger der Beni Malik hatte im Streit den Sohn des Scheichs eines anderen Stammes erschossen. Der ließ sich weder auf Blutgeld noch auf geschenkte Bräute ein, sondern bestand auf Rache. Aug um Aug, Zahn um Zahn. 2007 traf eine tödliche Kugel den ältesten Sohn von Sabah al Maliki. Bei der Trauerfeier bezeugten Milizenführer, Politiker, Sub-Scheichs, Prediger, Freunde wie Feinde ihr Beileid. Sie sahen einen zerstörten Mann vor sich. Der Anblick des trauernden Alten soll einige so sehr gerührt haben, dass sie offene Streitigkeiten mit ihm beilegten. Was allerdings nicht verhinderte, dass 2014 in Qurna wieder ein Mini-Krieg ausbrach. Eine kleine Auseinandersetzung um Weideland zwischen den Bani Malik und dem Stamm der Boubkheet eskalierte in eine Konfrontation mit Mörsergranaten und Kalaschnikows. Es gab Tote. Die Polizei hielt gebührend Abstand, bis die Kontrahenten sich müde gekämpft hatten und Spezialeinheiten anrückten.

Der Scheich lässt Tee nachschenken. Ich habe die Worte von Yousif im Ohr, meinem durch Krieg und Terror altersweise gewordenen jungen Stadtführer in Bagdad. »Glaub bloß nicht, die USA seien an allem schuld. Wir hatten 2003 eine riesige Chance. Und wir Iraker haben es verschissen.«

Nach gut drei Stunden müssen wir aufbrechen. Der Garten Eden wartet. Sabah al Maliki hat Gefallen an uns gefunden, lädt uns zur Übernachtung ein, wir lehnen bedauernd ab und belassen es bei Komplimenten für den weißen Porsche, der unter einem Sonnendach geparkt ist. »Der gehört einem meiner Söhne.« Nach dem Rachemord an seinem Ältesten sind ihm noch drei geblieben. Osman, der junge Mann mit dem Downsyndrom, ist einer von ihnen. »Ich liebe ihn genauso wie meine anderen Kinder«, sagt der Alte. »Deshalb habe ich ihm jetzt auch eine Frau besorgt.« Ich lächele höflich und steige in Emads Wagen. Vom Anwesen des Scheichs zum Paradies sind es mit dem Auto zehn Minuten.

Mauro, ich nehme an, Sie haben mehr als ein paar Stunden Ihres Lebens damit verbracht, über den Sinn oder Unsinn dieser Ortsbeschreibung im ersten Buch Mose nachzudenken. Es wird immer noch geforscht, gestritten und spekuliert, wo die berühmteste Immobilie der Menschheitsgeschichte wohl gelegen haben könnte. Wahrscheinlich ist es ein Segen, dass die alten Hebräer beim Verfassen des Buches Mose derart verwirrende Angaben gemacht haben. Man mag sich gar nicht vorstellen, wie dieser Ort namens Eden heute sonst aussehen würde: ein gigantischer Erlebnispark mit Reenactment-Spielen, 3-D-Kinos, blinkenden Plastikbäumen des Lebens und der Erkenntnis, Adam und Eva als Hologramm, dazu Hotelburgen, Parkplatzwüsten, Souvenirläden, Fast-Food-Ketten mit und ohne Schweinefleisch.

Wahrscheinlich erzählt das erste Buch Mose auch keine Schöpfungsgeschichte, sondern ein Gleichnis auf den radikalsten Einschnitt in die Lebensweise des Menschen. Vor über 10 000 Jahren begann zwischen Euphrat und Tigris der Wandel vom Nomadentum zur Sesshaftigkeit; vom Jäger, der im »fruchtbaren Halbmond« Beute im Überfluss erlegen konnte, zum Bauern, der aufgrund von Naturkatastrophen und des schrumpfenden Wildbestandes lernen musste, zu säen, zu ernten, zu züchten und die Natur für sein Überleben zu manipulieren. Wahrlich eine Vertreibung aus dem Paradies.[10] Zugang zu Land und Wasserquellen waren nun etwas, das man besitzen, kontrollieren und verteidigen musste. Kain wurde der erste Bauer, Abel der erste Viehzüchter der Menschen. Deren Geschichte ging ebenso böse aus wie der Streit um Weideland zwischen den Bani Malik und den Boubkheet.

Qurnas Garten Eden liegt am Flussufer und besteht aus einem kleinen Park. In dessen Mitte lässt ein abgestorbener Jojoba-Baum seine wuchtigen Äste gen Boden sinken, als müsse er sich unter der Last der historischen Spekulationen hinlegen. Laut lokaler Folklore schaue ich auf den Baum der Erkenntnis, der im Islam einfach »Adams Baum« heißt. Die Stadtverwaltung von Qurna ist inzwischen abgerückt von der Version, dass es sich hier um das Original handelt. Die Inschrift auf einem Gedenkstein weist den Baum als »Wunder« aus, vollbracht von Abraham alias »Ibrahim, Friede sei mit ihm«, der ihn an dieser Stelle in Erinnerung an Adam habe wachsen lassen.

Drum herum stehen Bänke, Picknicktische und Kinderschaukeln. Alles ein wenig verfallen, verblasst und vergammelt, wie auch das Hotel nebenan, das angeblich Saddam Hussein zur Ankurbelung des Tourismus bauen ließ. Wir sind die einzigen Besucher.

Ein kleiner alter Mann taucht aus einem Wachhäuschen auf, in dem er offenbar auch wohnt. Nasir heißt er und ist der Chef der Parkwächter. Er hat wenig zu tun, den Kopf voller unsortierter Anekdoten und lädt uns zum Tee ein. Ob ich aus Norwegen komme, will er wissen. Hier sei vor einigen Jahren ein »norwegischer Scheich« auf einem großen Schilfboot aufgetaucht. Nach einigen Nachfragen rekonstruiert Emad, dass der Parkwächter den Norweger Thor Heyerdahl meint, der 1977 mit einem Schilfboot in Qurna ablegte, um über den Persischen Golf nach Pakistan und dann entlang der Arabischen Halbinsel ins Rote Meer zu segeln. Heyerdahl war berühmt für halsbrecherische Ozean-Überquerungen auf altertümlichen Flößen und Booten, um jahrtausendealte Verbindungen zwischen weit voneinander entfernten Zivilisationen zu beweisen.

Dieses Mal ging es um mögliche frühzeitliche Berührungen zwischen den Kulturen Mesopotamiens und des Indus-Tales. Im April 1978, auf dem Rückweg von Pakistan, verbrannte er in Dschibuti sein Boot aus Protest gegen die aktuellen Kriege in der Region, die ihm eine Weiterfahrt ins Rote Meer unmöglich machten. »Um uns herum töten sich Brüder und Nachbarn mit Waffen, die ihnen jene gegeben haben, die unseren gemeinsamen Weg in das dritte Jahrtausend anführen«, schrieb Heyerdahl an den damaligen UN-Generalsekretär Kurt Waldheim.[11] Libyen führte gerade Krieg gegen Ägypten, Äthiopien gegen Somalia, in Mosambik bekämpften sich Rebellen und Regierung.

Von diesem Brief weiß Nasir nichts. Aber der Norweger, erinnert er sich, sei nett gewesen und habe mit seiner Expedition nicht einmal Geld verdienen wollen, was für einen Europäer doch ungewöhnlich sei. »Die haben wohl keine Sorgen da oben im Norden«, sagt er.

Jedenfalls weniger als die Iraker. Bei mehreren Gläsern Tee klagt er über die ausländischen Ölfirmen, über verseuchtes Land, über die Korruption und die Preissteigerung. »Schlechte Zeiten, sehr schlechte Zeiten.« Auch mit Sittlichkeit und Moral gehe es bergab. Abends erwische er immer häufiger Händchen haltende Pärchen unter Abrahams Wunderbaum. »Unverheiratete natürlich.« Wenn er noch wach ist, nimmt er sein Gewehr und vertreibt sie. Aber leider, sagt Nasir, übermanne ihn jetzt im hohen Alter allzu leicht der Schlaf.

Und dann passt wieder keiner auf im Garten Eden.

Wir verabschieden uns, werfen noch einen Blick auf das bräunliche Wasser. Es stinkt nach Petroleum. Diese skurrile Attrappe des Gartens Eden befindet sich mitten im Zentrum des Anthropozäns und des Klimawandels. Als hätte das Erdöl diesem Land nicht schon genug Unglück gebracht, drohen den Städten am Golf in einigen Jahrzehnten Hitzewellen mit über 60 Grad und einer Luftfeuchtigkeit, die für den Menschen im Freien tödlich sein können.[12] »Gott ist wiedergekommen. In Gestalt eines Öltanks.« Das hat Bertolt Brecht einmal geschrieben, der deutsche Dichter, den Khuloud Jabbar so liebt.

Mauro, glauben Sie mir, in Qurna, wo Euphrat und Tigris zusammenfließen, ist das Paradies nie gewesen.

KAPITEL 8

Mare Nostrum

Mauro, mit der griechischen Mythologie waren Sie vertraut. Zeus, als Stier verkleidet, entführt die schöne Europa – diese Geschichte kannten Sie.

Ebenso den Tatort: ein Strand am Mittelmeer zwischen Sidon und Tyre im heutigen Libanon, damals zwei Städte unter der Herrschaft des phönizischen König Agenor, Europas Vater.

Der »Raub der Europa« ist unzählige Male verewigt worden in antiken Fresken und mittelalterlichen Gemälden. Eine pralle, elegische Schöne krallt sich an den Hörnern eines starken Stieres fest und lässt sich nach Kreta tragen, wo Zeus sich zu erkennen gibt und drei Söhne mit ihr zeugt. Männliche Tatkraft und weibliche Hingabe. Die Geschichte sah ursprünglich etwas anders aus: Der Stier war in der östlichen Mythologie eine heilige, Leben spendende Kuh und die Figur der Europa wahrscheinlich eine babylonisch-syrische Göttin namens Astarte.[1] Abgesehen davon, dass sie sich von niemandem, schon gar nicht von einem testosterongesteuerten Alpha-Gott, einfach hätte entführen lassen, bleibt festzuhalten: Europa, die Namensgeberin unseres Kontinents, hat einen libanesischen Migrationshintergrund.

Mons Libanus, das Libanon-Gebirge, haben Sie auf Ihrer Karte verzeichnet.[2] Ebenso *Baruto*, das heutige Beirut, und *Saito*, Sidon. Tyre passte nicht mehr auf die *mappa mundi*. An der östlichen Mittelmeerküste wird es geographisch wie historisch eng. Ich erfahre das täglich, denn ich lebe seit 2013 in Beirut.

Orte, deren Geschichte man unter den Fußsohlen spüren kann, liebe ich. Aber hier befindet sich eindeutig zu viel Vergangenheit auf zu kleinem Raum. Dieses Meer ist schuld daran. Es ist groß genug, den Raum zwischen drei Kontinenten und drei Weltreligionen zu füllen. Es ist klein genug, um mit jeder noch so mickrigen Welle alles miteinander zu vermischen. Süden und Norden. Asien, Afrika und Europa. Judentum, Islam und Christentum. Okzident und Orient.

Wer wie ich in den 60er Jahren im Westen Deutschlands aufgewachsen ist, für den ist das Mittelmeer ein Fixpunkt der Kindheit. In den Sommerurlauben an der Adria verschwanden die Grenzen zwischen drinnen und draußen, zwischen Tagen und Nächten. Ich beneidete die einheimischen Kinder um all das, was ich nur in diesen Juli- oder Augustwochen genießen konnte: Die scheinbar elternlose Freiheit. Das Gefühl, jederzeit in See stechen zu können. Morbide und doch erhabene Städte wie Venedig, Triest, Rijeka oder Opatija. Häuser mit verschlungenen Zimmerfluren, riesigen Fensterläden, kühlem Steinfußboden. Der Geruch von Meer und von starkem Kaffee. Barfuß laufen den ganzen Tag.

Italien und Jugoslawien, deren Mittelmeerküsten ich damals kennenlernte, hätten mich ruhig dabehalten können. Sie taten es nicht. Also tröstete ich mich mit dem Wissen, wenigstens bei den Jugoslawen ein bisschen dazuzugehören. Mein Urgroßvater hatte sich zu Zeiten, als Istrien Teil der österreichischen Doppelmonarchie war, mit einer Kroatin verheiratet. So war ich zu einer jugoslawischen Großtante namens Verica gekommen mit einer großen Wohnung in Opatija, in der meine Eltern mit uns Kindern billig Urlaub machen konnten. Vericas ewig melancholisches Gesicht ließ erahnen, dass die Leichtigkeit des Seins am Meer so leicht nicht war. Auf ihre Geschichten über Botengänge für Partisanen und den Kampf gegen »Ustasha-Faschisten« konnte ich mir damals keinen Reim machen. Aber in ihrem geliebten Opatija fuhr mir zum ersten Mal die Politik mitten in meine Kinderwelt.

Außer dem Mittelmeer liebte ich im Sommer 1968 eine Schallplatte des sowjetischen Armeechors, die ich zum Geburtstag bekommen hatte. Ich weiß nicht mehr, warum ich dessen pathetische Gesänge so ergreifend fand. Das Abspielen der Platte gehörte zu meinem Morgenritual, was nicht nur meine Eltern tolerierten, sondern in jenem Sommer auch meine Großtante. Es muss sie einige Überwindung gekostet haben. Verica war eine überzeugte Anhängerin des damaligen jugoslawischen Staatschefs Josip Broz Tito. Der hielt zwar viel vom Sozialismus, aber wenig von der Sowjetunion.

Am Morgen des 21. August war meine Platte verschwunden. Meine Eltern liefen mit ernsten Mienen durch den Flur, meine Großtante saß mit aschgrauem Gesicht am Radio. Die Russen waren in Prag einmarschiert, und für sie war es nur eine Frage von Tagen, bis sie auch in Opatija landen würden. Meine wiederholten Bitten, endlich »Kalinka« aufzulegen, wurden mit bösen Blicken und einem gezischten »Sei-still-das-verstehst-du-noch-nicht« quittiert. Für den Rest des Urlaubs fand ich die Jugoslawen doof und suchte den Horizont nach sowjetischen Schiffen ab. Die Russen, dachte ich, sollten ruhig auch etwas haben von diesem großartigen Meer. Und von diesem wunderbaren Licht.

Es ist greller dort, wo ich jetzt wohne. Im Hochsommer sind die Abende keine wunderbare Zugabe zum Tag, sondern eine Erlösung. »Es gibt eine Stunde im arabischen Mittelmeer, wenn die Sonne, als könne sie sich nicht entscheiden, eine Handbreit über dem Horizont schwebt. Was wenige Stunden zuvor noch ein gleißender Stern war, ist jetzt schwach genug, um es direkt anzusehen. Das seitliche Licht taucht alles in einen sanften orangenen Schein: die Farbe der Zurückhaltung und des Zweifels, die Farbe meiner Generation ...«

Der libysche Schriftsteller Hisham Matar hat das im Jahr 2011 geschrieben, kurz nachdem seine Generation in Libyen, Tunesien, Ägypten, Syrien und anderswo alle Zurückhaltung aufgegeben und den Aufbruch gewagt hatte. Als ich diese Sätze noch vor meinem

Umzug nach Beirut las, schoss mir ein Gedanke durch den Kopf, der mir sofort peinlich war: »Stimmt! Die leben ja auch am Mittelmeer.«

Nicht dass mir der Küstenverlauf unklar gewesen wäre. Aber erst durch Matars Zeilen wurde mir bewusst, wie wenig ich diesen Raum verstanden hatte. Ist das ein Meer zwischen Welten? Oder das Meer in der »Mitte des Landes«. *Mesógeios*, »Zwischen den Ländern« hieß es bei den alten Griechen. *Mare Mediterraneum* steht auf Ihrer *mappa mundi*, Mauro. *La Méditerranée, il Mediterraneo, el Mediterráneo* nennen es heute Franzosen, Italiener und Spanier. *HaYam HaTichon*, die Israelis, das »mittlere Meer«. *Al bahr al abyad al mutawassit*, »das weiße Meer in der Mitte«, ist sein arabischer Name. *Akdeniz*, »Weißes Meer«, sein türkischer. Weiß ist die Farbe des Westens.

Einmal die Route der Europa und ihres schwimmenden Stieres nachfahren. Allerdings etwas ausgedehnter und in einem Kayak. Diese Schnapsidee hatte ich mir gleich nach meiner Ankunft in Beirut in den Kopf gesetzt. Von Matars libyscher Küste ins ägyptische Alexandria, vorbei an der Einfahrt zum Suezkanal nach Gaza, Tel Aviv und Haifa, von wo aus man Tyre schon erahnen kann. Dann weiter nach Saida und Beirut, Richtung Tartus in Syrien, von dort ins türkische Iskenderun, dann der Biegung der Küste nach Westen folgend durch die Ägäis Richtung Rhodos und Kreta.

Vermutlich würde mich gleich vor Alexandria die ägyptische Küstenwache wegen Gefährdung der nationalen Sicherheit oder als illegale Migrantin verhaften. Wenn nicht, würde ich wahrscheinlich in israelischen Hoheitsgewässern als potenzielle Terroristin versenkt werden. Oder spätestens in den libanesischen als israelische Spionin. Das frühe 21. Jahrhundert nach Christus ist kein guter Zeitpunkt, um in einem kleinen Boot entlang der nordafrikanischen und levantinischen Küste herauszufinden, wie nahe Europa ist.

Mauro, die große Tour auf See bleibt vorerst ein Traum. Schade, ich hätte Ihnen einen wunderbaren Portolan zeichnen können. Aber die Etappenziele sind über Land oder per Flugzeug erreichbar, sie gehören inzwischen zu meinem Berichtsgebiet als Nahost-Korrespondentin. Es sind Orte, die wie Mogadischu und Bagdad weltweit Schlagzeilen machen – meistens schlechte. Auf Ihrer *mappa mundi*, Mauro, klingen sie verheißungsvoll und unbekannt: *Siria Phenicea*, was das südliche Syrien und den Libanon mit Sidon und Tyre einschließt. *Gaçara*, das heutige Gaza. Oder *Capho*, wo heute Jaffa und Tel Aviv liegen. Fast all diese Städte gehörten einst zum Reich der Phönizier. »Reich« ist vielleicht das falsche Wort. Es war eine Reihe von Stadtstaaten. In der westlichen Geschichtsschreibung stehen sie bis heute im Schatten der Römer und Griechen. Mag sein, dass ich sie mir ein wenig schöngeredet habe, aber die Phönizier sind mein mediterranes Heldenvolk. Nicht nur, weil ihm Europa entstammt. Die Phönizier haben das Mittelmeer lange vor den Römern in ein *mare nostrum* verwandelt. Und sie hinterließen einen der wertvollsten Schätze in der Geschichte: 22 Konsonanten, aus denen sie eine Schrift entwickelt hatten, die die Grundlage des griechischen, lateinischen, hebräischen und arabischen Alphabets bilden sollte. Einer wie mir, die vom Schreiben lebt, muss dieses Volk sympathisch sein. Das hier, Mauro, sind die Berichte von meinen phönizischen Reisen.

Die einfachste Etappe beginnt vor meiner Haustür: ein Ausflug von Beirut nach Tyre. Zwei Stunden braucht man mit dem Bus. Ästhetisch ist die Strecke eine Zumutung. Kein Mittelmeerland hat seine Küste so durchgehend verunstaltet wie der Libanon. Schnellstraßen, Hotelburgen, Mini-Malls, Autohändler, Müllhalden, Fast-Food-Restaurants, private Beach-Clubs, Öllager. Dazwischen die ein oder andere Erinnerung an biblische Zeiten. Kurz vor Sidon ragt links auf einem Hügel eine Marienstatue empor. Maria soll hier mit Jesus Rast gemacht haben, als ihr Sohn zum Predigen in die Gegend kam.

Kurz hinter Sidon dominiert die »Partei Gottes« das Bild, auf Arabisch »Hisbollah«, die weder in der Bibel noch im Koran vorkommt. Ihre gelben Fahnen mit grüner Kalaschnikow säumen die Straße. Fahnen zu identifizieren, ist eine wichtige Fähigkeit in diesem Mini-Staat mit achtzehn offiziell anerkannten Konfessionen, darunter Sunniten, Schiiten, Maroniten, Drusen, Katholiken, Alawiten, Ismaeliten, Protestanten, Armenisch-Orthodoxe, Melkiten, Syrisch-Orthodoxe. Achtzehn Spielarten des Monotheismus, jede versehen mit ihren eigenen Ritualen. Jede mit ihrem Anteil an Opfern und Tätern aus diversen Kriegen und Kreuzzügen. Jede mit dem Anspruch, mehr Unrecht und Unterdrückung erlitten zu haben als die anderen. Und jede mit ihren eigenen Gebieten, Wohnvierteln, Straßenzügen, meistens zu erkennen an ihren Fahnen. In friedlichen Zeiten ist das eine Routineübung, in unfriedlichen kann es das Überleben sichern. Die Zeiten sind gerade friedlich, aber fragil. Der Andrang von Touristen auf archäologische Sehenswürdigkeiten in Tyre hält sich in Grenzen. Dafür ist an der Nekropolis von Tyre eine Busladung chinesischer Blauhelme eingetroffen.

Sie gehören zu einer UN-Mission, die im Süden des Landes dafür sorgen soll, dass sich Israel und der Libanon, genauer gesagt: die Hisbollah, nicht bekriegen. Das funktioniert immer dann, wenn, wie jetzt, beide gerade kein Interesse an einem Krieg zeigen. Also haben die Chinesen Zeit und Muße, zwischen wuchtigen Sarkophagen umherzustreifen. Phönizier, später Römer und Byzantiner haben hier ihre Toten begraben, jedenfalls solche mit Macht und Wohlstand. Den UN-Soldaten hat es besonders die pompöse Grabstätte eines Purpurhändlers angetan, der hier vor rund 2500 Jahren zu den Reichsten der Reichen gehört haben soll. Protz wirkt offenbar immer anziehend, egal aus welchem Kulturkreis und aus welcher Zeit.

Die Phönizier müssen Überlebenskünstler gewesen sein. Sie überstanden den Kollaps der Bronzezeit, den Historiker die schlimmste Katastrophe des Altertums nennen, eine Serie von Kriegen, Seuchen und Hungersnöten um 1200 vor Christus. Die Supermacht Ägypten war danach schwer angeschlagen, Kulturen wie die der Minoer auf Kreta oder Mykene verfielen, andere Völker und Städte verschwanden einfach von der Erdoberfläche. Aber die Phönizier gingen erstaunlich unbeschadet aus den Apokalypsen hervor und schickten schon bald wieder ihre Handelsschiffe aus.[3] Nicht nur auf die altbekannten Routen nach Rhodos und Kreta, sondern weiter, Richtung Iberische Halbinsel und Atlantik.

Zwei Jahrhunderte später hatten ihre Stadtstaaten ein Handelsnetz über das Wasser, aber auch tief ins asiatische Hinterland geknüpft. Zum ersten Mal war dieses Meer zu einem gemeinsamen Raum aller seiner Küstenvölker geworden. Den Phöniziern ging es weniger um Eroberung als um Handel. Aus Südspanien und Sardinien importierten sie Silber, aus Ibiza Salz und Metalle, aus Ägypten Papyrus und Gold, aus Zypern Kupfer. Ihrerseits lieferten sie Olivenöl, Schmuck, Parfüm, Getreide, Wein, Glas und Mode.

Hätten sie nicht auch Sklaven im Angebot gehabt, könnte man ihrer Handelspolitik ein »Fairtrade«-Siegel verleihen. Die Rohstofflieferanten behielten die Kontrolle über ihre Vorkommen wie auch über die Produktionsabläufe. Und sie übernahmen bereitwillig Technik, Geschmack und Kultur der neuen Herren im Mittelmeer. Purpur, gewonnen aus den Sekreten von Meeresschnecken an den Küsten von Tyre und Sidon, wurde zum mediterranen Luxusartikel. Purpurfarbene Kleider waren der letzte Schrei. Die kulturellen Güter dagegen gab es umsonst: Außer ihrem Alphabet brachten die Phönizier Wissen, Mythen und Legenden aus den assyrischen und babylonischen Kulturen an das Mittelmeer. Ein Brückenvolk – in alle Richtungen.

Die Phönizier wurden schließlich von diversen Eroberern und Imperien aus der Geschichte geworfen, ihre Städte vernichtet und unter den Bauten neuer Herren begraben. Der Henker von Tyre war Alexander der Große, der die Stadt 332 v. Chr. auf seinem Feldzug Richtung Ägypten niederbrannte, die 30 000 Bewohner erschlagen, kreuzigen oder versklaven ließ aus Rache für deren monatelangen Widerstand gegen seine Belagerung. Nun dominierten die Griechen allein das Mittelmeer.

In Tyre laufe ich von der Nekropolis aus weiter Richtung Hafen, vorbei an einem palästinensischen Flüchtlingslager, Shisha-Cafés, Mauerresten christlicher Kreuzzügler und CD-Läden, aus denen schiitische Kampflieder gegen Sunniten erklingen. Schließlich lande ich mitten in den Ruinen eines römischen Bades. Die Säulen sind gut erhalten, ebenso die Grundmauern von Hitze-, Wärme- und Kälteraum. Die Lage ist phantastisch. Wer hier vor 2000 Jahren nach Schwitzen, Massage und Bürsten mit einem Becher Wein ins Freie trat, hatte einen malerischen Blick auf das Wasser.

»Das muss Israel sein«, sage ich zu einer jungen Libanesin, die mit der Kamera in der Hand neben mir steht, und deute auf die Landmasse, die sich einige Kilometer weiter südlich ins Meer schiebt. Sie sieht mich an, als hätte ich sie angespuckt. »Das ist das besetzte Territorium! Es gibt kein Israel.«

»Tut mir leid«, antworte ich, »aber das da drüben ist wirklich Israel.«

»Woher kommen Sie denn?«, will sie wissen.

»Aus Deutschland.«

»Dann müssen Sie das ja sagen.«

So ist das in diesem Land. Man gönnt sich einen Tagesausflug in die Antike und prallt nach wenigen Stunden mit Wucht auf die Gegenwart. Und immer wieder auf die eigene deutsche Geschichte.

Seltsam unbestimmbar ist die Größe dieses Meeres. Auf Konferenzen von Historikern und Schriftstellern schnurrt die Entfernung zwischen den Küsten schnell auf Sichtweite zusammen. Da wird das Mittelmeer zu einem Raum der gemeinsamen Geschichte und Kultur, da verbinden die griechische Antike, das römische Imperium und das Olivenöl Europa, Nordafrika und den Nahen Osten.

Selten aber nennt einer Israel.

Dabei war es der Holocaust, Deutschlands fundamentaler Bruch mit dem europäischen Humanismus, der die andere Seite des *mare nostrum* ganz unmittelbar prägte: durch die Flucht der Überlebenden der Shoah nach Palästina und durch die Gründung eines neuen Staates. Fällt der Name Israel, ist das Mittelmeer aus deutscher und europäischer Sicht plötzlich wieder sehr groß, der Nahost-Konflikt das Problem eines anderen Kontinents.

Ein »magisch erfüllter Traum aus der Hölle«. So hat der jüdische Gelehrte George Steiner die Gründung Israels genannt, »der einzige sichere Zufluchtsort für den Juden, wenn es irgendwo wieder losgeht. Und es wird wieder losgehen!«[4] Steiner weiß, dass ein Nationalstaat qua definitionem ausgrenzt, verdrängt, vertreibt, Gewalt anwendet. Erst recht einer mit Bürgern, die einen Genozid überlebt hatten, und dessen Nachbarn, ihrerseits junge post-koloniale Staaten, ihr Nationalbewusstsein nun mit der sofortigen Vernichtung des Neulings in ihrer Mitte zementieren wollten. Was nicht gelang. Was aber den arabischen Autokraten ein giftiges Propaganda-Gebräu aus kollektivem Minderwertigkeitskomplex, Antisemitismus und Verschwörungstheorien an die Hand gab.

Und der israelischen Rechten den Vorwand für fortgesetzten Landraub und Segregation.

Und so manchen Europäern die Rechtfertigung, ebendiese Politik zu etwas Jüdischem zu erklären.

»Dann müssen Sie das ja sagen.« Der Satz meiner Zufallsbekanntschaft im römischen Bad von Tyre hat halb zornig, halb nachsichtig geklungen. Als ob ein Schuldkomplex den Deutschen die klare Sicht auf die Dinge vernebele. Ich würde ihr jetzt gern erklären, dass wir in Wahrheit ziemlich gut davongekommen sind. Dass die Deutschen östlich des Eisernen Vorhangs sich zu antifaschistischen Sozialisten erklärt und damit von jeder Verantwortung für die Shoah freigesprochen hatten. Dass die andere Seite, meine Seite, amerikanische Hilfe für ein Wirtschaftswunder bekommen hatte und sich mit dem Erinnern, Gedenken und Aufarbeiten immerhin ein Vierteljahrhundert Zeit lassen konnte. Dass uns eine sehr gnädige – um nicht zusagen: wohlwollende – Behandlung zuteilgeworden war.

Dass unsere Regierungen seither regelmäßig ein Bekenntnis zum Existenzrecht Israels ablegen, dass wir, die Deutschen, den Konflikt zwischen Israelis und Palästinensern um Land und Zukunft jedoch verfolgen, als habe er mit unserer Geschichte nichts mehr zu tun.

Dieser Konflikt hatte sich schnell auch im Libanon ausgedehnt, wohin Abertausende von Palästinensern nach der Gründung Israels geflohen waren. Die PLO von Yassir Arafat setzte von hier aus ihren Kampf gegen Israel fort, was zum Ausbruch des libanesischen Bürgerkriegs beitrug. Israel bombardierte mit Kampfflugzeugen und Bodentruppen Städte und Flüchtlingslager, verbündete sich mit christlichen Milizen, deren Gründer Hitler und Franco verehrt hatten und die während des Bürgerkriegs Massaker an palästinensischen Flüchtlingen begingen.

Tyre war mehrere Jahre unter israelischer Besatzung, erlitt durch Luftangriffe schwere Zerstörungen. »Ich weiß das alles«, will ich zu der Frau im römischen Bad von Tyre sagen, »und trotzdem wird dieser Staat bleiben. Hören Sie auf, sich auszumalen, es gäbe ihn nicht. Lassen Sie mich das erklären …«

Aber sie hat sich längst umgedreht und ist gegangen.

Offiziell befinden sich Israel und der Libanon weiter im Kriegszustand. Man sollte im Libanon Israels Namen nicht am Telefon nennen, weil dies unweigerlich die Aufmerksamkeit der lauschenden

Sicherheitsbehörden erregt. Auslandskorrespondenten haben deswegen immer neue Spitznamen erfunden. Der derzeit gebräuchliche ist »Disneyland«.

An einem klaren, heißen Sommertag treffe ich in Disneyland ein. Es ist meine erste Reise überhaupt nach Israel und Palästina. Ich hätte mir einen anderen Anlass gewünscht. Zum Beispiel eine Recherche in den Bars und Restaurants von Tel Aviv, die eine verblüffende Ähnlichkeit mit denen in Beirut haben, was man wiederum in Beirut nicht laut sagen darf. Oder eine Reportage über die palästinensischen Wellenreiter, die am Strand von Gaza surfen und von Kalifornien träumen. Bloß surft im Sommer 2014 niemand am Strand von Gaza.

114 Seemeilen liegen zwischen Beirut und Tel Aviv. Im Kayak würde man das bei guten Wind- und Wetterverhältnissen in vier Tagen schaffen. Mit dem Zug in drei Stunden, wenn es denn eine Verbindung gäbe. Mit dem Auto ginge es noch schneller. Aber es ist verboten, vom Libanon nach Israel zu fahren. Oder mit einem israelischen Stempel im Pass in den Libanon zu reisen. Weswegen Auslandskorrespondenten zwei Reisepässe haben, zuerst nach Larnaca, Amman oder Istanbul fliegen und von dort mit einem neuen Ticket nach Tel Aviv.

Als ich am Ben-Gurion-Flughafen ankomme, ist der Gaza-Krieg seit mehreren Wochen im Gang. Es ist der dritte in sechs Jahren. »Theatre of war« ist ein englischer Ausdruck, dessen Doppeldeutigkeit den Krieg als Schauspiel sehr viel besser entlarvt als das deutsche Wort »Schlachtfeld«. Kaum ein anderer Konflikt wirkt inzwischen so straff und vorhersehbar inszeniert wie der zwischen Israel und der palästinensischen Hamas im Gaza-Streifen.

Man kann die Hamas mit vielem erklären: Mit dem Aufstieg des Islamismus und der Muslim-Bruderschaft in den 1940er und 1950er Jahren. Mit dem Scheitern des arabischen Nationalismus. Mit der Duldung Israels, das die Islamisten gewähren ließ, solange diese nur auf die säkulare Konkurrenz von der PLO schossen. Mit der notorischen Angewohnheit der Palästinenser, ihr Schicksal den übelsten Fürsprechern anzuvertrauen. Der korrupten Fatah, dem dominierenden Flügel der PLO, überdrüssig wählten sie 2006 die Hamas zur stärksten Fraktion in den palästinensischen Autonomiegebieten. Was von einem großen Teil der Wähler als Denkzettel gedacht war, mündete zunächst in einen Bruderkampf, der von Israel durchaus gern gesehen wurde, und schließlich in die Übernahme des Gaza-Streifens durch die Hamas. Die brachte Ruhe, Ordnung und soziale Verbesserungen in den bis dahin mafiös regierten Streifen – außerdem ein Parteiprogramm, das den Holocaust leugnete und die Zerstörung Israels forderte. Und Raketen, die immer wieder auf israelisches Territorium abgefeuert wurden. Israel, das den Gaza-Streifen kurz vorher geräumt hatte, reagierte mit Militärschlägen und einer Politik der dosierten Blockade Gazas, die man mit dem Motto »Zum Sterben zu viel, zum Leben zu wenig« beschreiben kann.[5]

Seither hat sich ein perverser Rhythmus eingependelt. Wann immer die Wut der Bewohner von Gaza über die anhaltende Blockade die Autorität der Hamas zu unterminieren droht, erhöht sich die Zahl der abgefeuerten Raketen auf Israel, das mit einer Militäroperation reagiert, die deutlich mehr palästinensische Opfer fordert als die Raketenangriffe der Hamas. Diese nutzt das für ihren Märtyrerkult und fordert die Frauen in Gaza auf, mehr Söhne für den Kampf zu gebären. Diese Kriegsrunden enden mit einem Waffenstillstandsabkommen, der israelischen Ankündigung der Lockerung der Blockade, der Versicherung der Hamas, Raketenangriffe zu unterbinden, und dem internationalen Versprechen, die zerstörte Infrastruktur wieder aufzubauen. In der Regel passiert nichts von alldem – jedenfalls nie genug, um diesen Kreislauf zu durchbrechen. Oder wenigstens die Rhetorik zu entschärfen. Man müsse »Gaza ins Mittelalter zurückschicken«, hat einmal ein israelischer

Minister erklärt. Erst dann herrsche Ruhe in Israel. Ich google »Gaza« und »Mittelalter« und finde den Reisebericht des Florentiner Händlers Meshullam ben Menahem da Volterra:

»Gazza wird von den Muslimen Gaza genannt. (...) Seine Bevölkerung ist so zahlreich wie der Sand am Meer, und darunter befinden sich ungefähr fünfzig (sechzig) jüdische Haushalte, Handwerker. Sie haben eine kleine, aber schöne Synagoge und Weinberge und Felder und Häuser. (...)

Sie erwiesen uns viel Ehre, besonders R. Moses bar Judah Sephardi, der ein bißchen stottert ...«

Das schrieb der Mann aus Florenz im Jahr 1481 während einer Palästina-Reise in sein Tagebuch unter besonderer Hervorhebung des Umstands, dass der Wein in Gaza vorzüglich sei.[6]

Ich komme in Tel Aviv bei einer Freundin unter, werde die erste Nacht durch Raketen-Alarm geweckt, verbringe eine halbe Stunde im Schutzraum, den inzwischen fast jede Wohnung hat, gehe wieder ins Bett. Am nächsten Morgen ist es still, abgesehen vom vergnügten Heulen der Jungen im Nachbargarten, die kaum dem Krabbelalter entwachsen sind, aber bereits die Alarmsirenen nachahmen können. Israel hat den Erfolg seiner Militäroperation gemeldet und den Abzug seiner Bodentruppen verkündet. Ein Waffenstillstand ist angekündigt. So er denn hält, soll er in neue Verhandlungen münden, von denen kaum einer erwartet, dass sie mehr erbringen als die Abkommen nach vorangegangenen Kriegen.

Alles wie gehabt, denke ich. Und doch ist dieses Mal vieles anders. In keinem anderen Gaza-Krieg sind so viele Palästinenser getötet worden. Die internationale Kritik an den israelischen Bombardements ist so heftig wie nie zuvor – und zum Teil antisemitisch. Und nie zuvor hat die israelische Öffentlichkeit so geschlossen hinter ihrer Regierung gestanden. Wer palästinensische Opfer auf Facebook, Twitter oder in einem Zeitungskommentar auch nur erwähnt, erntet einen Shitstorm. Bilder der Zerstörung in Gaza werden in den israelischen Medien kaum gezeigt, und wenn, dann scheinen sie den Hass zu verstärken.

»Hitchcock-Effekt«, sagt mir einer der inzwischen recht einsamen liberalen Intellektuellen des Landes. Carlo Strenger ist ein bekannter Psychoanalytiker mit Kojak-Glatze, ein Linker und Friedensaktivist, der den Glauben an den Frieden verloren hat. »Der Hitchcock-Effekt ist die Hintergrundmusik in einem Thriller, die einem das kommende Verbrechen ankündigt, das man noch nicht sehen kann. Und seit den Tunnelbildern läuft diese Musik im israelischen Alltag wieder besonders laut.«

Die Tunnelbilder. Gazas Überleben beruht seit Verhängung der Blockade auf Hilfslieferungen und auf dem Schmuggel von Gütern aus Ägypten durch ein Tunnelsystem. Die Hamas hat in den vergangenen Jahren Tunnel gegraben, die bis unter israelisches Territorium reichten. Die Angst vor einem Feind, der nachts aus der Erde steigt, mischt sich mit Hass auf ebendiesen Feind, der immer wieder die Illusion zerstört, das »palästinensische Problem« ließe sich einmauern.

Ich warte noch zwei Tage, bis der Waffenstillstand in Kraft ist und ich nach Gaza fahren kann. Genug Zeit, um festzustellen, wie sehr es – allem patriotischen Kriegsgeschrei zum Trotz – in der Gesellschaft gärt. Wütende Arbeiter aus dem von Hamas-Raketen beschossenen südisraelischen Sderot, überwiegend Mizrachim, also Nachfahren arabischer und asiatischer Juden, tauchen in Tel Aviv auf, um die wenigen Friedensdemonstranten zu vermöbeln. Und am liebsten gleich auch all die anderen »verwöhnten, elitären« Ashkenazim, die Nachfahren europäischer Juden. Jüdische Einwanderer aus Äthiopien protestieren, weil ihre Söhne und Töchter mit der Armee in Gaza kämpfen und auf israelischen Straßen rassistisch beleidigt werden. Die konservativen und religiösen Jerusalemer beschimpfen noch lauter die Kaffeehaus-Hocker, Schwulen und Künstler im hedonistischen Tel Aviv. Die muslimisch-arabischen Israelis, inzwischen 20 Prozent der Bevölkerung, wünschen die Hamas zum Teufel und verfluchen gleichzeitig die israelische Armee.

Dann beginnt der Waffenstillstand. Ich betrete Gaza, als würde ich auf einem anderen Planeten abgesetzt. Der Übergang Erez ist eine blitzende stählerne Festung mit dem Besten und Teuersten, was an Sperranlagen, Sensoren, Datenspeicherung und Waffen zu kaufen ist. Nach mehreren Sicherheitsschleusen laufe ich einen Gang entlang durch die von Israel reklamierte 300 Meter breite »Beobachtungszone« und gerate auf der anderen Seite in ein staubiges Chaos mit wartenden Taxis, Saftverkäufern, Betonsperren und einem Container, in dem ein Hamas-Mann Name und Nummer meines Reisepasses in eine Kladde einträgt. Willkommen in Gaza, 1,8 Millionen Einwohner, 40 Kilometer lang, an seiner breitesten Stelle vierzehn, an seiner schmalsten sechs Kilometer breit, ausgestattet mit einem schon vor Jahren zerstörten Flughafen, einem kaputten Seehafen, viel Sand und Strand. Es stinkt. Während der Luftangriffe ist der Müll nicht mehr entsorgt worden.

Am Tag meines Besuches hält die Hamas keine ihrer schwülstig-martialischen Paraden ab. Ingenieure und Arbeiter der Wasserverwaltung von Gaza City untersuchen zerstörte Brunnen, flicken geborstene Leitungen. Das einzige Kraftwerk ist in Brand geschossen, Krankenhäuser und Ambulanzen sind bombardiert worden. Einwohner sind aus den überfüllten Flüchtlingsunterkünften in die Straßen zurückgekehrt, um zu sehen, was von ihren Häusern übrig geblieben ist. Ich warte darauf, dass die Ersten beim Anblick ausländischer Journalisten die Faust schütteln und »Lang lebe Hamas« rufen. Aber die Leute winken mich erschöpft heran, damit ich zusehen kann, wie sie Brauchbares aus den Trümmern fischen. Ich klettere über die Brocken eines eingestürzten Dachs, beginne, selbst herumzustochern, finde eine Packung Unterhosen, Turnschuhe, Schulhefte und das verknautschte Gesicht des Mister-Bean-Darstellers Rowan Atkinson auf dem Cover einer DVD. Ein älterer

Mann fotografiert die Ruine von allen Seiten mit seinem Smartphone. Seine Kinder leben in Deutschland, »zwei in Berlin, zwei in Bocholt«. Sie wollen sehen, wie das Haus der Familie jetzt aussieht. Eine ältere Frau mit einem Mundschutz vor dem Gesicht kocht mitten in den Trümmern Tee, während ihr die Tränen über das Gesicht laufen. Ein Nachbar deutet auf ein großes, rosa gestrichenes Haus hundert Meter weiter, das den Bombenhagel unbeschadet überstanden hat. »Das ist die Villa von einem Hamas-Funktionär. Warum haben die Israelis den nicht bombardiert? Ich habe das alles so satt.«

Das sind die leisen Töne, die in der Propagandaschlacht ausgeblendet werden. Die Webseiten der Hamas sind voll mit Bildern getöteter palästinensischer Kleinkinder, Racheschwüren gegen Israel. Israel kontert mit Videos und Satellitenbildern von Waffendepots und Raketen der Hamas in Wohnhäusern oder von Bomberpiloten, die ihre Einsätze abbrachen, um keine Zivilisten zu gefährden.

»Verbrecherischer Krieg gegen Zivilisten«, lautet die eine Wahrheit. »Legitime Selbstverteidigung gegen islamistischen Terror« die andere.

Zwischen den Fronten steht Mahmud Abu Rahma, ein Mann mit sardonischem Lächeln und Ringen unter den Augen, Kettenraucher und Experte für die Frage, wann das Töten legitim ist, wann verbrecherisch. Sein Arbeitsplatz ist das Büro des Al-Mezan-Menschenrechtszentrums in Gaza City. Ausländische Journalisten kommen in diesen Tagen öfter vorbei, und wenn einer fragt, ob ein solches Zentrum im Herrschaftsgebiet einer Organisation wie der Hamas überhaupt etwas ausrichten kann, dann lächelt Abu Rahma und sagt: »Ich glaube schon. Jedenfalls mögen sie uns nicht besonders.« Er trägt Narben an Bein, Rücken und Schulter von einem Messerangriff maskierter Täter, nachdem er der Hamas vorgeworfen hatte, militärische Anlagen in Wohnvierteln zu verstecken und damit die Zivilisten Gazas in Gefahr zu bringen.

Wann immer Israel angreift, zählen Abu Rahma und seine Kollegen Tote und Verwundete, verifizieren, so gut es geht, ob es sich um Kombattanten oder Zivilisten handelt und ob die Tötung der Zivilisten hätte vermieden werden können. Über 1900 getötete Palästinenser haben sie in diesem Krieg bislang aufgelistet, »nach unseren Nachforschungen waren 81,6 Prozent Zivilisten«. Er zitiert die völkerrechtliche Definition von »Kombattanten«, verweist auf internationale Konventionen und Zusatzprotokolle. Ich suche ein leises Anzeichen von Wut in seiner Stimme, ein Zucken im Gesicht und finde nichts. Aber die Konzentration, mit der er redet, durchschneidet die Luft in seinem Büro. Der Mann hat seit Wochen kaum geschlafen, hat Luftangriffe und den Einmarsch israelischer Truppen erlebt, hat Leichen untersucht und Totenscheine überprüft, zusammen mit seinen Mitarbeitern die Aussagen verstörter Angehöriger protokolliert. Sie sind jetzt ein Mann weniger, ein Kollege ist wenige Tage zuvor durch einen israelischen Drohnenangriff getötet worden, als er Bombenschäden an seinem Haus inspizieren wollte.

Wieder zurück in Tel Aviv, sehe ich am nächsten Morgen volle Strände, Schwimmer im Wasser, sonnengebräunte Muskelmänner beim Beach-Tennis, knutschende Pärchen in den Cafés. Der Waffenstillstand hält an, es hat seit drei Tagen keinen Raketenalarm mehr gegeben, die Sonne scheint, das Meer rauscht, und in mir steigt die Wut hoch über diese Lebenslust, die alles zu leugnen scheint, was ich am Tag zuvor gesehen habe. Ich will irgendetwas brüllen. Stattdessen stehe ich orientierungslos herum wie eine Statistin im falschen Film. Nach einer halben Stunde bestelle ich mir einen Eiskaffee. Dann entdecke ich einen Kajak-Club. »Scheißkrieg«, denke ich mir und trage mich für die Halbtagestour am Nachmittag ein. Wenige Stunden später paddele ich mit fünf Israelis Richtung Jaffa.

Es sind gute Paddler. Sie absolvieren regelmäßig längere Touren auf dem Roten Meer und entlang der Mittelmeerküste, manchmal bis nahe an die israelisch-libanesische Grenze zu jener Landzunge, hinter der man Tyre erahnen kann.

Nach gut fünf Kilometern tauchen die Felsenketten auf, die vor dem Hafen von Jaffa größeren Schiffen den Weg versperren. Pilger vergangener Jahrhunderte mussten deswegen in kleine Boote umsteigen und eine bei heftigem Wind gefährliche Kurzstrecke zurücklegen, bevor sie zu Land weiterreisen konnten nach Jerusalem.

Mit dem Kajak ist die Einfahrt kein Problem. Ein paar kräftige Paddelschläge auf dem Kamm einer Welle, und ich gleite in den Hafen, einen der ältesten der Welt. Aus einer der schicken neuen Kneipen am Kai schwappt Smooth Jazz herüber. »Eine Stadt der Phönizier, die älter als die große Sintflut sein soll.« Plinius der Ältere hat das über Jaffa geschrieben.[7]

Perseus befreite hier die angekettete Andromeda vom Felsen. In Jaffa machte sich der Prophet Jona auf einem Schiff davon, anstatt, wie von Gott befohlen, nach Ninive zu gehen und den sündigen Bewohnern ein Strafgericht anzukündigen. Die Flucht endete bekanntlich im Bauch eines Wals, der Jona erst nach reumütigem Beten unversehrt wieder ausspuckte. Und zwar irgendwo zwischen Sidon und Tyre. Jedenfalls behaupten das die Libanesen. Zur israelisch-libanesischen Erzfeindschaft gehört auch, möglichst viele biblische Schauplätze für sich zu reklamieren.

Und hier in Jaffa bekam Petrus die Eingebung, dass auch »Unreine«, also Nicht-Juden, zum Christentum bekehrt werden dürfen. Man kann das als großen Sieg der Toleranz interpretieren. Oder als Signal, dass man von nun an jedem den eigenen Glauben aufzwingen konnte.

Gilad, unser Tour-Guide, steigt aus seinem Kajak und holt Bier für alle. Wir trinken und schauen aufs Wasser. »Du bist also Journalistin aus Deutschland«, sagt er nach einer Weile. »Und worüber berichtest du?«

»Über den Gaza-Krieg.«

»Warst du dort?«

Ich nicke. ›Es ist ein so schöner Tag‹, denke ich. ›Frag jetzt bitte nicht weiter.‹ Einige Minuten vergehen.

»Und? Wie ist es in Gaza?«

Ich erzähle, was ich in Gaza gesehen habe. Als ich fertig bin, herrscht Schweigen. Kein bedrückendes, auch kein feindseliges, sondern ein resigniertes Schweigen. Niemand muss dem anderen erklären, dass dieser Krieg die Sackgasse noch tiefer treibt, in der Israelis und Palästinenser stecken. Und dass die Palästinenser dabei gegen die Wand gedrückt werden.

Wir leeren unser Bier und kehren zurück nach Tel Aviv.

»Aus welcher Stadt kommst du eigentlich?«, fragt mich einer der Paddler, als wir im Club die Boote abspritzen. Er spricht fließend Deutsch.

»Aus Berlin.«

»Wo genau?«

»Neukölln.«

»Da habe ich mir jetzt eine Wohnung besorgt. Ich muss hier immer wieder raus. Sonst hält man das nicht aus in diesem Land.«

Der Krieg endet nach insgesamt sieben Wochen, 73 Toten auf israelischer Seite und über 2000 Toten auf palästinensischer Seite.[8] Das Waffenstillstandsabkommen sieht eine teilweise Lockerung der Blockade vor. Eine internationale Geberkonferenz verspricht fünf Milliarden Dollar zum Wiederaufbau Gazas. Dann verschwindet dieser Streifen am Mittelmeer wieder aus den Schlagzeilen.

Nach meinem Kajakausflug bleibt mir noch ein Tag in Tel Aviv. Ich spaziere durch die Dizengoff-Straße und den Rothschild-Boulevard, sehe mich satt an den restaurierten Bauhaus-Gebäuden, setze mich in ein Café und versinke in der Lektüre einer zartbitteren Kurzgeschichte des Schriftstellers Almog Behar. »Ana min al-yahoud«, »Ich bin einer der Juden«. Ein junger jüdischer Israeli, das »reine« Hebräisch der Ashkenazim sprechend, wird über Nacht vom arabischen Akzent seines irakischen Großvaters heimgesucht, worauf Polizisten und Behörden ihn schikanieren wie einen Araber. Doch statt seinen Akzent abzulegen, steckt er alle um ihn herum an. Jeder spricht plötzlich in der Sprache oder den Dialekten seiner eingewanderten Großeltern. Jiddisch, Deutsch, Arabisch, Russisch, Polnisch, Amharisch, Hebräisch in allen Farben. Wie Bäume, deren Wurzeln sich durch den Straßenteer nach oben drücken, verschafft sich jede Gruppe wieder Gehör, es verschwimmen die Grenzen zwischen Ashkenazim, Sephardim und Mizrachim, zwischen Juden und Muslimen, zwischen Israelis und Palästinensern.

Ich fliege, den obligatorischen Umweg über Amman nehmend, zurück nach Beirut. Zu Hause markiere ich auf meiner Karte des Mittelmeers die kurze Strecke zwischen Tel Aviv und Jaffa. Es ist nicht mehr als ein dicker schwarzer Punkt auf dem Blau des Meeres: die einzigen Kilometer meiner Traumtour entlang der Levante und nordafrikanischen Küste, die ich bislang im Kajak absolviert habe.

Es sind 253 Seemeilen von *Capho* bis *Alexandria*. Mehr als den Namen haben Sie zu dieser Stadt nicht notiert, Mauro. Mehr musste man zu Ihrer Zeit nicht schreiben. Jeder Gelehrte im Venedig des 15. Jahrhunderts kannte die Stadt des Eratosthenes, des Claudius Ptolemäus, der größten Bibliothek der Antike. Und jeder kannte Alexandria als Tatort des historischen Diebstahls des Jahres 828, als venezianische Händler die sterblichen Überreste des heiligen Markus herausschmuggelten. Angeblich versteckt unter einer Ladung Schweinefleisch, welche die muslimischen Wachen am Hafen nicht durchsuchen mochten.

Alexander der Große hatte die Stadt binnen weniger Jahre aus dem Boden stampfen lassen – kurz nach der Zerstörung von Tyre und der Eroberung von Gaza. Ihren Aufstieg zum Zentrum der Wissenschaften erlebte er nicht mehr. Er starb mit Anfang dreißig in Babylon nach einem womöglich zu üppigen Saufgelage, hinterließ ein riesiges Reich und Pläne für weitere Eroberungen. Sein Leichnam wurde in die Stadt seines Namens zurückgebracht und in einem Mausoleum beigesetzt. Aus den Schätzen dieser Grabstätte sollen sich zahlreiche Plünderer bedient haben. Womöglich auch besagte Händler aus Venedig. Von Alexanders Mausoleum verlor sich just zu dem Zeitpunkt jede Spur, als die Frühchristen der Stadt heidnische Grabstätten entweder zerstörten oder in christliche umwandelten. Manche Historiker glauben, dass die Knochen des Eroberers kurzerhand zu denen von Markus erklärt worden sind.[9] Die These ist ähnlich kühn wie jene von der chinesischen »Entdeckung« Amerikas. Und deswegen genauso verführerisch. Sollte sie stimmen, hätten die Venezianer einen Heiden zum Stadtheiligen gemacht.

Von Kairo kommend, erscheint Alexandria wie eine Erlösung. Am Morgen meiner Abfahrt hat sich eine graue Smog-Glocke über den Tahrir-Platz in der ägyptischen Hauptstadt gelegt. Polizeispitzel beobachten jede Regung. Der arabische Frühling ist längst unter der bleiernen Decke der Restauration begraben, das Militär hat alle Zügel in der Hand, die Gefängnisse sind voll. Nach knapp drei Stunden Autofahrt taucht Alexandria auf wie ein riesiges Fenster. Es ist ein Januartag, eine kühle Feuchtigkeit hängt in den Straßen. Die Stadt zieht sich scheinbar endlos am Meer entlang, als warteten ihre Bewohner auf eine vom Wasser kommende Verheißung.

Hafenstädte, so sagt man, sind freier, offener, liberaler als Städte landeinwärts. Was stimmt. Doch der Mann, den ich treffen will, träumt nicht von Weltoffenheit, sondern von einer Gesellschaft mit rigiden religiösen Regeln, die sich die Zeit des Propheten Mohammed im siebten Jahrhundert zum Vorbild nimmt und so einen neuen Siegeszug, eine neue »goldene Ära« des Islam einleitet. Alexandria ist eine Hochburg des ägyptischen Salafismus und der Zahnarzt Younes Makhioun eine seiner Führungsfiguren. Salafisten wie Makhioun haben sich lange auf die Lehre vom »reinen Islam« und auf das Missionieren beschränkt. Nach der Revolution von 2011 haben sie sich doch in die Niederungen der Politik begeben, eine Partei gegründet und die Spielregeln der Macht erstaunlich schnell gelernt. Als die islamistische Konkurrenz der Muslimbrüder nach einem kurzen Intermezzo als gewählte Regierung durch einen Putsch ausgeschaltet wurde, dienten sich die Salafisten den allmächtigen Sicherheitskräften als loyale Hüter des »wahren Islam« an und wettern seither im Parlament gegen Pornographie, Scheidung, Schönheitschirurgie, die als *haram* gilt, sowie die angebliche Verschwörung von Christen und Säkularen gegen die Scharia in Ägypten. Allesamt keine Themen, die das allmächtige Militär interessieren. Nur wenn Makhioun die sündhafte Verschuldung des Staates verdammt, rührt er an einen Nerv der Generäle.

Makhioun ist ein groß gewachsener Mann mit langem Bart und Gebetsmal auf der Stirn. Zum Gespräch empfängt er mich im Garten seines Familienhauses außerhalb von Alexandria. Es gibt Tee und Kekse, ein Loblied auf die geistliche Erneuerung Ägyptens und eine Philippika gegen die Verkommenheit des Westens. All das trägt er vor mit der sanften Selbstgewissheit eines Mannes, der Gott auf seiner Seite wähnt und in Europäerinnen wie mir die Verlierer der Geschichte sieht. »In Amerika und Europa geht es nur noch um den Körper, das Aussehen und das Geld. Die Gesellschaften sind völlig aus dem Gleichgewicht. Und wissen Sie, warum?« Ich ahne, was kommt.

»Weil die Rollen von Mann und Frau durcheinandergeraten sind. Eine unnatürliche Entwicklung, vor der wir uns schützen müssen.«

Dann sagt er einen Satz, der zwar nicht neu ist, mich aber streitlustig macht: »Die Zeiten, in denen der Westen anderen Kulturen seine Werte aufzwingt, sind nun endgültig vorbei.« Gut, denke ich, reden wir über den Westen und Ägypten. Reden wir über Kulturen und ihre Werte, westliche und islamische. Leider betritt in diesem

Moment ein Assistent den Garten, murmelt besorgt etwas ins Ohr des Doktors, der sich entschuldigt. Dringende Parteigeschäfte.

Nach dem Treffen mit Younes Makhioun spaziere ich in Alexandria an der Corniche entlang. Am Ende des östlichen Hafens befindet sich eine riesige, zum Meer neigende Scheibe, das Dach der neuen Bibliotheca Alexandrina, errichtet nahe der Stätte der antiken Bibliothek. Hier kann man nachlesen, wie die Ägypter zum ersten Mal den modernen Westen, das moderne Europa zu Gesicht bekamen.

»L'Orient« hieß das Schiff, das am 2. Juli 1798 mitsamt einer Kriegsflotte wenige Kilometer von Alexandria im Hafen von Abukir einlief. Von Bord ging Napoleon Bonaparte mitsamt einem Heer von rund 30 000 Soldaten und nahm erst Alexandria, dann Kairo ein, noch bevor dessen Bewohner so recht begriffen hatten, was da über sie hinweggerollt war. Ägypten stand damals unter der Herrschaft der Mamluken, ehemals Militärsklaven des zunehmend fragilen Osmanischen Reiches, die auf dessen Territorium eigene Herrschaftsgebiete geschaffen und nun die Flucht ergriffen hatten.

Der neue Herrscher stellte sich umgehend per Proklamation als Befreier und Bruder im Glauben vor. »Richter, Scheichs, Imame, Offiziere und Würdenträger des Landes«, ließ Napoleon auf Arabisch verkünden, »teilt Eurem Volk mit, dass auch die Franzosen gläubige Muslime sind.« Die Ägypter, noch im Schock über die Blitzinvasion, rieben sich verdattert die Augen.

So begann die erste Begegnung zwischen der arabischen Welt und dem modernen Europa: mit Kanonenkugeln und einem Übersetzungsfehler.

Das noch-revolutionäre Frankreich hatte Napoleon nach Nordafrika geschickt, um Großbritannien den Zugang zum Mittelmeer und zum Suezkanal abzuschneiden und den französischen Anspruch auf die Levante anzumelden. Der junge korsische General kam frisch von seinem siegreichen Italien-Feldzug, dem auch Venedig zum Opfer gefallen war, und wollte mit der neuen Eroberung beweisen, dass in ihm weit mehr steckte als militärisches Talent. Zu seiner Streitmacht gehörten außer Soldaten auch Wissenschaftler und Orientalisten, die den Einheimischen die Errungenschaften der französischen Republik erklären sollten, des Arabischen aber nicht ganz mächtig waren. Dass »die Franzosen gläubige Muslime sind«, stand nicht in der Originalfassung von Napoleons Proklamation. Dort hieß es: »Wir haben uns als wahre Freunde der Muslime erwiesen.«[10]

Von allen Invasionen europäischer Mächte war die französische in Ägypten wohl die bizarrste. Die Eroberten waren zutiefst verwirrt durch ihren Eroberer mit seinen hautengen Hosen und dem Hut, in den man eine Hammelkeule wickeln konnte. Einerseits ließ Napoleon jedes Dorf niederbrennen, in dem auch nur ein Schuss auf die neuen Herren abgegeben wurde. Andererseits umwarb er den sunnitischen Klerus, erschien zu muslimischen Feiertagen in ägyptischen Gewändern und schockte die versammelten Scheichs und Imame nach wenigen Monaten mit der Aufforderung, man möge das Freitagsgebet in der berühmten Kairoer Al-Azhar-Moschee in seinem Namen sprechen. Erst der Gegenvorschlag der islamischen Gelehrten, doch zuerst mitsamt seinen Soldaten zum Islam überzutreten, kühlte seinen Eifer ab. »Es gibt zwei Schwierigkeiten, die mir und meiner Armee eine Konversion unmöglich machen«, antwortete Napoleon. »Die erste ist die Beschneidung, die zweite der Wein.«[11]

Mit intakter Vorhaut und zum Teil sturzbetrunken schlugen seine Soldaten kurz darauf die erste große Revolte der Ägypter nieder, ritten mit ihren Pferden in Moscheen und urinierten auf die Teppiche. Ihr Befehlshaber verlor nach einem Jahr die Lust an seinem Ägypten-Feldzug und setzte sich nach Frankreich ab, wo größere Aufgaben auf ihn warteten. Seine aufgeriebene Armee folgte 1801 nach diversen Schlachten gegen osmanische und britische

Truppen und mehreren zehntausend Toten. Die europäisch-ägyptische Annäherung schien erledigt. Sie war es nicht.

»Die Franzosen sind gleich vor dem Gesetz trotz ihrer Unterschiede in Ansehen, Position, Ehrwürdigkeit und Wohlstand. Diese Unterschiede mögen im sozialen Umgang und in der Gesellschaft eine große Rolle spielen, aber sie haben in ihrer Scharia keine Bedeutung.« So führte Rifah al Tahtawi 1834 seine Landsleute in das politische System Frankreichs ein, von dem sich, so fand er, Ägypten einiges abschauen sollte.

Ich hätte von dem Mann vermutlich nie gehört, hätte mich nicht ein Beiruter Journalistenkollege, leicht irritiert über meine Unkenntnis islamischer Modernisierer, auf Tahtawis Bücher hingewiesen.

Seit dem Ende der *convivencia* und der Kreuzzüge hatten Araber mit Europa so gut wie nichts mehr zu tun gehabt. Sie wähnten sich geschützt und abgeschottet in ihrem *Dar al Islam* und ihrem osmanisch beherrschten Kalifat – ähnlich, wie sich das chinesische Kaiserreich in einer eigenen unantastbaren kosmischen Ordnung glaubte. Bis die Kanonenboote der Europäer auftauchten. Ebenso wie chinesische Amtsträger erkannten auch muslimische die Notwendigkeit, von dieser neuen enorm gewalttätigen und innovativen Macht zu lernen. Muhammad Ali Pascha, Ägyptens neuer Herrscher nach dem Abzug der Franzosen, schickte Studenten über das Mittelmeer. Tahtawi war einer von ihnen. Fünf Jahre studierte er in Paris Philosophie, Mathematik und Geometrie und beobachtete Staat und Gesellschaft mit der Akribie eines Ethnologen. Seinen Landsleuten schilderte er die französische »Scharia«, womit er die Verfassung meinte, die Kleidung und Manieren der »anderen«, das Schulsystem, den Unterschied zwischen Monarchisten und Republikanern, den unbändigen Erfinderdrang. Neben der Idee der Rechtsstaatlichkeit beeindruckte ihn vor allem das Auftreten gebildeter französischer Frauen, »die grundlegende Bücher schreiben«.

Nicht alles empfahl er zur uneingeschränkten Nachahmung. Französische Philosophie hielt er aufgrund ihrer Religionskritik für problematisch. Wer sich darauf einlassen wolle, müsse den Koran sehr gut studiert haben. »Sonst verliert man womöglich seinen Glauben.«[12] Diese Skepsis änderte nichts an seiner Überzeugung, dass europäische Modernisierung mit dem Islam vereinbar war.

Kaum vier Jahrzehnte, nachdem Napoleons Soldaten auf die Teppiche der Al-Azhar-Moschee gepinkelt hatten, gab es dank Tahtawi und anderer Übersetzer in Kairo und Alexandria Molière, Voltaire, Rousseau und den Code civil auf Arabisch zu lesen. Jedenfalls für die, die lesen konnten.

Diese intellektuelle Hinwendung zu Europa beschränkte sich nicht auf Ägypten. In Istanbul veröffentlichte der osmanische Beamte Mustafa Sami Efendi eine viel beachtete »Abhandlung über Europa«, in der er die westliche Überlegenheit anerkannte, sie aber nicht auf die vermeintliche Überlegenheit christlicher Gesellschaften zurückführte. Europas Modernisierung, so schrieb er, sei eine universal gültige und für andere Kulturen nachzuahmende Leistung.

Keinem schien das so schnell zu gelingen wie Ägyptens Muhammad Ali Pascha. Allerdings war er beim Nachahmen selektiv. Tahtawis Bewunderung für Rechtsstaatlichkeit teilte er nicht. Er zwang seine Bauern in eine Monokultur der Baumwollproduktion und finanzierte mit dem Export für die französische und britische Textilindustrie eine professionelle Armee. Es folgten Eisenbahnlinien, Telegrafenmasten, breite Boulevards, Opernhäuser und 1869 die Eröffnung des Suezkanals. Ägypten glaubte, innerhalb weniger Jahre zu schaffen, wofür Europa Jahrhunderte gebraucht hatte. »Mein Land liegt nicht mehr in Afrika«, erklärte Muhammad Alis Nachfolger und Enkel Ismail. »Es gehört jetzt zu Europa.«

In Wahrheit gehörte es Europa. Ägypten war in eine globale Wirtschaft geraten, deren Regeln es nicht mitbestimmte. Mit dem Ende des Amerikanischen Bürgerkriegs kam wieder Baumwolle aus den Südstaaten auf den Weltmarkt, die Preise brachen ein, Ismail Pascha nahm zur Finanzierung der Modernisierung der Städte und seiner legendären Verschwendungssucht immer höhere Kredite zu immer höheren Zinsen bei europäischen Banken auf und presste seinen Untertanen immer mehr Steuern ab. Als Schuldner musste er zulassen, dass sein Kabinett unter europäisches Kuratel gestellt wurde. Ein nationalistischer Aufstand, geführt von Armee-Offizieren, folgte. Im Juni 1882 setzte ein Mob in Alexandria die Geschäfte europäischer Händler in Brand. Dieses Mal griff nicht die französische, sondern die britische Flotte an. Großbritannien übernahm faktisch die Herrschaft über Ägypten. Frankreich hatte ein Jahr zuvor Tunesien besetzt.

So begann die Hochphase des westlichen Imperialismus in Afrika und Asien. Um den westlichen Anspruch auf Freiheit und Gerechtigkeit mit der offensichtlichen Unfreiheit und Ausbeutung nicht-westlicher Gesellschaften vereinbaren zu können, bedurfte es nun des Arguments der »rassischen Überlegenheit«.

Europas Intellektuelle passten ihren Diskurs dem neuen Zeitalter geschmeidig an. An den Universitäten dozierten Professoren nun nicht nur über die Unreformierbarkeit Chinas, sondern auch des Islam, den sie als ethnische Kategorie und als Beleg für die Minderwertigkeit der Araber gegenüber den »arischen« Völkern heranzogen. Islam sei die »Herrschaft des Dogmas«, erklärte der einflussreiche französische Orientalist Ernest Renan 1883. »Er bedeutet die schwersten Ketten, die der Menschheit jemals angelegt worden sind«.[13]

Das Mittelmeer wurde wieder zum Meer der Herrscher. Europa eroberte, okkupierte und versuchte, die Spuren des Islam aus seiner eigenen Geschichte zu tilgen. Muslimische Reformer sahen sich verraten und getäuscht. Die »zivilisierende Mission« Europas mit ihren universellen Werten, schrieb der türkische Intellektuelle Halil Halid in *The Crescent versus the Cross* sei nichts weiter als ein Vorwand zur

Einmischung und Ausbeutung nicht-weißer und nicht-christlicher Völker.[14] Sein Buch erschien 1907 – etwa zur selben Zeit, als der chinesische Reformer Liang Quichao seine Desillusionierung mit Amerika zu Papier brachte. Halid gehörte zu einer wachsenden Gruppe islamischer und asiatischer Denker, die zwischen zwei Arten der »Zivilisationen« zu unterscheiden begannen: der westlichen materialistischen und der östlichen spirituellen. In der arabischen Welt wurde der Glaube nun auch zum Identitätspanzer gegen einen Westen, der als monolithische allmächtige Kraft mit dem Anspruch auf politische, ökonomische und kulturelle Weltherrschaft erschien. Was wiederum dessen Schwächen und innere Dynamiken völlig unterschätzte. Gut ein Jahrhundert später hat sich dieser Panzer als Falle erwiesen.

Aber ein »Kampf der Kulturen« ist diese Konfrontation nie gewesen. Sie erwuchs aus einer Legitimationskrise des Westens, aus dessen klaffendem Widerspruch zwischen der Rhetorik universeller Freiheit und Menschenwürde und der Praxis von Macht und Gewalt im eigenen, nationalen Interesse.

Ich verbringe die Nacht in Alexandria im Hotel Le Metropole, 1902 erbaut von italienischen und griechischen Architekten, ausgestattet mit der europäischen Pracht des frühen 20. Jahrhunderts. Bedrohlich große Kronleuchter, goldlackierte Türrahmen, schwere Teppiche in den Fluren und Ölbilder an den Wänden. Ein Ort, den der Salafist Younes Makhioun wahrscheinlich nie betreten würde. Oder in dem er zumindest nicht gesehen werden wollte.

In der Lobby plätschert Beethovens »Für Elise« aus den Lautsprechern. Der Rezeptionist verweist stolz darauf, dass sich dort, wo heute das Metropole steht, Kleopatra und Marcus Antonius geküsst haben sollen. Und dass an der Bar die Schlussszenen für *Eiskalt in Alexandrien* gedreht worden sind. In dem Film schlägt sich eine Gruppe britischer Soldaten im Zweiten Weltkrieg von Libyen durch deutsche Stellungen zum gekühlten Bier ins rettende Alexandria durch.

Am nächsten Morgen spaziere ich noch einmal an der Corniche entlang. Hinter mir rauscht der Autoverkehr, vor mir döst ein Angler in der Morgensonne. Am Hafen wird bald das nächste Kreuzfahrtschiff einlaufen, dessen Passagiere beim Landgang alles über Kleopatra, den großen Alexander und die antike Bibliothek, aber vermutlich nichts über die Baumwollkrise und anti-britische Aufstände erfahren werden. Oder über die Rede Gamal Abdel Nassers, der hier in Alexandria 1956 die Verstaatlichung des Suezkanals verkündete und ein letztes Mal den Traum vom anti-imperialen – und anti-israelischen – Pan-Arabismus aufflackern ließ. Und die Kreuzfahrtpassagiere werden ganz sicher nichts erfahren über die aktuellen Preisexplosionen für Benzin und Zucker und die neuen Gläubiger Ägyptens. Jetzt sind es nicht mehr europäische Banken, die das Land mit Krediten dirigieren, sondern die reichen Golfstaaten und der Internationale Währungsfonds. Erstere fordern für ihre Dollars politische und militärische Loyalität, Letzterer besteht auf einem massiven Abbau der Preissubventionen für Grundnahrungsmittel und Treibstoff. Keiner aber rührt die große Geißel des Landes an: das Militär, das Muhammad Ali Pascha einst nach europäischem Vorbild aufgebaut hat. Über die Jahrzehnte und Epochen ist die Offizierskaste zu einer eigenen Wirtschaftsmacht geworden, für die es ein ziviles Gemeinwohl nicht gibt. Younes Makhiuon, der Salafistenführer, hat recht: sein Land steckt in einer neuen Schuldenfalle. Aber gegen das Militär wagt auch er kein Wort der Kritik. Es ist ungefährlicher, Tiraden gegen säkulare Aktivisten, Frauenrechtlerinnen und den Westen zu führen.

Es sind 860 Seemeilen von Alexandria nach Tripoli. Wieder eine Gründung der Phönizier, *Oea* nannten sie die Stadt 1500 vor Christus. *Tripoli de Barbaria* hieß sie im 15. Jahrhundert nach Christus. So steht es auch auf Ihrer Karte, Mauro.[15] Sie kannten sich gut zu Ihren Zeiten, *La Serenissima* und das »Tripoli der Berber«. Man trieb Handel miteinander, es sei denn, Venedig hatte wieder eine Strafexpedition gegen Piraten entsandt. Schiffe unter christlicher Fahne zu entern und Geiseln zu nehmen – das war die Rache der muslimischen Berber für die spanische *Reconqista,* an deren Ende Abertausende von Muslimen und Juden von der Iberischen Halbinsel vertrieben worden und über das Mittelmeer nach Nordafrika und ins Osmanische Reich geflohen waren. Hier, von Tripoli aus, komme ich Europa am nächsten. Im Motorboot von Ali al-Hamschari.

Hamschari ist ein schneidiger Offizier der libyschen Küstenwache und an diesem Augusttag des Jahres 2016 von seinem Vorgesetzten angewiesen, mich samt Fotografen und Übersetzer auf eine Patrouille mitzunehmen. Einen Vormittag lang sollen wir die See östlich der Hauptstadt Tripoli nach Bootsflüchtlingen absuchen.

Anders als in Ägypten ist der libysche Aufstand gegen die Diktatur nicht in eine Konterrevolution, sondern in eine Vielzahl von Machtkämpfen gemündet, mit höchst unterschiedlichen Folgen. Es gibt relativ stabile Städte wie Misrata oder El Khums, in denen man Familien am Wochenende zum Picknick an den Strand begleiten und jenen Sonnenuntergang beobachten kann, den der Schriftsteller Hisham Matar beschrieben hat. Ein paar hundert Kilometer weiter östlich bekriegen sich währenddessen verfeindete Milizen, dazwischen haben sich aus Syrien, Tschetschenien oder Tunesien eingeschleuste Kämpfer des »Islamischen Staates« eingenistet. Weiter westlich fegen philippinische Hausangestellte die Ferienhäuser ihrer reichen libyschen Herrschaften aus, während Fischer ihre Boote umrüsten für den lukrativen Schmuggel von billigem Benzin, das sie auf offener See an ägyptische, maltesische und russische Tanker verkaufen. Wieder einige Kilometer weiter steigen jeden Tag und jede Nacht Hunderte von Somalis, Eritreern, Nigerianern, Senegalesen,

Gabunern, Kongolesen in Schlauchboote, um Kurs auf Europa zu nehmen.

Wenn man in diesem Sommer 2016 den Alltag einer sich rasant entgrenzenden Welt ohne offensichtliche Ordnung beobachten will, ist die libysche Mittelmeerküste ein geeigneter Ort.

Hamschari hat extra für uns seine weiße Ausgeh-Uniform angezogen, was sich als schlechte Idee erweist. Sein Steuermann, ein bulliger Kerl namens Youssef, dreht die Außenbordmotoren voll auf, es dröhnt, die Gischt spritzt, und wir sind nach wenigen Minuten klatschnass.

Wir nehmen Kurs auf Garabulli, eine Hochburg der Menschenschmuggler, und steuern dann nordwärts auf das offene Meer hinaus. Ich klammere mich an der Reling fest, um beim Aufprall auf die Wellen nicht aus dem Boot gehoben zu werden, blinzele angestrengt in die Ferne und bin jedes Mal leise enttäuscht, wenn sich die vermeintlichen Umrisse eines Flüchtlingsbootes wieder nur als Schaumkrone entpuppen. Erst nach einer Weile frage ich mich, was geschehen würde, sollten wir tatsächlich ein in Seenot geratenes Boot mit 100, 200 oder mehr Menschen finden. Hamscharis Fiberglas-Boot ist das einzig verfügbare der Küstenwache in seinem Abschnitt. Es fasst maximal dreißig Menschen. Die anderen würden wahrscheinlich ertrinken bei dem panischen Versuch, sich bei uns festzuklammern. Ich höre auf, den Horizont nach Schiffen abzusuchen.

Mare Monstrum. Das ist der neue Name für das Mittelmeer. Er ist hässlich, er ist ungerecht. Nicht das Meer ist monströs. Ob es verbindet, ausgrenzt oder zum Massengrab wird, entscheiden Menschen. Und Bilder.

Kaum wähnte sich der Westen nach dem Kollaps des Kommunismus auf der Siegerstraße der Geschichte, bekam er Angst vor seinen neuen Anhängern. Eine Massenflucht von Millionen Russen Richtung Westeuropa – das war eine der Spuk-Schlagzeilen Anfang der 1990er Jahre. Die Russen kamen nicht, jedenfalls nicht in Massen. Aber im Sommer 1991 fuhr das verrostete Frachtschiff »Vlora« mit mehreren tausend Menschen an Bord vom albanischen Durrës über das Mittelmeer ins italienische Bari. In Albanien war nach dem Kollaps des kommunistischen Regimes ein ökonomisches Chaos ausgebrochen. Junge Albaner hatten die »Vlora« gekapert und den Kapitän gezwungen, Kurs auf Italien zu nehmen. Der politische Kampfbegriff der »Menschenflut« war nun anschaulich geworden: durch Pressefotos von Tausenden zusammengepferchten Flüchtlingen, die aus jedem Bullauge des Schiffes zu klettern schienen.

Das war der erste Schock. Europa hatte nach dem Zweiten Weltkrieg bald wieder vergessen, dass das Mittelmeer immer auch eine Flucht- und Migrationsroute gewesen ist. Die »Vlora« rief es wieder ins Gedächtnis.[16] Und sie bestärkte den Irrglauben unter uns Europäern, dass nun der Exodus der Armen gen Norden und Westen beginnen würde. Schließlich wähnten wir uns als das neue Gelobte Land. Wir hatten ja alles gewonnen. Den Wohlstand, die Freiheit, die Schlacht um die bessere Ideologie. Es mussten doch alle kommen wollen.

Es wollten nie alle kommen. Wenn dieser Planet ein typisches Geräusch ins Weltall aussenden könnte, dann wären es die Milliarden Schritte auf der Suche nach Zuflucht und einem besseren Leben. Am lautesten zu hören in Afrika und Asien, nicht in Europa oder Nordamerika. Wer fliehen oder emigrieren will, sucht sich Ziele nahe seiner Heimat. Die großen Zufluchtsorte dieser Zeit heißen Kenia, Iran, Pakistan oder Südafrika. Nicht Frankreich, Polen, Österreich oder Deutschland.

Kaum 30 Jahre später steht Europa wieder unter dem Schock eines Flüchtlingstrecks. Dieser kommt aus Syrien, dem Irak und Afghanistan, aus Somalia, Eritrea und Nigeria. Im globalen Vergleich ist er klein, auf den Bildschirmen der Fernseher erscheint er riesig. Tausende zusammengepfercht in Fischkuttern und in

Schlauchbooten. Und wieder ist der »Vlora-Effekt« eingetreten: Sie wollen alle zu uns.

Könnte man Mauern auf Wasser bauen, dann stünde inzwischen eine Betonwand auf dem Mittelmeer von der Straße von Gibraltar bis zur griechisch-türkischen Grenze. Manchmal mischt sich ein kurzes Erschrecken in den kollektiven Abwehrreflex, wenn wieder einige hundert Leichen von Migranten geborgen werden, gestorben bei dem Versuch, das Meer zu überqueren. Aber das Erschrecken wird schwächer.

»Wir sind jetzt 20 Seemeilen von der Küste entfernt«, verkündet Hamschari, als das Land aus unserem Blickfeld verschwunden ist. Die See ist unruhig. Weit und breit ist kein anderes Schiff zu sehen. »Noch 160 Meilen, und wir wären in Lampedusa.« In diesem Moment fällt der Motor aus. Youssef betätigt drei, vier Mal den Anlasser, drückt diverse Knöpfe, fingert an den Motoren herum. Nichts. Die Stille ist zunächst betörend, aber je länger wir auf dem Wasser dümpeln, desto unheimlicher erscheint mir das Meer. »Vielleicht kommen ja ein paar Migranten vorbei und schleppen uns ab«, flachst Ahmed, mein vorlauter Übersetzer. Hamschari lächelt. »Keine Sorge. Youssef kriegt das wieder hin – das passiert öfter. Aber vielleicht wisst ihr, wie man das Radargerät repariert. Das hat noch nie funktioniert.« Wir müssen passen. Ein Boot der Küstenwache ohne Radargerät und mit kaputtem Motor in Gewässern, die von Schmugglern und Kurieren des IS befahren werden. Ich male mir gerade erste Notfall-Szenarien aus, da springt der Motor wieder an. Youssef nimmt Kurs Richtung Libyen und setzt uns mit Sonnenbrand und Salz verkrustet am Hafen ab.

Je rauer das Meer, desto geringer die Wahrscheinlichkeit, dass die Migranten in die Boote steigen, sagt Hamschari. Und desto größer die Aussicht, dass die See die Ertrunkenen wieder an Land spült. Seine Kollegen, die am Strand Wache schieben, haben den ersten Toten dieses Tages gefunden, während wir auf Patrouille waren. Ein Afrikaner, wahrscheinlich Mitte zwanzig, keine Papiere, kein Hinweis auf seine Nationalität. Sie haben die Leiche aus dem Wasser auf die Felsen gezogen, mit schwarzen Plastikfetzen und grünen Netzen notdürftig zugedeckt. Der Kopf ist durch die Hitze bereits grotesk verformt, aber das ist es nicht, was mir die Kehle zuschnürt. Es ist der Anblick des Fußes, der unter der Plane heraus-ragt. Er sieht aus wie der eines Schlafenden, der sich kurz ausruht von den Strapazen.

»Wir haben keine Leichensäcke«, sagt einer von Hamscharis Männern. Sie alle sind ehemalige Mitglieder von Rebellenbrigaden, und ich frage mich, wie sie diesen Mann behandelt hätten, wäre er noch am Leben gewesen. Kurz nach dem Sturz des Diktators hatten Aufständische Jagd auf afrikanische Migranten gemacht, weil Gad-dafi Söldner aus Ländern südlich der Sahara angeheuert hatte. Jetzt machen Milizionäre Jagd auf Migranten, weil Menschenschmuggel einer der lukrativsten Wirtschaftszweige im Land geworden ist.

»Ich habe das Krankenhaus angerufen«, sagt ein anderer. »Die wollen ihn nicht übernehmen.« Vor einigen Wochen hatten sie vier Ertrunkene geborgen, sie stundenlang in der Hitze bewacht, die streunenden Hunde vertrieben und die Leichen schließlich halb wütend, halb verzweifelt vor dem Polizeirevier abgeladen. Nach lan-gen Verhandlungen hatte das örtliche Hospital dann doch seine Leichenkammer geöffnet.

Irgendwann wird jemand auch diesen Toten abholen. Aber es wird noch Stunden, vielleicht Tage dauern.

Wir beschweren die Plastikplanen mit Treibholz und Felsbro-cken. Fünfzig Meter weiter spielen Kinder im Wasser. Einer der Männer geht hinüber, um ihnen zu sagen, dass unter dem grün-schwarzen Bündel ein »Afriqij«, ein Afrikaner liegt. Die Kinder sind sechs oder sieben Jahre alt. Sie wissen längst, was das bedeutet.

»Ein heller Morgen erhob sich strahlend über dem klaren Meer. Vom Himmel, der morgendlich rein und frisch war, kam ein flimmerndes Licht, das jedem Haus, jedem Baum eine sichtbare Zeichnung gab, eine wundersame Neuheit. Am ersten Morgen der Welt muss die Erde in ähnlichem Licht aufgetaucht sein.«[17] Albert Camus hat das geschrieben. Solche Liebeserklärungen an das Mittelmeer bleiben einem in diesen Zeiten im Hals stecken. Aber dann kommt wieder ein Sommer in Beirut. Ich gehe an die Strandpromenade und beobachte diese Stadt, die bis auf weiteres die meine ist. Schiiten, Sunniten, Drusen, Christen drängeln sich in den Fischrestaurants und scheren sich für ein paar Stunden nicht um ihre Konfession. Wer kein Geld hat, picknickt im Auto mit Blick aufs Wasser bei geöffneter Wagentür. Saudische Sommergäste in langen weißen Gewändern taxieren schulterfrei joggende Frauen, Skateboarder schlängeln sich an Anglern vorbei. Männer beten mitten im Getümmel gen Mekka, während junge Pärchen, sie mit Kopftuch, er mit Muskelshirt, Händchen halten – womöglich vorehelich. Halbstarke mit verspiegelten Sonnenbrillen lassen die hochfrisierten Motoren ihrer Cabrios aufheulen. Beiruter Schönheiten – oder was man dafür hält – tragen High Heels, Louis-Vuitton-Täschchen und Schweißperlen auf dem Botox-Dekolleté zur Schau. Und verblassen doch neben den asiatischen Hausangestellten, die zur Feier des freien Tages leuchtende Saris angelegt haben.

Syrische Flüchtlinge starren kettenrauchend auf die Felsen in der Brandung, wo sich Beiruter Großfamilien mit Ghettoblaster, Chips-Tüten und Wasserpfeifen ausgebreitet haben. Eine ältere Frau, komplett bekleidet mit Hidschab und Schwimmflügeln, planscht und prustet im Wasser, angefeuert von ihren Kindern. Das ist Beirut an einem Sommerwochenende. Eine schwitzende Ökumene am Meer, die auf einen Windzug hofft.

An solchen Tagen sitze ich auf einem der Felsen und lege mir neue Kajakrouten zurecht. Warum nicht in Kroatien, in Opatija starten, wo meine Geschichte mit dem Mittelmeer begonnen hat. Meine Großtante ist 1994 gestorben. Den Zerfall ihres Jugoslawien, das sie für unzerstörbar hielt, hat sie noch erlebt. Nicht aber den Beitritt des neuen Staates Kroatien 2013 zur EU, die man damals auch für unzerstörbar hielt.

Von Opatjia aus könnte ich Kurs Richtung Süden nehmen, Richtung Dubrovnik, dann die montenegrinische und albanische Küste entlang, von dort in die griechischen Hoheitsgewässer, immer mit Kurs auf Kreta, wo Europa einst ankam. Rund 240 Seemeilen sind es von dort bis nach Libyen, 346 bis Alexandria, Länder und Städte, die mit jeder neuen Krise, mit jeder Erschütterung dieses westlichen Zeitalters näher an uns heranrücken.

Mauro, das Mittelmeer *ist* das Meer in der Mitte des Landes. Das muss ich Ihnen nicht sagen. Den Drang, eine Grenze zwischen den Kontinenten zu ziehen, fanden Sie immer schon unnötig. »Was die Aufteilung der Welt betrifft – in Europa, Asien und Afrika –, so hegen Kosmographen und Historiographen unterschiedliche Ansichten«, haben Sie auf Ihrer *mappa mundi* notiert. »Aber ich rate allen, die diese Arbeiten betrachten, nicht allzu lange diese Aufteilung zu diskutieren, denn sie ist nicht besonders wichtig.«[18]

KAPITEL 9

Nowa Amerika

Mauro, die Irrfahrt des Kolumbus in die »Neue Welt« haben Sie um 33 Jahre verpasst. Gut drei Jahrzehnte nachdem Ihre *mappa mundi* fertiggestellt worden war, verbreitete sich in Europa die Nachricht, dieser Genueser in Diensten der spanischen Krone habe einen Seeweg nach Las Indias gefunden. Darunter verstand man damals nicht nur Indien, sondern ganz Asien. Cathay, das heutige China, war Kolumbus' Ziel gewesen – und bis an sein Lebensende blieb er überzeugt, an jenem Oktobertag 1492 asiatischen Boden betreten zu haben.

Dass es sich um einen in Europa bis dahin unbekannten Kontinent handelte, zeichnete als Erster der deutsche Kartograph Martin Waldseemüller 1507 auf seiner Weltkarte ein. Er benannte ihn Amerika, nach dem Florentiner Seefahrer Amerigo Vespucci. Vespucci war einige Jahre nach Kolumbus die Ostküste der »Neuen Welt« entlanggesegelt und hatte seinerseits Namen ausgewählt für das, was er da sah. Weil ihn eine Küstenregion mit den Pfahlbauten der Einheimischen an Venedig erinnerte, soll er sie »Venezuela«, kleines Venedig, getauft haben.

Mauro, ich bin ganz froh, dass Sie die »Entdeckung« Amerikas nicht mehr erlebt haben. Im Wissen um die westliche Hemisphäre wäre Ihnen vielleicht keine so schöne *mappa mundi* gelungen.

Ich habe meine Neue Welt noch rechtzeitig gefunden. Sie heißt Nowa Amerika und liegt links und rechts jenes Flusses, den Sie unter dem Namen *flumen odra* eingezeichnet haben.[1] Die Oder. Die Karte von Nowa Amerika, entstanden im Jahr 2010, ist sehr viel gröber gezeichnet. Aber genau wie die Ihre wirft sie den Betrachter aus seinen alten Sehgewohnheiten. Nicht Norden oder Süden, sondern Osten liegt oben. Was von Berlin oder Warschau aus betrachtet als Randgebiet gilt, ist in Nowa Amerika die Mitte, Grenzen gibt es keine, und die Ortsnamen lesen sich für Auswärtige wie ein Geheimcode. Man braucht Geduld, um sich dort zurechtzufinden. Und viel Phantasie. Denn diese Neue Welt ist eine Frage der Vorstellungskraft.

Nowa Amerika liegt nahe meiner Heimatstadt Berlin. Mein erster Besuch vor einigen Jahren bildete das absolute Kontrastprogramm zu meinen Reisen nach Mogadischu oder Bagdad. Ich kaufte ein Ticket für eine Butterfahrt mit rund 40 Brandenburger Rentnern. Die Gruppe hatte eine Tagestour mit Mittagessen, Kaffee und Kuchen in das polnische Grenzgebiet gebucht. Ich ergatterte den letzten Sitzplatz neben einer älteren Dame, die mir zur Begrüßung eine Einladung zu ihrer nächsten Tupperware Party in den Schoß legte. So erfuhr ich, dass ich auf meiner Jungfernfahrt in die Neue Welt neben Frau Angelika Schulz saß.

Bei Nieselregen überquerten wir in Küstrin die Oder – und damit die Grenze zwischen Deutschland und Polen. Die Passkontrollen sind abgeschafft, seit Polen dem Schengen-Raum beigetreten ist. Die stillgelegten Grenzanlagen wirken wie vergessene Kulissen eines abgesetzten Theaterstücks. Statt Schlagbäumen trennt nun ein tiefes Preis- und Lohngefälle die beiden Länder. Auf den ersten Quadratmetern östlich des Flusses locken Friseursalons, Tabakläden und »Polenmärkte« mit Dauerwellen, Zigaretten und falschen Gucci-Taschen zu Schleuderpreisen. Der Bus hielt gleich an der ersten Raststätte. Ein grau melierter Pulk in beigefarbenen Blousons marschierte zur Geldwechselstube, um Euro gegen Złoty einzutauschen. Ich, etwas bunter gekleidet, hinterher.

Was die Ausflugsgesellschaft nicht ahnte, ich aber wusste: Der Mann, der sich am Busmikrofon auf Deutsch und Polnisch als »Michael Kurzwelly, Reiseleiter« vorgestellt hatte, war laut Lebenslauf

»Künstler und Konstrukteur von Wirklichkeiten«. Nowa Amerika ist eine dieser Konstruktionen.

Nationen basieren auf der Kraft kollektiver Einbildung, hat der amerikanische Politikwissenschaftler Benedict Anderson in seinem Klassiker *Imagined Communities* geschrieben. Kurzwelly nennt es »Vereinbarungen über eine Realität«, und die, so glaubt er, lassen sich ändern. Zum Beispiel durch die Erfindung eines Landes, das nach Deutschland und Polen hineinwächst und in dem Oder und Neiße nicht mehr die Grenze, sondern die Lebensader, das Zentrum darstellen.

Zum Zeitpunkt unserer Bustour gab es rund 150 Nowa Amerikaner – Lehrer, Künstler, Historiker, Theater- und Filmemacher, Landschaftsplaner, Studenten –, die dies- und jenseits der Ufer wohnten. Sie hatten eine Hymne komponiert, eine Fahne und einen Ausweis entworfen. Wer das verrückt, provozierend oder albern fand – und davon gab es auf polnischer wie deutscher Seite viele –, dem entgegneten sie, dass ein wenig Verrücktheit und Provokation genau das Richtige sei für zwei Länder, die sich bei aller Aussöhnung und Europäisierung immer noch schwertun miteinander. Nowa Amerika, so Kurzwelly, sei »ein Überfall auf alte Wirklichkeiten«.

Mit dem Wort »Überfall« sollte man im deutsch-polnischen Grenzgebiet vorsichtig sein. Aber mir war diese Idee sofort sympathisch gewesen. Europa sind zu Beginn des 21. Jahrhunderts Elan und Aufbruchstimmung ausgegangen. Fliehkräfte zerren an allen Seiten, Nationalismus hat sich ausgebreitet wie eine allergische Reaktion. Die USA, wo ich insgesamt zehn Jahre gelebt habe und die mir zu einer zweiten Heimat geworden sind, stecken in der vielleicht tiefsten Krise seit ihrem Bürgerkrieg. Der Glaube an die eigene Unverwundbarkeit und die segensreiche »Freiheit des Marktes« ist nicht mehr zu halten – und diese Einsicht nicht zu ertragen. Ein wenig neue Neue Welt, dachte ich, kann da nicht schaden. Außerdem übertrug ich Nowa Amerika unwillkürlich auf meinen

derzeitigen Wohnort, den Libanon. Die Vorstellung, ein paar ver-
rückte Grenzgänger würden den ganzen Küstenstreifen von Beirut
bis Gaza zu »Neu-Phönizien« erklären, eine Fahne, eine Hymne
und Ausweispapiere für alle basteln, begeistert mich bis heute. Auch
wenn solch ein Unternehmen zum gegenwärtigen Zeitpunkt illuso-
risch und potenziell lebensgefährlich ist. Im Gegensatz zu einer
Busfahrt an die Oder mit vierzig ostdeutschen Rentnern.

»Zur rechten Seite sehen Sie die Festung Küstrin«, rief Kurzwelly ins Mikro. »Heute heißt das hier Kostrzyn nad Odrą.« Nach
1945 hieß es auch Pompeji an der Oder. 90 Prozent der Altstadt
waren bei Kriegsende zerstört. Kurzwelly war noch mitten im
Zweiten Weltkrieg, als unser Bus hinter Küstrin in den Park Naro-
dowy Ujście Warty, das verwunschene Wiesen- und Vogelparadies
des Nationalparks Warthemündung, rollte. Die Brandenburger hatten die Kameras schon gezückt, da rekapitulierte ihr Reiseführer
noch die Konferenzen von Jalta und Potsdam. Frau Schulz war
leicht irritiert. Sie hatte jetzt Erläuterungen zum Flugverhalten der
Saatgänse oder Schwarzhalstaucher erwartet, kein Kurzreferat über
Grenzverschiebungen nach dem Krieg, über den Osten Polens, den
sich die Sowjetunion einverleibte, über den Osten Deutschlands,
der zu Westpolen wurde, über die Vertreibung von Polen, Ukrai-
nern und Deutschen. Aber es war Kurzwelly wichtig, die Geschichte
dieser gigantischen Entwurzelung zu erwähnen. Sonst konnte er
später nicht die Idee von Nowa Amerika erklären.

Frau Schulz schaute aus dem Fenster und sagte eine Weile
nichts. Bis kurz vor dem zweiten Stopp, in Słońsk. Da begann sie
plötzlich zu erzählen, immer noch aus dem Fenster blickend. Von
den Eltern, die nach dem Krieg aus Schlesien vertrieben worden waren. Vom Vater, der nach der Wende 1989 ins Heimatdorf gefahren
war, um den Hof der Familie noch einmal zu sehen; von den polnischen Bewohnern, die seine Möbel über die Jahrzehnte in einem
Zimmer aufbewahrt hatten. »Die hatten die janze Zeit Angst, dass

die Deutschen zurückkommen und sich allet wiederholen. Können 'Se sich das vorstellen?« Ich nickte. Angst vor den Deutschen konnte ich mir gut vorstellen.

Słońsk hieß einmal Sonnenburg. Es bietet außer der Ruine eines Schlosses eine Johanniterkirche aus dem 16. Jahrhundert und die Holzskulptur eines Indianers mit Haube, der sich bei genauem Hinsehen als Papst Johannes Paul II. erwies. An diesem Spätsommertag bot es außerdem Błażej Kaczmarek.

Kaczmarek, Mitte sechzig, hatte zu sozialistischen Zeiten in einer LPG, in einer Papierfabrik und als Sozialarbeiter im Strafvollzug gearbeitet. Jetzt war er Bildhauer, inoffizieller Stadtschreiber, überzeugter Nowa Amerikaner und Spurensucher. Er legte frei, was über Jahrzehnte verdrängt und verschüttet worden war. Das, so meinte er, falle leichter, wenn man gleichzeitig mit einer Zukunftsvision spielen könne: Nowa Amerika eben, bewohnt von allen, die das Deutsch- oder Polnischsein nicht wichtig finden.

»Polnisch bleibt polnisch und deutsch bleibt deutsch«, erklärte Frau Schulz, musste aber anerkennen, dass sich Kaczmarek für einen Polen in der deutschen Geschichte von Słońsk, erstaunlich gut auskannte. Er wusste, wie man im 16. Jahrhundert bei den Johannitern zum Ritter geschlagen wurde, wann die erste Dampfturbine in Betrieb ging und wer die erste ordentliche Regenwasser-Kanalisation gebaut hatte. »Otto Rubow. Bürgermeister von 1892 bis 1924. Interessanter Mann.« Aber eben ein Deutscher, dessen letzte Ruhestätte nach 1945 verwilderte, während die Grabsteine anderer deutscher Bewohner gleich umgerissen und weggeworfen wurden. Was man verstehen kann. Doch gut 70 Jahre später sollte man die Sache anders angehen, fand Kaczmarek. Also suchte er auf Äckern, in Tümpeln und Wäldern nach Grabsteinresten, restaurierte sie und stellte sie in einem Lapidarium neben dem offiziellen polnischen Friedhof auf.

Nicht jeder in Słońsk fand es gut, dass da einer die Deutschen, und seien es auch nur die toten, zurückholte. »Das geht mir am

Arsch vorbei. Ich komme aus der Kaschubei, da macht man keine Friedhöfe kaputt«, sagte Kaczmarek auf Polnisch, Kurzwelly übersetzte. So war Otto Rubows Grabstein, dekoriert mit dem Freimaurerzeichen, nun umringt von den Steinen für »unsere gute Mutter Berta Borde, geborene Knupke«, gestorben am 25. Oktober 1911, oder für den »treuen Ehemann Wilhelm Bergeler«, gestorben 1916.

Die Brandenburger Ausflügler standen etwas betreten um diesen Polen herum, der zwar kein Deutsch sprach, aber mit Hingabe Inschriften wie die von Bergelers Witwe restauriert hatte: »Nahm auch der Tod von hinnen Dich, die Liebe währet ewiglich«. Ein paar strichen mit der Hand über die Steine, eigentlich hätte jetzt jemand etwas Feierliches sagen müssen. »Gibt's hier noch Maulbeerbäume?«, fragte schließlich Frau Schulz. Kaczmarek nickte und erklärte, wie man in Słońsk heute Maulbeer-Likör machte. Ab ging es zum Mittagessen mit Schnitzel und Bier.

Zurück im Bus, ließ der Fahrer gerade *Paloma Blanca* laufen, als links die Gedenkstätte des ehemaligen Konzentrationslagers Sonnenburg auftauchte, eines der ersten in der Geschichte des NS-Staates. Der Bus stoppte, Kurzwelly erzählte von Carl von Ossietzky, der hier gefoltert worden war, und von den 819 Häftlingen, die ein Kommando der SS kurz vor dem Einmarsch der Roten Armee massakriert hatte.

Frau Schulz bemerkte, wenn auch leise, dass man doch nicht alle Deutschen ewig für das Unheil verantwortlich machen könne, das »der Österreicher Hitler« angerichtet habe. Ich bemerkte, dass das erstens niemand tue und dass, zweitens, der Österreicher Hitler beim Anrichten des Unheils reichlich deutsche Hilfe gehabt habe. Frau Schulz schaute wieder aus dem Fenster: »Braucht halt alles seine Zeit«, sagte sie schließlich. »Rom wurde auch nicht an einem Tag erbaut.«

Ich hatte mich bei dieser ersten Expedition nach Nowa Amerika gefragt, ob das funktionieren kann. Ob man ausgerechnet in dieser Gegend die Vergangenheit in eine Utopie einbetten kann. NS-Diktatur, Shoah, Zweiter Weltkrieg, Stalinismus. »Hier gibt es keinen Ort, der nicht mehrmals besetzt und rückerobert, entvölkert und wiederbesiedelt worden ist«, schreibt der Historiker Karl Schlögel.[2] Hier verübte eine deutsche Gemeinschaft selbst erklärter »Herrenmenschen« einen industrialisierten Völkermord an sechs Millionen Juden und anderen, zu »Untermenschen« deklarierten Minderheiten. »Der dunkelste und auswegloseste Punkt«, so hat Schlögel das mittlere und östliche Europa bezeichnet. Dort, wo mit dem »totalen Krieg« und dem fast totalen Genozid auch der totale Bruch mit dem europäischen Humanismus stattgefunden hatte. Und jetzt hatten ein paar Künstler und Aktivisten ein Phantasieland darübergelegt mitsamt fiktiven Bundesstaaten, die Szczettinstan, Terra Incognita, Lebuser Ziemia und Schlonsk hießen.

Aber vielleicht geht es auch nur so. Vielleicht kann man nur so verhindern, dass die Erinnerung an Shoah und Nationalsozialismus irgendwann in eine rituelle Gedenkkultur abgeschoben wird. Indem man »die Geschichte von der Zukunft her erzählt«. So nennt Kurzwelly die Kunst, Nowa Amerika mitsamt seiner Vergangenheit zu erkunden. Nichts wird eingeebnet, alles kommt immer wieder hervor. Auch das, wofür es eigentlich keine Worte gibt.

Die Busgesellschaft aus Brandenburg, mit der ich zum ersten Mal in die Neue Welt gefahren war, war damals von deren Kartographie etwas überfordert gewesen. Kurzwelly hatte Landkarten von Nowa Amerika verteilt. Frau Schulz und die anderen falteten sie auf, drehten sie um 180, dann wieder um 90 Grad, verrenkten die nicht mehr ganz gelenkigen Hälse. Nichts war dort, wo es hingehört. Osten war oben, Westen unten, Norden links, Süden rechts. Kein Ort hatte einen vertrauten Namen. Aus Schwedt war Szwed geworden, aus Chojna Chojnaberg, aus Eisenhüttenstadt Eisenhutastadt. Seelow, woher die meisten Ausflügler kamen, hieß nun See-lowice, Frankfurt/Oder und Słubice waren zu Słubfurt verschmolzen. Die deutschen Namen ein wenig polonisiert, die polnischen ein bisschen eingedeutscht.

In Słubfurt hatte Kurzwelly mit dieser Wirklichkeitskonstruktion begonnen. 1999 überredete er Familien in Frankfurt/Oder und Słubice, Künstler bei sich aufzunehmen und ihre Wohnungen für mehrere Wochen zu Ateliers und Galerien zu machen. Damals sortierten sich die Bewohner beider Länder noch überwiegend nach Kategorien wie »Schwarzarbeiter«, »Revanchist«, »Autodieb«, »Nazi«. Nun lugten zum ersten Mal Polen in fremde deutsche und Deutsche in fremde polnische Stuben. Irgendwann fiel der Name Słubfurt, und die Idee eines neuen Stadtraumes auf beiden Seiten des Flusses war geboren.

Nicht, dass alle sofort Beifall geklatscht hätten. Manche Polen hielten Kurzwelly anfangs für einen gut getarnten Agenten des Bundes der Vertriebenen. Von deutscher Seite bekam er wütende Telefonanrufe, wenn er auf Frankfurter Boden wieder einmal ein Straßenschild in deutscher und polnischer Sprache aufgestellt hatte. Aber irgendwann ernannte Słubice ihn mit Urkunde und Siegel zum Stadtbotschafter, Frankfurt/Oder begann, nicht mehr nur mit dem Kleist-Denkmal und der Viadrina-Universität, sondern auch mit Führungen durch Słubfurt zu werben.

Einige Jahre später ging das nicht kommerzielle Radio Słubfurt auf Sendung. Kurzwellys »Słubfurter Grenz-Olympiade« aus dem Jahr 2008 mit den Spezialdisziplinen Zigarettenstangen-Weitwurf und Golfabschlag über die Oder sind bis heute legendär. Der Mann hat ein offenbar genetisches Gespür für die kreative Kraft des Absurd-Komischen. Wenn nötig, kann er das druckreif auf vier Sprachen – Deutsch, Polnisch, Englisch und Französisch – erklären: »Wir leben nicht mehr in Zeiten von Helden, in denen der große Künstler sich durchschlägt und sich von der Masse abhebt. Wir leben in einer Epoche von Netzwerken, die gemeinsame Energien schaffen.« Ein Künstler sei keine moralische Instanz, »er ist nicht dazu da, zu sagen, was erlaubt ist und was nicht. Aber man kann die Absurdität der Stereotype aufzeigen, und dazu eignet sich Humor am besten.«

2010 schlugen polnische Freunde in Stettin vor, die Idee eines neuen Raumes auf das gesamte deutsch-polnische Grenzgebiet auszudehnen. Am 20. März desselben Jahres wurde Nowa Amerika mit Słubfurt als Hauptstadt gegründet. Andere Projekte begannen seine Fahne zu schwenken: regionale Filmfestivals, Theaterbühnen, Heimatvereine, Bildungs- und Begegnungsstätten.

Man hätte das alles natürlich »Nowa Europa« nennen können. Aber Amerika klingt eben immer noch nach Aufbruch, nach einer Welt, in der Menschen weniger Produkt ihrer Geschichte sind als Gestalter ihrer Zukunft. Einer hatte das schon vor rund 250 Jahren verstanden. Um 1770 ließ Friedrich II. nach dem Oder- auch den Warthe-Bruch trockenlegen und lockte Untertanen mit dem verheißungsvollen Namen eines fernen Landes, in das viele damals auf Nimmerwiedersehen auswanderten. »Neu-Amerika«.

Von Friedrichs Neuer Welt bekam ich bei meiner ersten Fahrt mit der Busgesellschaft einige verfallene Höfe und eine kleine Mauer zu sehen, in die der Name »Maryland« eingemeißelt war.

Unser Fahrer manövrierte den Bus durch die engen Dörfer wie einen Wal durch ein Kanalsystem, während Kurzwelly von Orten erzählte, die einst »Philadelphia«, »Jamaika«, »Neu York«, »Saratoga« und eben »Maryland« hießen. Und vom neuen, viel größeren Nowa Amerika, das nun von der Ostsee bis nach Görlitz reicht und »nur noch Nowa Amerikaner mit polnischem oder deutschem Migrationshintergrund« kenne. Am Ende des Ausflugs steckte Frau Schulz die Landkarte von »Nowa Amerika« in ihre Handtasche.

Seit jener Butterfahrt bin ich immer wieder hier gewesen. Bin durch Szczettin gelaufen, das nach 1945 polnisch geworden war und wie die anderen ehemals deutschen Gebiete im Volksmund bis heute *Dziki Zachód* heißt, der »Wilde Westen«.[3] Die sozialistische Ordnung hatte hier nie ganz Fuß gefasst. Die zwangsangesiedelten Bewohner aus dem Osten entwickelten eine solide Renitenz gegen den Staat. In Szczettin gab es in den 1970er Jahren die ersten Arbeiterproteste, hier liegen die Anfänge der Gewerkschaft Solidarność, und hier verschwimmen heute tatsächlich die Grenzen. Polen siedeln sich auf der deutschen Seite an, Deutsche arbeiten auf der polnischen.

Ich bin weiter nach Terra Incognita gefahren, einem der vier Bundesstaaten von Nowa Amerika. Den Namen haben sich Magda Ziętkiewicz und Przemysław Konopka ausgedacht, zwei ehemalige Solidarność-Aktivisten. Sie wohnen in Chojna, einst Königsberg in der Neumark, jetzt auf Nowa-Amerikanisch Chojnaberg. 8000 Einwohner, Stadtmauerreste und Kirchen aus dem 13. und 14. Jahrhundert und viel zu wenig Arbeitsplätze. Von Discount-Haarschnitten und dem Verkauf billiger Zigaretten kann keine Region leben. Ziętkiewicz und Konopka wollen den Tourismus ankurbeln, Reisen in die Vergangenheit anbieten, wozu sie auch die deutschen Erbauer der Kirchen ins Rampenlicht rücken müssen. Wie in Słońsk behagt das auch in Chojna nicht allen Polen. Niemand, sagt Ziętkiewicz, »kennt wirklich die Geschichte dieser Region«. Man redet hier nicht gern über das Vergangene, über die deutschen Spuren aus dem Mittelalter, über die deportierten Juden, über die Zwangsansiedlung der Polen nach 1945, über den polnischen Antisemitismus. »Deshalb heißt das hier Terra Incognita.«

Ich bin weiter auf die andere Seite der Oder übergesetzt nach Angermünde – Angerujście auf Nowa-Amerikanisch –, wo auf die Wiedervereinigung der ökonomische Kollaps und das Erstarken der »national gesinnten« Jugend folgte, die jüdische Grabsteine mit Hakenkreuzen beschmierte und mit Gewalt gegen »Nichtarier« eigene Gemeinschaften konstruiert hatte. »National befreite Zonen«

nannten sie sie. Inzwischen hat der Denkmalschutz mit Förder-
geldern die Stadt samt mittelalterlicher Klosterkirche herausge-
putzt, das Fremdenverkehrsamt bietet nun Informationen über die
»Völkerwanderung der Heiden« und über Nowa Amerika. Auf der
Suche nach einem jüdischen Friedhof in Angermünde landete ich
auf dem städtischen vor den Grabsteinen dreier Wehrmachtssolda-
ten. Kurt Kumutat, Kurt Schütz und Werner Heidebrodt, hingerichtet am 22. 2. 1945 durch den Strang wegen Fahnenflucht. Jemand
hatte frische Blumen hingelegt.

So hangelte ich mich links und rechts der Oder immer weiter
nach Süden. Eine Weile fühlte sich Nowa Amerika tatsächlich an
wie ein abgeschiedener Winkel in der Welt, in dem die Geschichte
sich ein wenig beruhigt hatte. Was natürlich ein Irrtum war.

Mauro, ich werde meine *mappa mundi* ebenfalls süden. Nowa Amerika wird die Mitte bilden. Aber etwas fehlt noch. Keine Neue Welt
ohne New York. Also fahre ich noch einmal los, drei Sommer nach
meiner ersten Reise im Bus, nur dieses Mal mit dem Fahrrad. Ich will
nicht schnell sein. Und ich will Wege nutzen, die man mit dem Auto
nicht befahren kann. Von Seelowice nach Küstrzyn und Słońskburg.
Von dort die Warthe entlang. Ich will Friedrichs Neu York finden.

Die ersten Kilometer führen entlang auf sandigem Waldboden
mit Wellen und Wurzelwerk, dann auf Betonplatten aus DDR-Zei-
ten zwischen freien Feldern, Apfelbäumen und Eichenalleen hindurch. Es ist still. Herrlich und unheimlich still. Als hätte das Land
die Menschen abgeschüttelt und würde leise aufatmen. Zwei, drei
Tage abseits der Landstraßen in den Seelower Höhen – und ich
würde anfangen, mit den Bäumen zu reden. Oder mit den Toten.
Hier befanden sich 1945 die letzten Verteidigungslinien der Wehr-
macht vor Berlin. Vier Tage dauerte die Schlacht, über 30 000 russische und 12 000 deutsche Soldaten fielen. Die Sowjetunion hat in
Seelowice das gigantische Denkmal eines Rotarmisten hinterlassen.

Ein »Verein zur Bergung Gefallener in Osteuropa« gräbt weiter nach Kriegstoten und hat noch Arbeit für Jahrzehnte. Meinen ersten Stopp lege ich in Letschin ein, wo um elf Uhr vormittags kein Mensch auf der Straße ist. In diesem Fall auf der Karl-Marx-Straße. Auf einem Sockel steht gusseisern Friedrich der Große, Dreispitz auf dem Kopf, Gehstock in der rechten Hand, die linke am Degen, schmallippig. Daneben ein »Gasthof zum Alten Fritz«, dessen Besitzer die Chronologie des Hauses auf einem Transparent über der Tür aufgeschrieben hat.

»1809 Deutsches Haus
1926 Hotel ›Zum Alten Fritz‹
1950 HDG ›Einigkeit‹
ab 1990 Gasthaus ›Zum Alten Fritz‹.«
Man trinkt Rex Pils.

Vom Sockel Friedrichs hat man einen guten Blick auf die Schlachten, die sich nach seiner Zeit abspielten. Auf die »Friedenseiche«, gepflanzt in Gedenken an die Opfer der Napoleonischen Kriege. Auf das Ehrenmal für die gefallenen Sowjetsoldaten im Zweiten Weltkrieg. Auf den Obelisken mit der Inschrift: »Der Kampf gegen den Imperialismus eint die Völker«.

Die Landstraße mündet einige Kilometer weiter in Groß Neuendorf in die Straße der Freundschaft. Von hier sind es noch wenige hundert Meter bis zur Oder, bis Polen. Jemand hat zwei Polstersessel auf den Bürgersteig gestellt. Sperrmüll, Kunst oder eine Einladung des Hausbesitzers und Anglers auf der anderen Straßenseite, sich die Schuppenwand, behängt mit Prachtexemplaren seiner Fangzüge, anzusehen. Ich setze mich hinein, starre einige Minuten auf monströse Fischköpfe, manche von der Größe eines Handballs. Sehe links neben dem Schuppen einen Feldweg und ein Schild. »Synagoge« steht darauf.

Es gibt keine. Nur den lakonischen Hinweis an einem Wohnhaus, dass es hier einst eine gegeben hat. Am Rand des Dorfes endet der Weg vor einem gusseisernen Zaun, verziert mit einer Menora. Das Tor ist offen und führt auf einen kleinen jüdischen Friedhof. 29 Gräber, darunter das eines Michael Sperling, gestorben im Jahr 1866.

Der Mann war Getreide-Großhändler in Berlin gewesen und erfolgreich genug, um Mitte des 19. Jahrhunderts in Groß-Neuendorf eine Filiale und einen Flusshafen mit Verladetürmen zu gründen. Er holte jüdische Arbeiter an die Oder und kaufte Grundstücke für den Friedhof und die Synagoge. Bis 1910 wurden dort Gottesdienste abgehalten. Dann war die Gemeinde zu klein geworden und löste sich auf. Die Juden zogen nach Berlin, Küstrin oder Seelow. Die Nazis konnten in Groß-Neuendorf nur auf dem Friedhof wüten.

Die DDR, der nächste Staat, zu dem Groß-Neuendorf gehörte, war dann zwar sofort antifaschistisch, aber nicht sonderlich interessiert, die Erinnerung an die jüdische Bevölkerung hochzuhalten. Erst kurz nach der Wende wurde der Friedhof restauriert. Kein Stein ist beschädigt. Für jene, die sich weiterhin an jüdischen Grabsteinen vergreifen, ist der Weg dorthin offenbar zu mühsam. Der Getreidehändler Michael Sperling und 28 Mitbürger haben jetzt wirklich ihre Ruhe.

In Sperlings ehemaligem Verladeturm an der Oder kann man heute Kaffee trinken und so lange auf den Fluss schauen, bis man an gar nichts mehr denkt. Die Oder ist hier nicht begradigt. Seitenarme winden sich um kleine Inseln, das Gras am Ufer wuchert. Ein Schwanenpaar eskortiert seine Jungen flussabwärts. An der polnischen Seite ist kein Haus, nicht einmal ein befestigter Weg zu sehen.

Erst später fällt mir auf, dass ich auf meiner Fahrradstrecke entlang des Flusses keine Brücken sehe. Wer auf die andere Seite will, muss bis Küstrin fahren. Oder warten, bis die Oder zufriert.

Was sie im Winter 1944/45 tat und den Vormarsch der 5. sowjetischen Stoßarmee beschleunigte, die bei Kienitz, nur wenige Kilometer von Groß Neuendorf, über den Fluss setzte.

»Es dauerte insgesamt 2077 Tage und kostete über 53 Millionen Tote, bis der Zweite Weltkrieg am 8. Mai 1945 mit der bedingungslosen Kapitulation Deutschlands endete. Jetzt begann die längste Friedensperiode der Geschichte Mitteleuropas.«

Das steht auf einer Stele am Ufer. Ich starre auf diesen letzten Satz, mich irritiert die Vergangenheitsform.

In Kienitz geht es vom Deichweg rechts ab auf die »Straße der Befreiung« ins Dorfzentrum. Aus dem Augenwinkel bemerke ich rechts etwas Monströses, das in der Sonne glänzt, und mache eine Vollbremsung. Auf einem Sockel steht ein sowjetischer T-34-Panzer. Der erste, der 1945 in die Stadt rollte. Nach der Wende sollte diese Erinnerung an die Sowjetarmee angeblich auf westdeutschen Wunsch verschrottet werden. Die damalige Bürgermeisterin soll sich gewehrt haben. Vielleicht, weil sie den Westdeutschen Kontra geben wollte. Vielleicht, weil sie stramm an die deutsch-sowjetische Freundschaft glaubte. Oder weil weiterhin jeder sehen sollte, wer das NS-Regime zu Fall gebracht hatte. Eben nicht die Deutschen.

Lebuser Land heißt die Gegend, Ziemia Lubuska auf Polnisch. Lebuser Ziemia auf Nowa-Amerikanisch. Einige Schritte neben dem Panzer finde ich einen Hinweis auf die Neue Welt: »Für die Besiedlung des östlichen Teils des Lebuser Landes«, steht auf einer Tafel, »war die Trockenlegung des Warthebruchs, abgeschlossen 1775, von erheblicher Bedeutung. Hier entstanden in der Folgezeit 100 neue durch Kolonisten besiedelte Dörfer.«

Gut eine Stunde später erreiche ich Küstrin. Erst bei meinem zweiten Besuch merke ich, wie schäbig und provisorisch die stillgelegten Grenzanlagen sind. Fertigbau-Kästen aus billigem Material wie auch an den deutsch-deutschen Grenzübergängen. Als hätte nie jemand geglaubt, dass hier etwas Endgültiges markiert worden ist.

Gleich hinter der Grenze hat sich das neue Provisorium aus McDonald's, Tankstellen, Billig-Apotheken, Billig-Hotels, Wurstbuden, Nachtclubs und Ölpfützen weiter ausgebreitet. Nur die Ruinen der Küstriner Festung daneben wirken unvergänglich.

Eine polnische Biker-Gruppe in schwarzer Lederkluft macht Bierpause zwischen den Mauerresten. Deutsche Wochenendausflügler suchen nach Spuren der Arrestzelle, in der Friedrich II. einst auf Befehl seines Vater einsaß, weil er als junger Mann eben nicht »der Große« werden, sondern mithilfe seines Freundes Hans Hermann von Katte nach England fliehen wollte. Worauf der Vater den Sohn zwang, die Hinrichtung von Kattes mit anzusehen.

Festung und Stadt verschmolzen über die Jahrhunderte auf dieser Insel zwischen Oder und Warthe. Sie wurde ausgebaut, angegriffen und erobert, unter anderem von Napoleon, dessen gescheiterter Orient-Feldzug weder seinen Aufstieg zum Kaiser noch 1806 seinen Expansionsdrang Richtung Osteuropa aufgehalten hatte. Zwischendurch wurde hier gelebt, geheiratet, gearbeitet, gelehrt, gefeiert, gebaut und geschwärmt. »In vornehmer Silhouette hoben sich die Türme und Häuser der Stadt ab«, schrieb Ferdinand Runkel 1904,[4] »begrenzt von den einzelnen Festungsbauten, den vorspringenden Bastionen, über die mächtige Bäume herüberwinken, deren Wipfel sich in dem schillernden Oderwasser spiegelten.«

40 Jahre später hob sich nichts mehr ab. Der SS-Gruppenführer Heinz Reinefarth hatte Hitlers Befehl, Küstrin bis zum letzten Mann gegen die sowjetische Armee zu halten, lange genug befolgt, um die Stadt in Schutt und Asche zu legen. Dann setzte er sich rechtzeitig in den Westen ab.

Reinefarth, Heinz, Jahrgang 1903, Spitzname »Schlächter von Warschau«, weil seine Einheiten bei der Niederschlagung des Aufstands 1944 berüchtigt waren für Massenexekutionen und Vergewaltigungen. Nach 1945 kurz in britischer Kriegsgefangenschaft, von 1951 bis 1964 Bürgermeister von Westerland auf Sylt, wo er im Alter von 75 Jahren starb. Ein deutsches Leben.[5] Sein Foto hängt in einer Dauerausstellung in den Kasematten der Festung. Mittelscheitel, Pomade im Haar, Schmiss auf der Wange, gelassenes Lächeln.

»Wir müssen auch die guten Zeiten Küstrins betonen«, sagt die Kassiererin des Museums, die fließend Polnisch und Deutsch spricht. Deswegen suche man jetzt nach einem Denkmal für Johann von Brandenburg-Küstrin, der der Stadt im 16. Jahrhundert eine Blütezeit beschert hatte. Ich solle noch bis zum nächsten Wochenende bleiben, schlägt sie vor, bis zu den Küstriner Festungstagen, wenn sie den Markgrafen Johann hochleben lassen und Schlachten nachspielen – vom Dreißigjährigen Krieg bis zu den letzten Artillerie-Gefechten 1945. Mir ist wirklich nicht nach Kriegsspielen. Ich will nach Neu York.

Zwanzig Minuten dauert es am nächsten Morgen von der betonierten Discount-Meile rund um mein Hotel bis zum Nationalpark Warthemündung. Doch, eine Grenze kann schön sein. Autos, Immobilienmakler, Imbissbuden-Betreiber, Supermärkte, Straßenbauarbeiter sind verschwunden. Wer und was immer sich hier fortbewegen will, muss laufen, radeln, krabbeln oder fliegen. Ich ärgere mich, weil meine ornithologischen Kenntnisse mich gerade mal dazu befähigen, Spatzen und Enten auszumachen.

Die Strecke führt auf einem schmalen Pfad an der Warthe entlang. Die Morgensonne liefert das perfekte Licht und damit die ganze Pracht gleich doppelt. Jede kleine Wolke am blauen Himmel, jede Baumkrone, jedes Büschel Ufergras spiegelt sich auf der glatten Wasseroberfläche. Nach meinen Berechnungen muss Neu York genau vier Kilometer hinter der Grenze des heutigen Parks gelegen haben – zwischen »Charleston« und »Yorktown«. Ich finde keine Spuren einer menschlichen Ansiedlung. Kein Haus, keine Mauerreste. Nach geschätzten vier Kilometern steige ich ab und erkläre einen abgestorbenen Baum, um den sich ein lebender gewunden hat, zur historischen Stätte von Friedrichs Neu York. Zehn Kilometer weiter markiert ein Schild das Ende des Nationalparks.

Der größere Teil von Friedrichs Neu-Amerika liegt auf der anderen Seite der Warthe. So schön die Einsamkeit ist, so sehr erleichtert der Anblick des polnischen Fährmanns, der in Hausschuhen seine Seilfähre herüberholt und Passagiere für umgerechnet 25 Cent ans andere Ufer bringt. Gleich auf den ersten Kilometern merke ich, dass sich seit meinem ersten Besuch im Bus mit Frau Schulz etwas verändert hat. In Hampschire, das heute Budzigniew heißt, sind Traktoren auf den Feldern. Im ehemaligen Pennsylvanien, heute Polne genannt, stehen Kinderwagen vor zwei Haustüren. In Jamaika, heute Jamno, hat jemand einen der verfallenen Höfe restauriert. An zwei Kreuzungen finde ich Schilder: »Witamy w Nowej Ameryce«, und noch einmal auf Deutsch »Herzlich willkommen in Neu-Amerika«.

Die Neue Welt von Friedrich II. erlebt offenbar eine kleine Renaissance. Was nicht selbstverständlich ist: Der König, der sich Schlesien gewaltsam einverleibt und 1772 die erste Teilung Polens mit erzwungen hatte, steht für den Beginn einer langen Epoche der deutsch-polnischen Feindschaft. Die Urbarmachung von Oder- und Warthebruch war seine Methode, zu expandieren und zu modernisieren. Wer seinem Ruf nach Neu-Amerika folgte, bekam nicht nur Land und Hof, sondern auch ein Leben frei von Leibeigenschaft. Um die 15 000 Menschen sollen damals hierhergezogen sein.[6]

Ich spule im Geist ein Jahrzehnt vor, sehe die nächste Welle von Kolonisten: Großstädter aus Berlin und Warschau in sanierten Bauernhäusern, Espresso-Bars, Outdoor-Shops, ökologisch restaurierten Scheunen – und merke, dass ich auch gern eine hätte. »Leute, haltet euer Land fest«, murmele ich und trete in die Pedale.

Eine letzte Etappe noch. Ich will hier einfach nicht weg, setze mit der Fähre zurück auf die andere Seite, fahre Richtung Norden, hinaus aus Neu-Amerika, hinein nach Pyrzany. Ein Kaufladen, ein Spielplatz, ein Denkmal, einige Dutzend Häuser. Wir waren damals mit dem Bus im Kriechtempo durchgefahren und hatten an den

Gardinen in den Fenstern gemerkt, dass uns Leute beobachteten. Aber niemand ließ sich auf der Straße sehen.

Die Hauptstraße ist immer noch nicht geteert, die Häuser bräuchten dringend einen Anstrich oder eine Grundüberholung. Die Familien stammen aus der Gegend um Lemberg. Lemberg, auf russisch Lwów, auf ukrainisch Lwiw – auch ein Ort, wo sich die Radikalismen des 20. Jahrhunderts austobten. Nach dem Ersten Weltkrieg polnisch, 1939 im Rahmen des Hitler-Stalin-Paktes an die Sowjetunion gefallen, 1941 Teil des deutsch besetzten Galiziens, ab 1944 wieder sowjetisch. Pogrome, Ermordung der jüdischen Bevölkerung, Massenverhaftungen, Vertreibung der polnischen Bevölkerung Richtung Westen, unter anderem nach Pyrzany, woraus zuvor die Deutschen vertrieben worden waren. Die Bewohner, so erzählte Kurzwelly, sollen geschworen haben, nichts Neues zu bauen, in dem Glauben, eines Tages in die Gegend um Lwów zurückzukehren. Als der Bürgermeister vor einigen Jahren trotzdem ein neues Haus errichtete, redeten einige der Dörfler nicht mehr mit ihm. Daraufhin leistete er Abbitte mit einem großen Wandgemälde der alten Heimat an seiner Fassade. Weite lindgrüne Felder, dunkelgrüne Wälder, eine Kirche, ein Gehöft, im Vordergrund eine Kuh. Die Sowjetunion gab es da schon nicht mehr, Lemberg-Lwów-Lwiw gehörte inzwischen zur Ukraine, und in Pyrzany hing ein Schild mit dem Logo der EU, die Fördergelder aus Brüssel geschickt hatte.

Ich stelle mein Fahrrad vor dem Kaufladen ab und würde gern jemanden fragen, ob die Leute hier immer noch von Lwów träumen. Kein Mensch ist zu sehen, nicht einmal hinter den Gardinen rührt sich etwas. Die Frau im Kaufladen spricht weder Englisch noch Deutsch, ich kann kein Polnisch. Ich kaufe Brot und etwas Wurst, hocke mich auf den verlassenen Kinderspielplatz und mache Pause in diesem Dorf, in dem die Leute die Zeit anhalten wollen, während sie sich draußen zu beschleunigen scheint. Russland hat inzwischen die Krim annektiert und in der Ukraine einen

Sezessionskrieg angezettelt. Lemberg-Lwów-Lwiw beherbergt nun Flüchtlinge aus der Ost-Ukraine. In Polen ist eine nationalistische Regierung gewählt worden, die zwischen Hass auf Russland und Ressentiments gegen Europa pendelt und an der Freiheit kratzt, für die die Polen vor 30 Jahren Kopf und Kragen riskiert haben. In Pyrzany hat das Wandbild des Bürgermeisters Farbe verloren. Das EU-Logo wirkt auch blasser. Ich esse mein Brot mit Wurst aus dem Kaufladen, schaue zu, wie der Tag sich durch das Dorf schiebt.

Am 26. Juli 1945, so steht es auf dem Denkmal, begann hier das neue Leben der Vertriebenen. Rund fünf Monate nachdem meine Mutter im Alter von sieben Jahren vor der Roten Armee auf einem Schiff von Ostpreußen über die Ostsee nach Travemünde geflohen war. Nur wenige Jahre nachdem meine Großmutter, die vom End-sieg überzeugte Gattin eines NSDAP-Bürgermeisters, bei einem Empfang mit Heinrich Himmler getanzt hatte, was sie bis an ihr Lebensende als großartigen Moment in Erinnerung behielt. Rund sechseinhalb Jahre nachdem in Pillau, wo mein Großvater Bürger-meister war, während des Novemberpogroms die Synagoge ge-brannt hatte.

In einiger Entfernung lässt jemand den Motor seines Wagens an. Eine ältere Frau kommt aus einer Seitenstraße und geht in den Kaufladen. Dann ist es wieder still in Pyrzany.

Ich treffe Kurzwelly am Ende dieser Tour noch einmal in seiner Heimatstadt Słubfurt. Er baut unbeirrt und notorisch gut gelaunt weiter an seiner Wirklichkeitskonstruktion von Nowa Amerika. Der Staat Bundesrepublik lässt sich darauf inzwischen weit genug ein, um ihm öffentliche Fördergelder zu geben, damit er mit pol-nischen und deutschen Schulklassen über die Geschichte des Vielvölkerlandes Nowa Amerika forschen kann. Über die »First Nations«, die zuerst hier waren: Schlesier, Roma, Sorben. Über die freiwilligen wie unfreiwilligen Immigranten: Russen, die sich in der ehemaligen DDR verheiratet hatten; Griechen, die seit dem Mittelalter an die Oder gewandert waren – samt den 14 000 Partisanen, die Polen nach dem griechischen Bürgerkrieg 1949 aufgenommen hatte; die Sibirienverschleppten, die nach ihrer Entlassung aus dem Gulag in der deutsch-polnischen Grenzregion angesiedelt worden sind. Die Lemken, Kaschuben, Ukrainer und Weißrussen.

Über die deutschen Juden, die in die Vernichtungslager deportiert wurden, die russischen Juden, die sich jetzt hier angesiedelt haben. Über die Deutschen, die nach 1945 in die Gebiete westlich der Oder vertrieben wurden, über die Vietnamesen, Mosambikaner und Angolaner, die als Vertragsarbeiter ihrer sozialistischen Regierungen in die DDR geschickt worden waren. Und über die Syrer, Iraker, Afghanen, Somali und Eritreer, die mit dem jüngsten Flüchtlingstreck in Nowa Amerika gelandet sind. Wobei die meisten noch nichts von dieser Neuen Welt wissen. Aber einige haben für Kurzwellys neuestes Projekt ihre Fluchtrouten auf Weltkarten gezeichnet. Manche sind so episch wie eine Expedition des chinesischen Admirals Zheng He oder einer Gertrude Bell. Nur eben ohne Flotte und Karawane, sondern zu Fuß, in Schlauchbooten oder zusammengepfercht auf den Ladeflächen von Lastwagen.

In Bautszyn haben sich einige der neuen Flüchtlinge überreden lassen, für die Migrationsgeschichte dieser »Neuen Welt« die Spuren, Sprache und Bräuche der Sorben zu erforschen. Bautszyn ist nowa-amerikanisch für Bautzen. Auf einer deutschen Landkarte liegt Bautzen in Sachsen, auf einer nowa-amerikanischen im Bundesstaat Schlonsk. In Bautzen sehen so manche Bewohner ihren Ort nicht in Nowa Amerika. Sie sehen ihn nicht einmal mehr in Europa oder in der Bundesrepublik, sondern in einem »ausländerfreien« Deutschland. Dieses Ziel teilen sie mit Gleichgesinnten auf der anderen Seite der Oder, die ihrerseits ein »ausländerfreies« Polen wollen. Manchmal treffen sie sich zu gemeinsamen Aufmärschen in Słubfurt, das sie natürlich nicht so nennen.

Vielleicht ist das der deutlichste Beweis dafür, dass die »Wirklichkeitskonstruktion« funktioniert: Kaum ist Nowa Amerika in der Welt, muss man es auch schon verteidigen – mitsamt dem ganzen Europa und der Utopie, die darin immer noch steckt. Am nächsten Morgen radele ich in Słubfurt in einen Copy-Shop, in dem man sich seinen nowa-amerikanischen Ausweis ausdrucken und laminieren lassen kann. »Ach nee, wieder eine«, sagt der Mann an der Kasse. »Macht zwei Euro.«

Mauro, hören Sie mich noch? Mir ist an Ihrer *mappa mundi* noch etwas aufgefallen: Sie erwähnen den Namen des Königs Agenor und seiner Tochter Europa. Aber diese Anmerkung ist nicht neben der Insel Kreta platziert. Auch nicht an anderer Stelle im Mittelmeer. Sondern neben dem *flumen odra*, der Oder. Etwa auf der Höhe von *Franfurde*, dem heutigen Słubfurt.[7]

Vielleicht ist das ja ein guter Ausgangspunkt für die nächste Erkundung der Welt.

Epilog

Ein leichtes, stetes Schwindelgefühl ist geblieben nach diesen Reisen durch die neue Ungewissheit. Wie es einen eben befällt, wenn man die Illusion des festen Bodens unter den eigenen Füßen endlich aufgegeben hat. Die *mappa mundi*, die ich mir gezeichnet habe, verändert sich ständig und mit ihr mein alter Fixpunkt: der Westen. Vielleicht sollte man ihn endlich streichen – nicht als geographische, aber als politisch-ideologische Kategorie.

Während ich dieses Buch geschrieben habe, wurde in den USA ein Mann zum Präsidenten gewählt, der die Erklärung der Menschenrechte, das Prinzip der Gewaltenteilung und die Wissenschaft als Grundlage von Erkenntnis und Handeln ablehnt. Selbstbereicherung hält er für eine Tugend, Gemeinwohl für ein Übel. Die enorme Macht seines Amtes übt er mit einer Unberechenbarkeit aus, die ans Pathologische grenzt.

Wäre Donald Trump Staatschef eines afrikanischen oder asiatischen Landes, würde man ihn für die Verkörperung des Anti-Westlichen halten. Aber er ist so amerikanisch und westlich wie das Land, das er jetzt regiert.

Unabhängig davon, wie lange Trumps Amtszeit währt und ob sie als Farce oder in einer Katastrophe endet, hat sein Wahlsieg etwas in Erinnerung gerufen: Es gibt keinen westlichen Wertekanon. Die Heil bringende Überlegenheit der »westlichen Zivilisation« ist ein Narrativ, das Ende des 19. Jahrhunderts mit der Hochphase des Imperialismus aufkam. Im Kalten Krieg wurde eine neue Version von der überlegenen, weil liberalen und demokratischen »westlichen Kultur« populär. Demnach hat diese einen schnurgeraden Weg von den alten Griechen bis zum westlichen Verteidigungsbündnis genommen. »Plato to Nato« – so beschreibt es sarkastisch der ghanaisch-amerikanische Philosoph Kwame Anthony Appiah. Wobei der Westen heute weniger für die Lust am Philosophieren als am Konsumieren steht.

Die Weltgeschichte zur Essenz eines bestimmten Kulturkreises zu destillieren, ist nicht per se eine westliche Arroganz. Aber unsere Selbstüberhöhung hält sich erstaunlich hartnäckig in Anbetracht von Kolonialismus, zwei Weltkriegen, der deutschen NS-Diktatur und des Holocaust. Das ist keine Aufforderung zur ewigen Selbstverdammung mit ihrem »Der-Westen-ist-an-allem-schuld«-Refrain. Denn es gibt ihn ja, den Wertekanon der Menschenrechte, der Würde des Einzelnen und des Respekts für den anderen, und dieser Kanon ist Teil einer europäischen, christlich-jüdischen Geschichte, die ohne die griechische Philosophie nicht denkbar wäre. Aber eben auch nicht ohne die islamischen Philosophen, Gelehrten und Übersetzer des frühen Mittelalters. Nicht ohne die japanischen, chinesischen, arabischen, afrikanischen Reformer und Intellektuellen. Sie erkannten im 19. und 20. Jahrhundert die gewaltige Dynamik des europäischen Fortschritts an, entlarvten die Ideologie der vermeintlich überlegenen westlichen Zivilisation aber als das, was sie war: ein Freibrief zur Ausbeutung. Man muss diese Reformer deswegen nicht idealisieren, manche drifteten später ab in Nationalismus oder religiösen Fanatismus. Doch sie halfen, diesen Wertekanon von einem exklusiven zu einem universalen zu entwickeln. Und sie versahen ihn mit Fragen, die bis heute virulent sind: über das Verhältnis des Einzelnen zur Gemeinschaft, über die Bedeutung von Glauben und Religion, über das Verhältnis von sozialen Rechten zu Bürgerrechten.

Dieser Kanon hat weltweit enorme Fortschritte gemacht und wird derzeit weltweit und von vielen Seiten heftig attackiert.

Eine Kultur der Freiheit, der Toleranz und des vernunftgeleiteten Denkens gehört einem nur dann, wenn man diese Kultur bewahrt und um sie kämpft, schreibt Appiah. Einige der leidenschaftlichsten und mutigsten Verfechter dieser Kultur, denen ich in den vergangenen Jahren auf Reisen durch die USA, Europa, Afrika und Asien begegnet bin, stammen aus dem Irak, aus Ägypten, Syrien, dem Jemen, Somalia oder Somaliland. Männer wie Frauen. Junge wie Yousif Alazzawi, der Marathonläufer aus Bagdad, Alte wie Edna Adan, die Hebamme aus Hargeisa. Sie sind keine vereinzelten Lichtgestalten im nicht-westlichen Dunkel ihrer Länder. Sie sind abwechselnd Akteure und Getriebene der Umbrüche in ihren Gesellschaften.

Solche Auf- und Umbrüche sind ständig und überall im Gang. Das ist zunächst einmal eine Feststellung, keine Wertung. Sie werden sich beschleunigen und verschärfen, weil sich globale Krisen wie der Klimawandel oder die Konkurrenz um Rohstoffe und Arbeit beschleunigen. Die westlichen Staaten, die diese Krisen maßgeblich verursacht haben, besitzen weiterhin die größten Kapazitäten, sie zumindest einzudämmen. Nicht durch einen Anspruch auf globale Dominanz, sondern durch eine ökonomische Selbstbescheidung und die radikale Verpflichtung zu einem globalen Gemeinwohl.

Im Moment sieht es nicht danach aus. In den USA ist »America First« zu einem Kampfschrei geworden. Die Europäische Union gewöhnt sich an den Zustand der anhaltenden Existenzkrise. Vielen Bürgern ihrer Mitgliedstaaten erscheint die Globalisierung, von der sie so lange profitiert haben, nun als Bedrohung. »Kulturkämpfe« werden beschworen, neue Mauern gebaut, Grundsätze einer aufgeklärten Gesellschaft in Frage gestellt. Nicht dass es keinen Widerstand gäbe. Aber Europäer und Amerikaner müssen gerade von neuem lernen, um eine Kultur der Freiheit, der Würde und des vernunftgeleiteten Denkens zu kämpfen, die von innen bedroht wird, nicht von außen. Es ist ein mühsamer Prozess, und viel Zeit haben wir nicht.

Die *mappa mundi* dieses Buches hat sich, wie gesagt, schon während des Schreibens weiter verändert. Wenige Jahre nach meiner ersten Reise nach Mogadischu hat sich in Somalia die nächste Dürre und Hungersnot ausgebreitet. Das Land besitzt immer noch keine staatlichen Strukturen, um mit einer solchen Krise umzugehen. »Mahdi« Ali Diriye und Doktor Lul Mohamed leben weiterhin in Mogadischu. Ärztinnen wie Doktor Lul werden dringender denn je gebraucht.

Amerikanische Soldaten sind vor kurzem zurückgekommen nach Somalia. Nicht um die Hungersnot zu bekämpfen, sondern um sich stärker im »Krieg gegen den Terror« zu engagieren, der inzwischen ein idealer Vorwand ist, um Macht und Militärstützpunkte in Afrika auszubauen. Für die USA, für Russland, für Anrainer-Staaten und arabische Regionalmächte.

Somaliland ist immer noch relativ stabil, Edna Adan, inzwischen 80-jährig, leitet weiterhin ihr Krankenhaus in Hargeisa. Doch das hybride Modell ihres Landes aus Tradition und Moderne, errichtet zur Bewältigung der Nachkriegszeit, gerät zunehmend unter Druck. Der Nationalstaat mag ein Auslaufmodell sein, doch ohne internationale Anerkennung bleibt Somaliland im globalen System benachteiligt, wird leichter zum Spielball ausländischer Konzerne.

China hält an seinem Kurs fest, den Kapitalismus zu umarmen, bürgerliche Freiheiten abzulehnen und den »roten Tourismus« anzukurbeln. Sein Präsident Xi Jinping hat inzwischen einen Personenkult um sich entwickelt, der manche an Mao erinnert. Wobei jener es noch mit Richard Nixon zu tun hatte, Xi aber mit Donald Trump. Seit die Noch-Supermacht der ökonomischen Konkurrenz mit Protektionismus droht, bietet sich Xi der Welt als Hüter jenes Freihandels an, den die europäischen Mächte China einst in den Opiumkriegen aufzwangen. Ich frage mich manchmal, was Jack, mein Fremdenführer in Guangzhou, im alten Kanton, zu diesen Wendungen der Weltgeschichte sagen würde. Ich habe keine E-Mail-

Adresse von ihm, und es wäre vermutlich auch keine gute Idee, über die Freiheit und den Freihandel via Internet zu diskutieren.

Der Irak hat kaum noch Chancen, zu einem geeinten Land zu werden, was er ohne Diktatur und Druck von außen auch nie war. Wie die Grenzen in Zukunft verlaufen werden, ob die Gewalt bald eine Ende hat, welche Staatsformen sich auf dem Territorium des Landes ausbreiten, vermag niemand zu sagen. Eine kleine Veränderung gibt es jedoch schon jetzt einzutragen auf meiner irakischen Landkarte: Die Marschen samt der archäologischen Stätten im Süden sind inzwischen von der UNESCO zum Weltnatur- und Weltkulturerbe erklärt worden. Jassim Alasadi, der Naturschützer aus Chibaish, hat daran maßgeblich Anteil gehabt. Der Kampf um den Erhalt dieser Landschaft ist damit noch lange nicht gewonnen, aber das muss man Alasadi nicht erklären.

Emad Zainel hofft stur auf bessere Zeiten für sein geliebtes Basra. Auch mit Yousif Alazzawi, dem Marathonläufer aus Bagdad, bin ich in Kontakt geblieben und habe nach jedem Bombenanschlag in der Stadt unruhig auf ein Lebenszeichen gewartet. Meist antwortete er, dass ich mir unnötig Sorgen mache, doch manchmal konnte ich aus seinen Mails die Erschöpfung und die Angst herauslesen. 2016, noch rechtzeitig vor der Wahl von Donald Trump, erhielt er ein Visum für die USA und emigrierte. »Ich bleibe«, schrieb er mir. »Das ist besser hier als mein altes Leben.« Es ist bitter für den Irak, solche Menschen zu verlieren. Aber ich kann ihn verstehen. Und die USA können Einwanderer wie ihn gut gebrauchen.

Auch das Mittelmeer hat sich verändert. Seine Küsten sind noch näher aneinandergerückt, sosehr sich Europa auch dagegen wehrt.

Und Nowa Amerika? Nowa Amerika erwartet den Beitritt neuer Bundesstaaten.

Auf meiner *mappa mundi* ist der Westen aus dem Zentrum gerückt.

Aber sie wäre ohne meine Privilegien als Staatsbürgerin eines der reichsten westlichen Länder nicht entstanden. Das »Reisen« in Kriegs- und Krisengebiete, aus denen andere fliehen müssen, ist ein solches Privileg. Ebenso die Möglichkeit, mir jederzeit per Billigflieger und ohne Visum einen Ausflug in eine europäische Stadt zu gönnen. Tourismus ist zwar keine ausschließlich weiße Domäne mehr, und inzwischen häufen sich in vielen Regionen Behinderungen und Gefahren auch für westliche Journalisten. Doch mein deutscher Pass, meine Hautfarbe, meine Herkunft erlauben mir eine Bewegungsfreiheit, die für fast alle Protagonisten in diesem Buch unerreichbar ist. Es ist eine Hierarchie, die wir in Europa und Nordamerika nicht hinterfragen. Westliche Mobilität ist weltläufig, afrikanische oder asiatische entweder bedrohlich oder Ausdruck von Not und Verzweiflung. In jedem Fall aber so weit wie möglich einzuschränken. Man stelle sich einen Journalisten aus dem Irak, eine Reporterin aus Somalia vor, die bei westlichen Botschaften ein Visum beantragen mit einem ähnlichen Anliegen wie dem meinen: Sie wollen ihre Sicht auf die Welt überprüfen, sich den Zustand der Europäischen Union zwischen Karelien und Kalabrien ansehen oder zwischen Maine und Kalifornien der Fragilität der letzten verbliebenen Supermacht nachspüren. Sie würden nicht weit kommen. Dabei wären ihre *mappae mundi* ungemein lehrreich und spannend.

Wir brauchen mehr denn je die Fähigkeit, Karten zu lesen, ihre Geschichten zu entziffern und zu erzählen. Gerade in Zeiten von GPS und Google Earth, in denen unsere *mental maps* und unser Orientierungsvermögen verkümmern. Mit dem GPS kommt man vom einen Punkt an den nächsten, ohne sich die Mühe machen zu müssen, seine Umgebung wahrzunehmen. Mit Google Earth bewegt man sich nicht in der Welt, sondern über ihr mit dem Auge des Überwachers oder Angreifers, der ein präzises Ziel sucht. Beide Technologien sind symptomatisch für einen westlichen Blick. Die Suche nach dem Unbekannten wird entweder überflüssig oder rein virtuell. Die direkte Begegnung, das Infragestellen, die heilsame Verwirrung, das Verrücken der eigenen Position finden nicht mehr statt.

Dieser Analphabetisierung kann man nur die unerschöpflichen Möglichkeiten einer neuen Kartographie entgegensetzen: eine Karte von Brodsky's Wegen in Venedig; einen Stadtplan von Guangzhou, gezeichnet von Tagelöhnern; das Reisetagebuch der somalischen Journalistin von Karelien nach Kalabrien; einen arabisch-hebräischen Audio-Guide durch das Gaza des 15. Jahrhunderts; einen Atlas alter afrikanischer Königreiche; eine Seekarte des Mittelmeers aus dem Jahr 2089.

Es gibt unendlich viel zu erzählen.

Dank

The kindness of strangers begleitet mich seit über zwei Jahrzehnten auf meinen Reisen. Die Hilfsbereitschaft von Fremden steht oft im Gegensatz zu den internationalen Schlagzeilen über die Länder, in denen ich diesen Menschen begegnet bin. Dieses Buch ist ein Dank an jene, die mich begleitet und durch brenzlige Situationen gelotst haben, die mir ihre Geschichten erzählt und die anderer übersetzt haben. Das gilt ganz besonders für meine drei Begleiter im Irak Jassim Alasadi, Yousif Alazzawi und Emad Zainel.

Andere haben mir auf diesen Reisen geholfen, indem sie, so gut es ging, meine Wissenslücken gestopft, mir Unterschlupf geboten oder Gesellschaft geleistet haben.

Piero Falchetta von der *Biblioteca Nazionale Marciana* erklärte mir bei meinem ersten von vielen Besuchen in Venedig stundenlang die Details der *mappa mundi* von Fra Mauro.

Peter Schumann verdanke ich meinen ersten Stadtplan von Mogadischu sowie eindringliche Schilderungen aus seiner Zeit als leitender UN-Mitarbeiter in Somalia. Ohne die Gastfreundschaft von Volker Rath und seinem Cap-Anamur-Team sowie die Hilfe von »Mahdi« Ali Diriye wäre meine Reise dorthin nicht möglich gewesen.

Professor Adam Bodomos Studien über afrikanische Communities in China haben mir einen ersten Einblick in eine Migration abseits der westlichen Schlagzeilen über »Menschenfluten« vor den Toren Europas verschafft.

Meinen Kollegen Martin Gehlen und Katharina Eglau danke ich für eine wunderbare Reise in die irakischen Marschen, Birgit

Svensson für gemeinsame Stunden in Bagdad und Basra und unendlich wertvolle Ratschläge über den Irak.

Ahmed Almoodi Alamine hat mich sicher durch ein chaotisches Libyen geführt, Mohamed Amjahid durch ein taumelndes Ägypten. Monika Borgmann und Lokman Slim haben mir geholfen, mich im Libanon zurechtzufinden. Anne Kunze hat mich nach Gaza begleitet. Magda Ziętkiewicz und Przemysław Konopka haben mir *Terra Incognita* gezeigt. Michael Kurzwelly hat mich etwas ganz Besonderes gelehrt: dass Reisen zwischen Vergangenheit und Zukunft möglich sind.

Die Redaktion der ZEIT hat mir überhaupt erst die Chance gegeben, Länder wie den Irak, Ägypten und Somalia kennenzulernen und den Libanon für einige Jahre zu meiner dritten Heimat zu machen. Meine zweite Heimat, die USA, verdanke ich vor allem der Entscheidung der Redaktion der *tageszeitung*, die mich Anfang der 90er Jahre ohne viel Berufserfahrung als Korrespondentin nach Washington schickte.

Ich danke Heike Specht für das Lektorat, Brigitte Marquardt und Eva Berger für die Überprüfung von historischen und aktuellen Quellen. Was immer an Fehlern geblieben ist, sind meine.

Mein Kollege Ulrich Ladurner hat Teile des Manuskripts gelesen und mich immer wieder ermutigt.

Meine Agentin Barbara Wenner hat dieses Buch von der Idee bis zur Veröffentlichung begleitet. Ohne ihre Unterstützung und ihre Geduld wäre es nicht entstanden.

Gewidmet ist es meiner Mutter, die meine treueste Leserin ist und sich in den vergangenen Jahren ein dickes Nervenkostüm zulegen musste, weil ihre Tochter in Gegenden unterwegs war, die mit verschärften Reisewarnungen versehen sind.

Ich hoffe, das Buch ist eine kleine Entschädigung.

Anmerkungen

1 Bruder Mauro zeichnet die Welt

1 Ingrid Baumgärtner, »Kartographie, Reisebericht und Humanismus – Die Erfahrungen der Weltkarte des venezianischen Kamaldulensermönchs Fra Mauro«, in: *Das Mittelalter* 3, 1998, S. 168.

2 Karl Schlögel, *Im Raume lesen wir die Zeit*, Frankfurt/M. 2009, S. 51.

3 Uta Schneider, *Die Macht der Karten*, Darmstadt 2006, S. 13. Jerry Brotton, »A History of the World«, in: *12 Maps*, New York 2012, S. 2, 22.

4 Brotton, S. 19ff. Schneider, S. 15.

5 Evelyn Edson u. a., *Der mittelalterliche Kosmos*, Darmstadt 2005, S. 93. Brotton, S. 55. Schneider, S. 13.

6 Edson, *The World Map 1300–1492*, Baltimore, 2007, S. 17, 24f.

7 Schlögel, S. 161.

8 Klaus Anselm Vogel, *Sphera Terrae – das mittelalterliche Bild der Erde und die kosmographische Revolution*, Diss., Georg-August-Universität, Göttingen 1995, S. 308.

9 Piero Falchetta, *Fra Mauro's World Map*, Turnhout 2006, S. 603.

10 Falchetta, S. 98.

11 Baumgärtner, S. 182.

12 Falchetta, S. 199.

13 Peter Ackroyd, *Venedig – die Biographie*, München 2012, S. 144f.

14 Peter Barber, Leiter der Kartensammlung der British Library, Video-Interview in: http://www.bl.uk/magnificentmaps/map2.html abgerufen am 19.7.2015.

15 Falchetta, S. 14f.

16 Stefan Rahmsdorf, »Der ewige Untergang«, in: *mare*, No. 89, Dez./Jan. 12/2011/12.

2 Eine Karte für Somalia

1 Nuruddin Farah, *Maps*, Frankfurt/M. 2012, S. 222.

2 Falchetta, S. 176, 189.

3 Siehe Marianne O'Doherty, *Fra Mauro's World Map: Mapping, Mediation and the Indian Ocean World*, http://eprints.soton.ac.uk/175057/1/wasafiripreprint.pdf abgerufen am 6.9.2015. Siehe auch Falchetta, S. 193, 195, 197.

4 Sascha Wisotzki, »Die wundersamen Ufer von Zandjland«, in: *mare*, No. 89, Dez./Jan. 12/2011/12, S. 88.

5 Ross Dunn, *The Adventures of Ibn Battuta*, Berkely 2004, S. 123ff. Ali Ali, »Somalia – The China-Africa Prototype«, in: *Chinafrica – Africa Report*, Vol. 3, Sept 2011. http://www.chinafrica.cn/africa_report/txt/2011-09/01/content_386492.htm, abgerufen am 15.4.2017.

6 Bakonyi, *Land ohne Staat*, Frankfurt/M. 2011, S. 221. Siehe auch: http://news.bbc.co.uk/onthisday/hi/dates/stories/december/9/newsid_4013000/4013143.stm, abgerufen am 15. April 2017.

7 Fukuyama, *The End of History and the Last Man*, New York 2006. Siehe auch: http://www.zeit.de/2014/25/josef-joffe-zeitgeist-25-2014, abgerufen am 12.8.2015.

8 Rede am 11. September 1990 vor dem Kongress: http://millercenter.org/scripps/archive/speeches/detail/3425

9 Siehe u. a.: Mark Bradbury, *Becoming Somaliland*, London 2008, S. 48.

10 http://www.youtube.com/watch?v=Xj9Fn3qG-Cw, abgerufen am 15.4.2017. http://articles.latimes.com/1992-12-09/news/mn-1697_1_somalis-marines-port-and-airport, abgerufen am 10.4.2017.

11 Dunn, S. 116f.

12 Falchetta, S. 189.

13 I. M. Lewis, *A Modern History of the Somali*, Oxford 2002, S. 37.

14 http://historum.com/middle-eastern-african-history/32400-omani-empire.html, abgerufen am 11.4.2017. Lewis, S. 38.

15 Rolf Herzog, *Reaktion einiger Somali-Stämme auf frühe Kolonialbestrebungen*, Freiburg 1975, Sonderdruck der Albert-Ludwigs-Universität, S. 4ff.

16 http://gallica.bnf.fr/ark:/12148/btv1b77590920, abgerufen am 6.4.2017.

17 http://digilander.libero.it/wrnzla/immagini8/mappe/italian_east_africa_map.jpg

18 http://mogadishuimages.files.wordpress.com/2011/01/scan10005.jpg

19 Sven Felix Kellerhoff, »Der Preis für die Befreiung der Geiseln von Mogadischu«, in: *Die Welt*, 30. Juli 2009.

20 Bradbury, S. 48.

21 Mark Bowden, »How a Relief Mission ended in a Firefight«, in: *Philadelphia Enquirer*, 14. Dezember 1997. http://inquirer.philly.com/packages/somalia/dec14/analysis14.asp, abgerufen am 6.6.2015.

22 http://www.pbs.org/wgbh/pages/frontline/shows/ambush/interviews/oakley.html, abgerufen am 6.9.2015.

23 Lewis, S. 276.

24 Jeremy Scahill, *Dirty Wars*, New York 2013, S. 118ff.

25 Alex Perry, »Somalia: A Very Man-Made Desaster«, in: *Time*, 18. August 2011. http://world.time.com/2011/08/18/somalia-a-very-man-made-disaster/, abgerufen am 10.8.2016.

26 Falchetta, S. 259. Dunn, S. 106ff. Marco Polo, *Travels*, book 3, chapter 35.

27 *Map of Somalia*, Nairobi Map Service Limited, 2008.

3 Das Land, das es nicht gibt

1 Lewis, S. 25f.

2 Richard F. Burton, *First Footsteps in East Africa*, Köln 2000, S. 51.

3 Burton, S. 102.

4 B.W. and Sheila Andrzejewski, *An Anthology of Somali Poetry*, Bloomington 1993, S. 27ff.

5 Jeffrey Bartholet, Muhamed Abdille Hassan, »The Somali ›Mad Mullah‹ Who Predated Bin Laden«, in: *Newsweek*, 30. September 2009. http://www.newsweek.com/muhammad-abdille-hassan-somali-mad-mullah-who-predated-bin-laden-79127, abgerufen am 16.4.2017.

6 Mary Harper, *Getting Somalia Wrong*, London 2012, S. XII, 56. Siehe auch: Bradbury, S. 56ff., 62.

7 Bradbury, S. 64. Lewis, S. 283.

8 Bradbury, S. 77ff.

9 Mohamed Hassan Ibrahim u. Ulf Terlinden, »Somaliland – home grown peacemaking and political reconstruction«, in: *Accord*, No. 21, S. 76ff.

10 *The Constitution of the Republic of Somaliland*, ISN ETH Zürich, S. 9.

11 http://www.irinnews.org/report/98437/debating-reform-of-somaliland-s-house-of-elders, abgerufen am 10.4.2017.

12 Siehe u. a. Bradbury, S. 25.

13 Wolfgang Reinhard, »Das Vorbild aus Europa«, in: *Welt-Sichten*, 5. September 2012 https://www.welt-sichten.org/artikel/1229/das-vorbild-aus-europa, abgerufen am 15.3.2017.

14 H. Neville Chittick, Robert I. Rotberg (eds.), *East Africa and the Orient: Cultural Syntheses in Pre-colonial Times*, New York 1975, S. 109.

4 Der Atlas der Demütigung

1 Falchetta, S. 191.

2 David H. Shinn/Joshua Eisenman, *China and Africa: A Century of Engagement*, Philadelphia 2012, S. 18, 20. Julia Lovell, *The Opium War*, London 2011, S. 85f. William A. Callahan, »The Cartography of National Humiliation and the Emergence of China's Geobody«, in: *Public Culture*, Duke University Press 21:1, 2009, S.148. Siehe auch: Cordell D. K. Yee, »Traditional Chinese Cartography and the Myth of Westernization«, in: J. B. Harley/David Woodward (eds.), *The History of Cartography*, Chicago 1994, S. 173f.

3 Geoffrey Wade, »Power Grew Out of Zheng He's Gunboats«, in: *Asia Times Online*, 26. Januar 2012, unter: http://www.atimes.com/atimes/China/

NA26Ado1.html abgerufen am 15.8.2015. Ian Morris, *Krieg: Wozu er gut ist*, Frankfurt/M./New York 2013, S. 194.

4 Akira Iriye/Jürgen Osterhammel, *Die Geschichte der Welt – 1350 bis 1750*, S. 59f. Stewart Gordon, *When Asia Was The World*, Philadelphia, 2008, S. 133 (e-pub).

5 *The Canton Factories*, From a Survey by Commander W. Thornton Bate, R. N., 29. December 1836.

6 Amitav Ghosh, *Der rauchblaue Fluss*, München 2014, S. 233ff. Lovell, S. 120.

7 Lovell, S. 2.

8 Thomas Straubhaar, »Der Opiumkrieg oder warum Ungleichgewichte im Welthandel schon immer Ärger gemacht haben«, in: *Hamburgisches Weltwirtschafts-Institut*, 11. April 2011.

9 Lovell, S. 2. Siehe auch: Pankaj Mishra, *Aus den Ruinen des Empires*, Frankfurt/M., 2013, S. 37ff.

10 Lovell, S. 42.

11 Mishra, S. 38.

12 Lovell, S. 24/25.

13 Lin Zexu, »Letter of Advice to Queen Victoria«, in: Mark Kishlansky (ed.), *Sources of World History*, Volume II, New York 1995, S. 266–269, unter: https://cyber.law.harvard.edu/ChinaDragon/lin_xexu.html, abgerufen am 7.4.2017.

14 http://www.britannica.com/EBchecked/topic/341625/Lin-Zexu, abgerufen am 7.4.2015. David de Voss: »Foreign Devils – A History of the China Trade«, in: *Los Angeles Times*, 10. November 1985, unter: http://articles.latimes.com/1985-11-10/magazine/tm-3435_1_opium-trade, abgerufen am 4.3.2015.

15 Callahan, S. 157.

16 *Jindai Zhongguo bainian guochi ditu*, Preface by Jiang Siyi, übersetzt durch William A. Callahan.

17 Christian Schmidt-Häuer, »Apostel der Chinesen«, in: *DIE ZEIT*, 03/1998.

18 Peter C. Perdue, *The First Opium War – Hostilities*, S. 1, unter: http://ocw.mit.edu/ans7870/21f/21f.027/opium_wars_01/ow1_essay_03.pdf, abgerufen am 1.5.2017.

19 Falchetta, S. 445.

20 Siehe u. a.: Jennifer Tsien, »Voltaire and China«, in: *Sounding China in Enlightenment Europe*, unter: http://www.hcs.harvard.edu/soundingchina/Tsien.html, abgerufen am 27.4.2017.

21 zitiert in Mishra, S. 4.

22 Friedrich Engels, »Persia – China«, in: *New York Daily Tribune*, 22. Mai 1857.

23 Mishra, S. 31. Lovell, S. 369.

24 Mishra, S. 59.

25 Wolfgang Zank, »Maos blutige Ernte«, in: *DIE ZEIT,* 17/2012. http://www. deutschlandfunk.de/vom-ueberleben-in-der-kulturrevolution.1310.de.html? dram:article_id=193830, abgerufen am 19.10.2015.

26 Mishra, S. 109.

27 David de Voss, »Foreign Devils: A History of the China Trade«, in: *Los Angeles Times,* 10. November 1985.

28 Roderick MacFarquhar, »China: The Superpower of Mr. Xi«, in: *The New York Review of Books,* 13. August 2015, S. 32ff.

5 Seidenstraße 2.0

1 Falchetta, S. 61.

2 Jürgen Osterhammel, *Die Entzauberung Asiens,* München 2013, S. 130f.

3 Lovell, S. 85.

4 http://www.wsj.com/articles/catholic-church-could-seek-to-fix-troubled-relationship-with-china-1407830489, abgerufen am 27.8.2015.

5 Gordon Mathews/Yang Yang (2012), »How Africans Pursue Low-End Globalization in Hongkong and Mainland China«, in: *Journal of Current Chinese Affairs,* 41/2, S. 95ff., unter: http://journals.sub.uni-hamburg.de/giga/jcca/ article/view/529/527, abgerufen am 23.4.2017.

6 Julie Wilensky, »The Magical Kunlun and ›Devil Slaves‹ – Chinese Perceptions of Dark Skinned People and Africa before 1500«, in: *Sino-Platonic Papers,* No. 122, July 2002, University of Pennsylvania, Philadelphia, S. 4ff. Li Anshan, »African Diaspora in China – Reality, Research and Reflection«, in: *The Journal of Pan African Studies,* vol. 7, No. 10, May 2015, S. 21.

7 Dick Wilson, »Asian Racism: Cold Truths Are Beginning to Surface«, in: *New York Times,* 15. April 1992, unter: http://www.nytimes.com/1992/04/15/ opinion/15iht-eddi.html, abgerufen am 26.7.2015. Li Anshan, S. 18ff. Zitiert in: Wilensky, S. 18.

8 http://www.newyorker.com/magazine/2009/02/09/the-promised-land-2

9 Howard French, *China's Second Continent – How A Million Migrants Are Building A New Continent In Africa,* New York 2014, S. 69.

10 Abu Zayd Al-Sirafi, *Accounts of China and India,* edited and translated by Tim Mackintosh-Smith, New York 2014, S. 8.

11 Al-Sirafi, S. 47, 55, 73, 71.

12 http://www.ecfr.eu/page/-/China_analysis_belt_road.pdf, abgerufen am 27.4.2017.

13 Jamil Anderlini, »China expands plans for World Bank rival«, in: *Financial Times,* 24. Juni 2014, unter: https://www.ft.com/content/b1012282-fba4-11e3-aa19-00144feab7de, abgerufen am 20.4.2017.

6 In der Mitte der Welt

1 Gavin Young, *Iraq – Land of Two Rivers*, S. 172ff.

2 BBC: Marsh flooding brings new life to Iraq's Garden of Eden, unter: http://www.bbc.com/news/magazine-22706024, abgerufen am 19.3.2016.

3 Falchetta, S. 482f.

4 *The Code of Hammurabi*, translated by L. W. King, unter: http://www.general-intelligence.com/library/hr.pdf, abgerufen am 28.4.2018.

5 Gertrude Bell Archive http://www.gerty.ncl.ac.uk/letter_details.php?letter_id=800, abgerufen am 31.3.2016. http://www.penn.museum/blog/museum/ur-digitization-project-august-2013, abgerufen am 14.5.2016.

6 Rory Stewart, »The Queen of Quagmire«, in: *New York Review of Books*, 25. Oktober 2007, unter: http://www.nybooks.com/articles/2007/10/25/the-queen-of-the-quagmire/, abgerufen am 14.5.2016. Justin Marozzi, *Baghdad: City of Peace, City of Blood*, S. 515ff., Boston 2014 (E-Book).

7 Marozzi, S. 887ff.

8 James Buchan, »Miss Bell's lines in the sand«, in: *The Guardian*, 12. März 2003, unter: http://www.theguardian.com/world/2003/mar/12/iraq.jamesbuchan, abgerufen am 14.5.2016.

9 Bruce Feiler, »Where was Abraham Born?«, in: *Slate*, 21. April 2003, unter: http://www.slate.com/articles/news_and_politics/explainer/2003/04/where_was_abraham_born.html, abgerufen am 14.5.2016.

10 Falchetta, S. 371.

11 Najim Wali, *Bagdad – Erinnerungen an eine Weltstadt*, München 2015, S. 170ff.

12 Marozzi, S. 82, 518, 525.

13 Christoph Reuter, »Szenen aus einem verschlossenen Land«, in: *Frühstück in Timbuktu – abenteuerliche Geschichten in GEO*, München 1999, S. 80ff.

14 David Zucchino, »Army Stage-managed Fall of Saddam Statue«, in: *Los Angeles Times*, 3. Juli 2004, unter: http://articles.latimes.com/2004/jul/03/nation/na-statue3, abgerufen am 14.5.2016.

15 https://www.youtube.com/watch?v=SSxTHSuA1_E, abgerufen am 10.11.2015.

16 Penny von Eschen, *Satchmo Blows Up the World*, Boston 2006, S. 27ff.

17 Wali, S. 201ff.

18 Wali, S. 201.

19 Marozzi, S. 995ff. Video siehe: https://www.youtube.com/watch?v=bm64E5R12s8

20 John Burns, »How Many People Has Hussein Killed«, in: *New York Times*, 26.1. 2003, unter: http://www.nytimes.com/2003/01/26/weekinreview/theworld-how-many-people-has-hussein-killed.html?pagewanted=all, abgerufen am 16.5.2016.

21 Marozzi, S. 1033ff.

22 https://www.iraqbodycount.org/, abgerufen am 20.4.2017

23 Marozzi, S. 119.

24 Koran, Sure 25:15.

7 Garten Eden – 31° 1′ 57″ N, 47° 26′ 50″ O

1 Young, S. 161, 163.

2 Falchetta, S. 521, 349.

3 »The blighted city – the shocking decline of Iraq's oil capital«, in: *The Economist*, 21. November 2015, unter: http://www.economist.com/news/middle-east-and-africa/21678789-shocking-decline-iraqs-oil-capital-blighted-city, abgerufen am 12.6.2016.

4 Geoff Hann u. a., *Iraq: The Ancient Sites and Iraqi Kurdistan*, Guilford 2015, S. 318ff.

5 Vali Nasr, *The Shia Revival*, New York 2007, S. 136f.

6 Steve Rose, »The world's tallest building planned – in ex-warzone Basra«, in: *The Guardian*, 20. November 2015, unter: https://www.theguardian.com/artanddesign/2015/nov/20/the-worlds-tallest-building-planned-in-ex-warzone-basra-iraq, abgerufen am 10.6.2016.

7 Marozzi, S. 1022.

8 https://www.iraqbodycount.org/database/incidents/k15510. abgerufen am 13.6.2016.

9 siehe: http://www.aljazeera.com/archive/2003/09/200841013574375921.html

10 Matthias Schulz, »Wegweiser ins Paradies«, *Der Spiegel*, 23/2006, unter: http://www.spiegel.de/spiegel/print/d-47134822.html, abgerufen am 23.4.2017.

11 siehe: http://www.heyerdahl-institute.no/en/Company/Thor-Heyerdahl/Expeditions/, abgerufen am 23.4.2017.

12 Jeremy S. Pal u. Elfatih Eltahir, »Future temperature in southwest Asia projected to exceed a threshold for human adaptability«, in: *Nature Climate Change* (6), 26. Oktober 2015, unter: https://www.nature.com/nclimate/journal/v6/n2/full/nclimate2833.html abgerufen am 31.3.2017.

8 Mare Nostrum

1 Annette Kuhn, »Warum sitzt Europa auf dem Stier? Matriarchale Grundlagen von Europa«, unter: http://www.hdfg.de/pdf/Europa-Handbuch-08_Kuhn.pdf, abgerufen am 2.5.2017.

2 Falchetta, S. 483.

3 David Abulafia, *Das Mittelmeer*, Frankfurt/M. 2014, S. 102.

4 George Steiner, »Wir alle sind Gäste des Lebens und der Wahrheit«, Dankes-rede aus Anlass der Verleihung des Börne-Preises am 24. Mai 2003 in Frank-furt.

5 http://www.btselem.org/gaza_strip/siege, abgerufen am 20.11.2016. Siehe auch: https://www.theguardian.com/world/2012/oct/17/israeli-military-ca-lorie-limit-gaza, abgerufen am 20.11.2016.

6 http://www.independent.co.uk/news/world/middle-east/israel-pounds-gaza-from-air-as-troops-assemble-8326924.html, abgerufen am 5.2.2017. http://menachemmendel.net/blog/jewish-life-in-gaza-during-the-middle-ages/, abgerufen am 16.11.2016.

7 Wolfgang Zwickel, »Die Geschichte Jaffas von den Anfängen bis zur Zeiten-wende«, in: Martin Peilstöcker, Jürgen Schefzyck, Aaron Burke (Hg.), *Jaffa – Tor zum Heiligen Land*, Mainz 2013, S. 97. https://www.britannica.com/place/Phoenicia, abgerufen am 4.11.2016.

8 UN Human Rights Council: *Report of the detailed findings of the independent commission of inquiry established pursuant to Human Rights Council resolution* S. 21/1, 23.6.2015, unter: www.ohchr.org/Documents/HRBodies/HRCoun-cil/CoIGaza/A_HRC_CRP_4.doc, abgerufen am 23.4.2017.

9 Siehe: http://www.smithsonianchannel.com/videos/the-identity-swap-con-spiracy-theory/16595, abgerufen am 14.9.2016.

10 Ibrahim Abu-Lughod, *The Arab Rediscovery of Europe*, Princeton 1963, S. 29ff.

11 Zitiert in: Mishra, S. 23.

12 Abu-Lughod, S. 124, 153.

13 Mishra, S. 72ff., 100ff.

14 zitiert in Aydin, S. 64ff.

15 Falchetta, S. 401.

16 Ulrich Ladurner, *Lampedusa – Große Geschichte einer kleinen Insel*, Wien 2014, S. 23ff.

17 Albert Camus, »Heimkehr nach Tipasa«, in: *Literarische Essays*, Hamburg 1959, S. 174.

18 Falchetta, S. 639.

9 Nowa Amerika

1 Falchetta, S. 695.

2 Schlögel, S. 473.

3 Pawel Ladikowski, »The Emerging Polish-German Borderland: The Past And The Present«, in: *Baltic Journal of European Studies*, Vol. 1., No. 2 (10), S. 175.

4 Siehe Ausstellung im Festungsmuseum Küstrin.

5 unter: http://www.tagesspiegel.de/politik/70-jahre-warschauer-aufstand-

westerland-und-ex-nazi-buergermeister-reinefarth-ein-defa-film-zeigt-rei-nefarths-verstrickungen-kommunistische-propaganda-sagt-er/10282160-2. html, abgerufen am 24.9.2016.

6 Stiftung Grünes Oder-und Warthetal, Wasserbau im Bereich der unteren Warthe, Górzyca 2013, S. 39ff.

7 Falchetta, S. 659, 661.

Auswahlbibliographie

1 Bruder Mauro zeichnet die Welt

Ackroyd, Peter: Venedig. Die Biographie, München 2012.

Barber, Peter, und Harper, Tom: Magnificent Maps. Power, Propaganda and Art, London 2010.

Brodsky, Joseph: Watermark, New York 1992.

Brotton, Jerry: A History of the World in 12 Maps, New York 2013.

Crowley, Roger: City of Fortune. How Venice Won and Lost a Naval Empire, New York 2013.

Dipper, Christoph, und Schneider, Ute: Kartenwelten. Der Raum und seine Repräsentation in der Neuzeit, Darmstadt 2006.

Edson, Evelyn, und Savage-Smith, Emilie: Der mittelalterliche Kosmos – Karten in der christlichen und islamischen Welt, Darmstadt 2011.

Falchetta, Piero: Fra Mauros Map of the World. With a Commentary and a Translation of Inscriptions, Venedig 2006.

Map – Exploring the World, London 2015.

Opondo, S. O., und Shapiro, M. J.: The New Violent Cartography, London/New York 2012.

Schlögel, Karl: Im Raume lesen wir die Zeit. Über Zivilisationsgeschichte und Geopolitik, München 2003.

Schneider, Uta: Die Macht der Karten. Geschichte der Kartographie vom Mittelalter bis Heute, Darmstadt 2006.

Shamsie, Kamila: Kartography, London 2002.

2 Eine Karte für Somalia

Akaly, Lotfi: Ibn Battouta. Prince des voyageurs, Casablanca 1996.

Bakonyi, Jutta: Land ohne Staat. Wirtschaft und Gesellschaft im Krieg am Beispiel Somalias, Frankfurt/M. 2011.

Bowden, Mark: Black Hawk Down. A Story of Modern War, New York 2010.

Dunn, Ross E.: The Adventures of Ibn Battuta, Oakland 2005.

Farah, Nuruddin: Maps, Frankfurt/M. 2012.

Farah, Nuruddin: Crossbones, New York 2011.

Harper, Mary: Getting Somalia Wrong, New York 2012.

Lewis, I.M.: A Modern History of Somalia. Nation and State in the Horn of Africa, London 1980.

Nordstrom, Carolyn: Shadows of War. Violence, Power, And International Profiteering in the Twenty-First Century, Berkeley 2004.

Scahill, Jeremy: Dirty Wars The World is a Battlefield, New York 2013.

3   Das Land, das es nicht gibt

Andrzejewski, B.W. und Andrzejewski, Sheila: An Anthology of Somali Poetry, Bloomington 1993.

Bradbury, Mark: Becoming Somaliland, Suffolk 2008.

Briggs, Philip: Somaliland, Guilford 2012.

Burton, Richard F.: First Footsteps in East Africa, Köln 2000.

Hagmann, Tobias und Peclard, Didier: Negotiating Statehood. Power and Domination in Africa, Hoboken 2011.

4   Der Atlas der Demütigung

Aydin, Cemal: The Politics of Anti-Westernism in Asia, New York 2007.

Brook, Timothy: Wie China nach Europa kam, Berlin 2015.

Calvino, Italo: Die unsichtbaren Städte, München 2007.

Gordon, Stewart: When Asia Was The World, Philadelphia 2008.

Gosh, Amitav: Der rauchblaue Fluss, München 2011.

–   : Das mohnrote Meer, München 2009.

Iriye, Akira, und Osterhammel, Jürgen: Geschichte der Welt – Weltreiche und Weltmeere 1350 bis 1750, München 2014.

–   : Geschichte der Welt – Wege zur modernen Welt 1750–1870, München 2016

Levenson, Joseph R.: Liang Chi'ch'ao and the Mind of Modern China, Boston 1953.

Lovell, Julia: The Opium War. Drugs, Dreams and the Making of China, London 2011.

Mishra, Pankaj: Aus den Ruinen des Empires. Die Revolte gegen den Westen und der Wiederaufstieg Asiens, Frankfurt/M. 2013.

Morris, Ian: Krieg – wozu er gut ist, Frankfurt/M. 2013.

5   Seidenstraße 2.0

Al-Sirafi, Abu Zayd: Accounts of China and India, edited and translated by Tim Mackintosh-Smith, New York 2014.

Brennecke, Detlef: Marco Polo. Die Beschreibung der Welt 1271–1295, München 2004.

French, Howard: China's Second Continent. How a Million Migrants Are Building a New Empire in Africa, New York 2014.

Gaye, Adama: Chine-Afrique. Le dragon et l'autruche, Paris 2006.

Joris, Lieve: Sur les ailes du dragon. Voyages entre l'Afrique et la Chine 2014
Osterhammel, Jürgen: Die Entzauberung Asiens, München 2013.
Shinn, David H., und Eisenman, Joshua: China and Africa. A Century of Engagement, Philadelphia 2012.

6   In der Mitte der Welt

Al-Ramli, Muhsin: The President's Gardens, London 2017.
Ansary, Tamim: Die unbekannte Mitte der Welt. Globalgeschichte aus islamischer Sicht, Frankfurt/M. 2010.
Barr, James: A Line In The Sand. Britain, France and the Struggle that Shaped the Middle East, London 2011.
Bell, Gertrude: The Letters Of Gertrude Bell, V1-2, London 2011.
Ciezadlo, Anna: Day of Honey. A Memoir of Food, Love, and War, New York 2011.
Eschen Von, Penny M: Satchmo Blows Up the World. Jazz Ambassadors Play the Cold War, Boston 2006.
Khider, Abbas: Die Orangen des Präsidenten, Hamburg 2011.
Marozzi, Justin: Baghdad – City of Peace, City of Blood. A History in Thirteen Centuries, Boston 2014.
Packer, George: The Assassin's Gate. America in Iraq, New York 2005.
  –   : The Unwinding. An Inner History of the New America, New York 2014.
Reuter, Christoph: Die Schwarze Macht. Der »Islamische Staat« und die Strategen des Terrors, München 2015.
Teachout, Terry: Duke. A Life of Duke Ellington, New York 2013.
Van Buren, Peter: We Meant Well. How I Helped Lose the Battle for theHearts and Minds of the Iraqi People, New York 2011.
Wali, Najem: Bagdad. Erinnerungen an eine Weltstadt, München 2015
  –   : Bagdad Marlboro, München 2015.
Wallach, Janet: Desert Queen. The Extraordinary Life of Gertrude Bell,New York 2005.
Weiss, Michael, und Hassan, Hassan: ISIS. Inside the Army of Terror, New York 2015.

7   Garten Eden – 31° 1′ 57″ N, 47° 26′ 50″ O

Alderson, Andrew: Bankrolling Basra, London 2007.
Kermani, Navid: Ausnahmezustand. Reisen in eine beunruhigte Welt, München 2016.
Nasr, Vali: The Shia Revival, New York 2007.
Stewart, Rory: Occupational Hazards. My Time Governing in Iraq, London 2007.
Young, Gavin: Iraq. Land of Two Rivers, London 1980.
  –   : Return to the Marshes. Life with the Marsh Arabs in Iraq, London 1989.

8   Mare Nostrum

Abulafia, David: Das Mittelmeer. Eine Biographie, Frankfurt/M. 2014.

Braudel, Fernand: Das Mittelmeer und die mediterrane Welt in der Epoche Philipps II, Frankfurt/M. 1998.

Camus, Albert: Der Fremde, Hamburg 1997.

Daoud, Kamel: Der Fall Mersault. Eine Gegendarstellung, Köln 2016.

Kanafani, S., Khayyat, M., Salti, R., Al-Zubaidi, L.: Anywhere But Now: Landscapes of Belonging in the Eastern Mediterranean, Beirut 2009.

Kashua, Sayed: Dancing Arabs, New York 2004.

Kassir, Samir: Histoire de Beyrouth, Paris 2003.

Ladurner, Ulrich: Lampedusa. Große Geschichte einer kleinen Insel, Wien 2014.

Matar, Hisham: In the Country of Men, London 2007.

–   : The Return. Fathers, Sons and the Land in Between, New York 2017.

Said Makdisi, Jean: Teta, Mother and Me, New York 2006.

9   Nowa Amerika

Appadurai, Arjun: Die Geographie des Zorns, Frankfurt/M. 2009.

Garton-Ash, Timothy: Ein Jahrhundert wird abgewählt, New York 1989.

Judt, Tony: Reappraisals. Reflections on the Forgotten Twentieth Century, London 2009.

Kleveman, Lutz: Lemberg – die vergessene Mitte Europas, Berlin 2017.

Schlögel, Karl: Marjampole – oder Europas Wiederkehr aus dem Geist der Städte, München 2005.

–   : Grenzland Europa. Unterwegs auf einem neuen Kontinent, Frankfurt 2015.

Snyder, Timothy: Bloodlands. Europe Between Hitler and Stalin, London 2011.